中国共产党百年奋进研究丛书

国家出版基金项目
NATIONAL PUBLICATION FOUNDATION

上海市哲学社会科学规划办公室
上海市中国特色社会主义理论体系研究中心　组编

缔造中国经济奇迹：
　探索与实践

周振华 李鲁 编著

上海人民出版社

丛书前言

"领导我们事业的核心力量是中国共产党。"自中国共产党诞生以来，中国大地经历了翻天覆地的历史性变化。中国人民选择了中国共产党，并在党的领导下选择了社会主义。经过长期艰苦卓绝的奋斗，完成了新民主主义革命和社会主义革命，实现了中华民族从"任列强欺凌"到站起来的伟大飞跃；新中国成立以来，特别是改革开放以来，中国共产党带领人民建设中国特色社会主义，使中国大踏步赶上时代，实现了中华民族从站起来到富起来的伟大飞跃；在新时代，中国共产党团结带领人民坚持和发展中国特色社会主义，推动中华民族伟大复兴取得历史性成就，迎来了从富起来到强起来的伟大飞跃。正是中国共产党的领导，中国人民走社会主义道路，从根本上解决了中华民族复兴和中国现代化面临的历史性课题。有了中国共产党，中国人民就有了思想上、政治上的"主心骨"，就有了团结奋斗、勇往直前的指路明灯、核心力量。各族人民跟着中国共产党就能凝聚成不可战胜的磅礴力量，朝着中华民族伟大复兴的奋斗目标奋勇前进。100 年来，中国共产党为了实现中华民族伟大复兴的历史使命，无论是顺境还是逆境，无论是弱小还是强大，都初心不改，矢志不渝。历史和现实雄辩地证明，没有中国共产党就没有中国劳苦大众的翻身解放，就没有社会主义新中国，就没有中华民族的伟大复兴。一百年来，中国共产党为实现国家富强、民族振兴、人民幸福和人类文明进步事业作出的伟大历史贡献永远铭记史册。

　　站在历史的交汇点，中国共产党带领中国各族人民以习近平新时代中国特色社会主义思想为指导，统筹社会革命和自我革命，始终坚持马克思主义在意识形态领域的指导地位、勇担民族复兴历史大任、扎根广大人民群众、坚持以人民为中心、依靠人民从容应对面临的复杂严峻的挑战和问题。在带领人民进行伟大社会革命的同时，不断进行伟大的自我革命，引导党自身在具有许多新的历史特点的伟大斗争中经受住执政考验、改革开放考验、市场经济考验和外部环境考验，化解精神懈怠、能力不足、脱离群众、消极腐败的危险，始终保持党的先进性和纯洁性，始终与人民心连心，始终走在时代前列，赢得新时代执政党自我净化、自我完善、自我革新、自我提高的新胜利，再次创造出人类发展史上划时代的发展奇迹。

　　为隆重庆祝中国共产党成立 100 周年，表达上海理论界对中国共产党领导人民创造的丰功伟绩和宝贵精神财富的高度认同，以及对中国共产党无比深厚的情感；为帮助广大干部群众深入学习中国共产党历史，深入学习贯彻中国共产党宝贵历史经验，深入学习领会中国共产党人不倦探索取得的理论创新成果，在中共上海市委宣传部领导下、上海市哲学社会科学规划办公室以委托课题方式，与上海市中国特色社会主义理论体系研究中心联合组织了"人民至上·中国共产党百年奋进研究丛书"（以下简称"丛书"）的研究和撰写。参加"丛书"研究撰写的是本市哲学社会科学相关领域的著名专家学者。"丛书"由上海人民出版社编辑出版。

　　"丛书"围绕的主题是系统研究、深刻阐释、正确总结中国共产党领导中国人民百年奋斗历程、伟大成就、历史经验和光辉思想。"丛书"分领域、分战线总结论述中国共产党在领导中国人民夺取新民主主义革命胜利、建立新中国，进行"一化三改造"、建立社会主义经济制度和社会主义赖以发展的物质基础，实行改革开放，开创、坚持和发展中国特色社会主义，全面建成小康社会、开启全面建设社会主义现代化国家新征程形成的理论、路线、重大方针政策和重大战略部署。其中涉及中国共产党的现代化建设思想、治国理政思想、法治思想、制度建设思想、统一战线理论、宣传思想、理论创新、革命精神、群众观和群众路线，涉及党的经济建设思想、政治建设思想、文化建设思想、社会建设思想、生态文明建设思想、科学技术思想、教育思想、"三农"思想、军队和国防建设思想、自身建设思想、国际观等。"丛书"主要有以下特点：

第一，注重以史为据、史论紧密结合，论从史出。"丛书"的每一部论著研究的历史跨度都是百年，每一部论著都努力把历史思维贯彻在整个研究撰写工作中，力求呈现厚重的历史感，做到真正熟悉并实事求是对待所承担研究撰写领域的党的百年历史。研究者首先致力于学习历史、熟悉历史、梳理历史，钻研党的理论、方针、政策的发展史，广泛收集和整理文献，大量地、充分地掌握历史资料，认真总结百年取得的弥足珍贵的历史经验，把握历史进程和规律。在对历史的认真学习、梳理中，去做好中国共产党百年研究系列课题这篇大文章。

第二，注重阐释中国共产党所坚守的以人民为中心的根本立场。中国共产党为人民而生、因人民而兴，始终坚持以人民为中心，把为中国人民谋幸福、为中华民族谋复兴作为初心使命，坚持全心全意为人民服务的根本宗旨，始终代表最广大人民利益。"丛书"作者牢记人民立场是马克思主义的根本政治立场。人民至上、一切为了人民、一切依靠人民是中国共产党的价值理念和认识世界、改造世界的根本要求。可以说，"丛书"的每一种，都致力于揭示中国共产党之所以能历经百年始终保持先进性、始终走在时代前列、团结带领人民创造历史伟业的真谛，这就是中国共产党始终把人民立场作为根本立场，把为人民谋幸福作为根本使命，坚持全心全意为人民服务的根本宗旨，始终保持同人民群众的血肉联系。无论是革命、建设，还是改革，奋进新时代，归根到底都是为了让人民过上好日子。正如习近平总书记强调："为人民谋幸福，是中国共产党人的初心。我们要时刻不忘这个初心，永远把人民对美好生活的向往作为奋斗目标。"研究、撰写"丛书"的专家学者领悟了这一精神，紧紧把握中国共产党全心全意为人民服务的根本宗旨，致力于生动诠释中国共产党的使命之所在、价值之所在、生命之所在，生动诠释新时代中国共产党领导人民建设中国特色社会主义的根本追求。

第三，注重历史逻辑与理论逻辑相统一、思想性与现实针对性相统一。以高度的理论自觉和理论自信研究分析中国共产党百年历史，自觉把习近平新时代中国特色社会主义思想引领贯穿于研究撰写的全过程，用马克思主义立场观点方法观察和解读中国共产党百年历史各种现象，回应现实提出的重大理论和实践问题，揭示蕴含其中的规律，从总结、提炼与升华历史经验中加深对中国共产党理论创新成果的认识，对中国革命、建设、改革的规律性认识，对中国共产党坚持真理、修正错误的政治思想品格的认识。坚持问题导向，立足解决今天的问题去回顾总结历史，注入新的认识、新的观点、新的内容。在理论逻辑与历史逻辑相统一、思想性与现实针对性相统一上进行新探索，取得新成绩。

第四，注重把握时代需求、聆听时代声音、回应时代呼唤。"丛书"坚持问题导向，认真研究相关领域中国共产党执政面临的重大而紧迫的理论和实践问题，用联系的发展的眼光看历史、看现实、看问题，增强时代性、战略性、系统性思维。历史是时代的产物，百年系列研究的成果也是时代产物，"丛书"的研究撰写不是就历史讲历史，不是停留在历史叙述层面，而是努力体现新时代的新要求，回答新问题。

第五，注重以宽广的世界眼光观察研究中国共产党百年发展历史。百年来，中国共产党的每个时期都与世界有千丝万缕的关系，都是在特定的国际环境和国际形势下的历史活动。因此，"丛书"每一种的研究撰写都力求体现宽广的世界眼光，都力求紧密联系特定历史时期世界形势和变化特点研究并展示中国共产党的思想及实践。特别是世界正经历百年未有之大变局，"丛书"作者研究中国共产党百年历史经验，力求放在中国共产党历史活动的世界背景中分析考察。在这方面，"丛书"做出了可喜的努力。

第六，注重追求读者喜欢的呈现形式。从众多鲜活的事实以及历史和现实的比较中，把中国共产党在领导革命、建设和改革历史长河中为中国人民谋幸福、为中华民族谋复兴、为人类社会谋大同的马克思主义政党品格和初心使命写充分，使其跃然纸上。以"观点鲜明、逻辑严谨、文风朴实、形式清新"的风格，呈现思想，贡献智慧，也是"丛书"努力的方向和探索解决的问题。理论读物如何在保证内容正确的前提下写得清新活泼，吸引广大读者，使广大读者看得懂、用得上，"丛书"研究撰写在这方面也进行了有益的尝试。

"丛书"组织者、作者满怀对中国共产党的无限深情，深刻认识到，中国共产党百年来，领导人民创造了伟大历史，铸就了伟大精神，形成了宝贵经验，创造了中华民族发展史的伟大奇迹，开辟了人类社会进步史上的新纪元，伟大成就举世瞩目，无与伦比。他们把写好"丛书"看成是一种崇高的责任，表示要笔力奋起，写出充分反映中国从站起来、富起来迈向强起来这一历史进程中中国共产党坚强领导的绚丽书篇，为以史明理、以史增信、以史崇德、以史育人、以史咨政做有益的工作。帮助读者深刻认识历史和人民选择中国共产党、选择社会主义道路、选择改革开放、选择马克思主义的客观必然性；深刻认识坚持党的全面领导、坚持和发展中国特色社会主义的极端重要性；深刻认识中国共产党坚持马克思主义在我国意识形态领域指导地位的极端重要性；深刻认识中国共产党百年之后的历史方位、历史使命和对世界历史发展的重要作用，为庆祝中国共产党百年华诞留下浓墨重彩的一笔。

"丛书"的问世，离不开中共上海市委常委、宣传部部长，上海市习近平新时代中国特色社会主义思想研究中心主任，上海市中国特色社会主义理论体系研究中心主任周慧琳的关心和支持；离不开市委宣传部副部长、上海市习近平新时代中国特色社会主义思想研究中心常务副主任、上海市中国特色社会主义理论体系研究中心常务副主任徐炯的具体指导。市委宣传部理论处陈殷华、薛建华、俞厚未，上海市哲学社会科学规划办公室李安方、吴诤、王云飞、徐逸伦、张师慧、徐冲、董卫国，上海市中国特色社会主义理论体系研究中心李明灿等具体策划、组织；上海人民出版社政治与理论读物编辑中心鲍静、罗俊等同志为"丛书"出版付出了辛勤劳动。

"现在，我们比历史上任何时期都更接近中华民族伟大复兴的目标，比历史上任何时期都更有信心、有能力实现这个目标。"希望"丛书"的问世，能够使广大读者对领导我们事业前进的核心力量中国共产党，对我们正在推进的中国特色社会主义伟大事业，对指导我们思想的理论基础马克思主义，对新中国创造彪炳史册的人间奇迹、大踏步赶上时代的壮丽史诗，对我们生活的时代和世界，认识得更加深入，领悟得更加准确，更加坚定道路自信、制度自信、理论自信、文化自信。这是"丛书"组织者、作者的心愿。

目　录

前　言

　　以史鉴今、资政育人是中国的优良传统和中国共产党的重要执政经验。习近平总书记指出，历史是最好的教科书。学习党史、国史，是坚持和发展中国特色社会主义、把党和国家各项事业继续推向前进的必修课。本书研究在站起来、富起来、强起来发展历程中，中国共产党 100 年经济建设思想的形成与演进，以更好地认识、把握和运用经济规律，提升党的执政能力和水平，为建设社会主义现代化强国，实现中华民族伟大复兴中国梦提供历史启示和理论借鉴。

　　中国共产党历来重视党史、党建研究工作，不仅将其纳入高校学科体系，还在中央与地方设立专门机构进行系统化的梳理和研究。由此，党史研究文献极为丰富，其中涉及经济思想的文献主要包括三类：一是党和国家重要会议和政策文本，如历次党代会报告和重要决议，国民经济五年规划等；二是主要领导人正式出版的选集、文选、讲话、论述、日记、回忆录等；三是党史、经济学、政治学等领域研究机构或专家学者关于中国共产党经济思想的研究成果。从研究内容和程度看，关于建党以来的党史论著，以综合性论述中国共产党执政经验为主，较好地划分了建党以来的各历史阶段。例如，2010 年 7 月习近平总书记提出编写并亲自审定编写工作方案，并于 2016 年正式出版的《中国共产党的九十年》，划分了三个时期：新民主主义革命时期、社会主义革命和建设时期、改革开放和社会主义现代化建设新时期。同时，中国经济思想史领域的研究则侧重于新中国史，而非党史。另有个别学者从经济领域的某一个方面（如区域经济、工业化等）论述中国共产党的经济思想。总体看，现有文献从党史框架涉及经济的综合性研究多，从经济框架考察党史的专题研究少。本书立足新时代，从马克思主义原理和政治经济学视角回顾总结中国共产党一百年经济建设思想的形成和发展。

随着革命、建设和改革的实践不断丰富和发展，中国共产党已走过近百年的历史。经过百年艰苦卓绝、不懈实践探索而积累的中国共产党经济思想是党的思想宝库中的重要组成部分。对党的经济思想的系统性总结研究，不仅开拓了中国经济思想史的视野和内容，具有重要的学术意义，更具有资政意义。本书按照中国共产党建党一百年的四个历史时期划分，即新民主主义革命时期、社会主义建设的早期探索时期、改革开放时期及新时代，梳理总结不同时期经济思想的重要内容，同时涉及影响经济思想形成与演进的重要时代背景、重要经济问题、重要经济决策和重要经济实践。重要经济思想回应重要时代背景和重要经济问题，体现在重要经济决策中，指导重要经济实践并在经济实践中得到检验和升华。

回顾中国共产党百年经济建设思想的发展历程，我们认识到，坚持以人民为中心的立场，调动各界积极性致力于强国富民集中体现了中国共产党百年经济建设思想的根本宗旨和主题主线。与此同时，中国共产党的经济建设思想生动呈现了历史性、实践性、开放性的鲜明特点。

习近平总书记强调："要认真学习党史、国史，知史爱党，知史爱国。"他在庆祝中华人民共和国成立 70 周年系列重要讲话中，多次回顾新中国 70 年的历史，多次强调学习党史、新中国史的重要意义，谆谆告诫全党和全国人民不能忘记红色政权是怎么来的、新中国是怎么来的、今天的幸福生活是怎么来的。认真学习党史、新中国史，是坚持和发展中国特色社会主义、把党和国家各项事业推向前进的必修课，是不忘初心、牢记使命，不断激扬奋斗精神的必修课，激励我们从中汲取丰富滋养，厚植家国情怀，走好新时代的长征路。

本书写作工作安排如下：全书由上海市经济学会会长周振华研究员总体负

责，提供统一指导、确定写作框架并提出最终修改意见；第一章由中共上海市委党校信瑶瑶博士执笔；第二、三章由中共上海市委党校李鲁副教授执笔；第四章由中共河南省委党校林永然博士执笔；第五章和附录由林永然博士、李鲁副教授执笔。

本书写作过程中，上海市政府参事孙海鸣教授、中共上海市委党校经济学教研部唐珏岚教授、上海市政府研究室刘学华、上海市中国特色社会主义理论体系研究中心李明灿、上海市产业发展研究和评估中心叶高斌及中共中央党史和文献研究院李东方同志提供了宝贵意见建议，上海人民出版社鲍静、钱敏等同志为本书出版付出了辛勤劳动，在此一并致谢。

史料典籍，浩如烟海。限于精力和水平，本书难免有所纰漏。不足之处，敬请读者朋友们批评指正。

作　者
2020 年 12 月

第一章　新民主主义革命时期的中国共产党经济建设思想

在新民主主义革命时期，中国共产党基于对复杂的国内外政治经济形势和中国社会经济状况的认识与分析，在深刻把握各时期中国社会主要矛盾的同时，制定了一系列发展措施和经济纲领，形成了新民主主义经济理论，为中国革命的胜利和民族的独立奠定了基础。本章首先介绍了新民主主义革命时期中国半殖民地半封建的社会经济形态，以及中国共产党经济思想产生的理论来源，在此基础上总结了该时期中国共产党对重大经济问题的认识，进而梳理其经济纲领、经济策略以及经济实践，整体反映了新民主主义革命时期中国共产党的经济思想。

第一节　新民主主义革命时期中国共产党经济思想产生的背景

一、中国半殖民地半封建的社会经济形态

鸦片战争之后，中国逐步沦为了半殖民地半封建社会。伴随帝国主义列强的入侵，"一方面促使中国封建社会解体，促使中国发生了资本主义因素，把一个封建社会变成了一个半封建的社会；但是在另一方面，它们又残酷地统治了中国，把一个独立的中国变成了一个半殖民地和殖民地的

1

中国"。① 在半个世纪多的时期内，中国既是"为西欧资本主义和美国资本主义得以发展充当沃土的殖民地国家之一，"② 同时地主阶级对农民的剥削，即封建制度的根基依旧保持着。在这种半殖民地半封建社会性质下，落后的生产基础加上外国资本的侵略，使得多种经济形态并存成为该时期中国经济典型的特征。

半殖民地半封建社会的经济形态包括帝国主义在华资本、封建主义经济、官僚资本主义经济、民族资本主义经济以及小生产经济。③ 其一，帝国主义在华资本，是帝国主义以投资或贷款形式对中国进行资本输出，并以该方式控制或垄断中国经济。比如，1936 年中国的主要工业产品（包括煤、铁矿石、电力、面纱、棉布、火柴、纸烟）总量的 46.9% 由外国资本经营和控制，1937 年外国资本控制了中国铁路的 90.7%。④ 毛泽东曾指出，帝国主义列强"直接利用中国的原料和廉价的劳动力，并以此对中国的民族工业进行直接的经济压迫，直接地阻碍中国生产力的发展"，而且还通过给中国借款以及在中国开设银行等形式，"在金融上、财政上扼住了中国的咽喉"。⑤ 其二，封建主义经济，是地主阶级依靠封建土地所有制，以地租形式剥削农民剩余劳动。封建主义经济在半殖民地半封建的中国社会仍占据优势，直接表现为占农村人口不到 10% 的地主和富农，却占有 70% 至 80% 的农村土地。其三，官僚资本主义经济，是"为了侵略的必要，帝国主义给中国造成了买办制度，造成了官僚资本"。⑥ 买办是指外国资本家在旧中国设置的商行、公司、银行所雇用的中国经理，他们在充当外国资本家的雇员或代理人的过程中积累起买办资本。大革命失败后，买办

---

① 《毛泽东选集》第二卷，人民出版社 1991 年版，第 630 页。
② 《瞿秋白文集》第一卷，人民出版社 2013 年版，第 289 页。
③ 或称由五种所有制构成，即帝国主义所有制经济、地主所有制的封建主义经济、官僚资本主义经济、民族资本主义经济和个体经济。姜纪元：《社会的市场经济秩序与社会主义的市场经济秩序之比较》，中央民族大学出版社 2006 年版，第 66 页。
④ 陈明显：《新中国四十五年研究》，北京理工大学出版社 1994 年版，第 34 页。
⑤ 《毛泽东选集》第二卷，人民出版社 1991 年版，第 629 页。
⑥ 《毛泽东选集》第四卷，人民出版社 1991 年版，第 1484 页。

阶级与反动的国家政权结合在一起，使官僚买办资本急剧地膨胀，买办阶级遂发展成为官僚买办资产阶级，四大家族官僚资本也逐渐控制了国民经济命脉。[①]其四，民族资本主义经济，是伴随外国资本入侵和中国封建主义经济逐渐解体的过程而产生和发展的。在半殖民地半封建的社会性质下，民族资本代表比较先进的生产关系，但民族资本主义经济对外国帝国主义和本国封建主义存在严重依赖性，使得资本主义生产方式在中国始终没有作为主要的生产方式而登上历史舞台，资本主义经济也没有发展成为中国的主要经济成分。但是，中国的民族资本却在全国人民反帝反封建爱国民主运动推动下得到了一定程度的发展，特别是在第一次世界大战期间出现过短暂的"黄金时代"，但之后随着帝国主义卷土重来，民族资本主义发展停滞。其五，小生产经济，是以生产资料个体所有制和个体劳动为基础的生产，包括个体农业和个体手工业。

在上述五种经济形态中，帝国主义、封建主义和官僚资本主义处于统治地位，是造成中国贫穷落后的根源，而民族资本主义和小生产经济受其限制和剥削，劳动者生存的基本条件得不到保障，亦没有经济自由。半殖民地半封建社会下并存的多种经济形态引致了中国阶层的分化，不仅为中国共产党的反帝反封建革命运动奠定了阶级基础，同时为中国共产党经济思想的产生和发展提供了土壤。中国共产党正是基于对这种中国国情的认识，以破除旧的生产关系、解放生产力为目标，在不断的经济实践中逐渐积累而形成了新民主主义革命时期中国共产党的经济思想。在中华人民共和国成立前夕通过的《中国人民政治协商会议共同纲领》中，明确指出："中华人民共和国必须取消帝国主义国家在中国的一切特权，没收官僚资本归人民的国家所有，有步骤地将封建半封建的土地所有制改变为农民的土地所有制，保护国家的公共财产和合作社的财产，保护工人、农民、小资产阶级和民族资产阶级的经济利益及其私有财产，发展新民主主义的人民经济，稳步地变农业国为工业国。"[②]

---

① 沙健孙：《中国共产党对官僚资本主义经济的政策》，《思想理论教育导刊》2004 年第 5 期。

② 中共中央文献研究室编：《建国以来重要文献选编》第一册，中央文献出版社 1992 年版，第2 页。

二、马克思主义经济理论的传播及中国化

鸦片战争后中国各界开始积极探索新的发展道路，资本主义经济学和马克思主义经济学开始在中国传播。后者在中国的传播稍晚于前者，五四运动之前，虽然有一些短篇论文中提到马克思及其著作，但很少接触到马克思主义经济理论本身，五四运动前后才出现少数马克思主义论著，直到 20 世纪 30 年代马克思主义在中国的传播达到高峰。[①] 中国共产党从成立伊始，就非常重视研究和吸收马克思主义相关理论，并以其作为分析中国问题的工具。毛泽东曾指出："马克思列宁主义的伟大力量，就在于它是和各个国家具体的革命实践相联系的。对于中国共产党说来，就是要学会把马克思列宁主义的理论应用于中国的具体的环境。成为伟大中华民族的一部分而和这个民族血肉相联的共产党员，离开中国特点来谈马克思主义，只是抽象的空洞的马克思主义。因此，使马克思主义在中国具体化，使之在其每一表现中带着必须有的中国的特性，即是说，按照中国的特点去应用它，成为全党亟待了解并亟须解决的问题。洋八股必须废止，空洞抽象的调头必须少唱，教条主义必须休息，而代之以新鲜活泼的、为中国老百姓所喜闻乐见的中国作风和中国气派。把国际主义的内容和民族形式分离起来，是一点也不懂国际主义的人们的做法，我们则要把二者紧密地结合起来。"[②]

早期的中国共产党人已较为重视中国的经济问题。他们认为"凡一种革命，不是军事上得着胜利，便可以称为完全成功的"，即是说，仅仅军事上的胜利还不是完全的革命成果，还要改变社会的经济状况，"靠合当的经济政策，以坚固新政府的基础"。[③] 因此，当时许多共产党人都对马克思主义经济理论进行了深

[①] 谈敏：《回溯历史——马克思主义经济学在中国的传播前史（上）》，上海财经大学出版社 2008 年版，第 7 页。

[②] 《毛泽东选集》第二卷，第 534 页。

[③] 《恽代英全集》第六卷，人民出版社 2014 年版，第 155 页。

入学习。

李大钊作为中国共产党创始人之一，不仅是最早向中国系统介绍马克思主义理论的传播者，也是最早一批马克思主义中国化的探索者。他指出："应该细细的研考马克斯的唯物史观，怎样应用于中国今日的政治经济情形。详细一点说，就是依马克斯的唯物史观以研究怎样成了中国今日政治经济的情状。"① 李大钊关于马克思经济学说的论著较多。② 在 1918 年发表的《庶民的胜利》和《布尔什维主义的胜利》两篇文章中，他首次阐明了十月社会主义革命的性质是要在世界范围内推翻资本主义经济组织的垄断。在《我的马克思主义观》（1919）中较为系统和完整地介绍了马克思的经济思想，《马克思的经济学说》（1922）则集中阐述了马克思经济学的原理，《社会主义下的经济组织》（1923）根据马克思主义经济理论来勾勒中国的发展前景。李大钊认为战争的根源存在于经济事实中，他指出："原来这回战争的真因，乃在资本主义的发展。国家的界限以内，不能涵容他的生产力，所以资本家的政府想靠着大战，把国家界限打破，拿自己的国家做中心，建一世界的大帝国，成一个经济组织，为自己国内资本家一阶级谋利益。"③ 而且他认为，"在没有组织没有生机的社会，一切机能，都已闭止，任你有什么工具，都没有你使用他作工的机会。这个时候，恐怕必须有一个根本解决，才有把一个一个的具体问题都解决了的希望"，并指出"经济问题的解决，是根本解决""经济组织没有改造以前，一切问题，丝毫不能解决"④，而"经济问题一旦解决，什么政治问题、法律问题、家族制度问题、女子解放问题、工人解放问题，都可以解决"⑤。

---

① 《李大钊全集》第四卷，河北教育出版社 1999 年版，第 345 页。

② 如《我的马克思主义观》（1919）、《由经济上解释中国近代思想变动的原因》（1920）、《中国的社会主义与世界的资本主义》（1921）、《马克思的经济学说》（1922）、《社会主义下的经济组织》（1923）、《劳动问题的祸源》（1923）、《土地与农民》（1925）等。

③ 《李大钊文集》（上），人民出版社 1984 年版，第 594 页。

④ 《李大钊文集》（下），人民出版社 1984 年版，第 37 页。

⑤ 李大钊：《再论问题与主义》，《每周评论》第三十五号，1919 年 8 月 17 日。

陈独秀较为重视对经济问题的研究，他指出，"社会经济的问题不解决，政治上的大问题没有一件能解决的，社会经济简直是政治的基础"。① 他也撰写了许多关于中国经济问题的论著，如《贫民的哭声》（1919）、《马尔塞斯人口论与中国人口问题》（1921）、《社会主义批判》（1921）、《资产阶级的革命与革命的资产阶级》（1923）、《关于社会主义问题》（1923）、《中国农民问题》（1923）以及《中国国民革命与社会各阶层》（1923）等。陈独秀在早期是马克思经济理论的积极宣传者，主张社会主义生产方式必然代替资本主义生产方式，他认为"我们可以断定资本主义的生产分配方法不良，已到了自身不能救济自身底危机必然崩溃的命运，代他而起的自然是社会主义的生产分配方法"②，而且"只有在工农及其他被压迫剥削阶级革命的国家而采用国家资本主义，才能够由此过渡到非资本主义的社会主义的经济建设"③。但是，陈独秀的经济思想在后期具有一定的倒退趋势，表现出从取消中国革命到支持资本主义的思想转变，原因之一"在于他不能正确地运用马克思主义的基本原理去分析中国的现实经济问题"，从而导致了他经济思想上的一系列倒退。④

瞿秋白对中国社会主义经济建设作过许多有益的探索，并散见于其论著中，如《中国的劳动问题？世界的劳动问题？》（1919）、《新经济政策之因，旧政治思想之果》（1922）、《中国资产阶级的发展》（1923）、《帝国主义侵略中国之各种方式》（1923）、《中国革命史之新篇》（1924）、《日本对华贸易之经济侵略》（1925）、《世界的农民政党及农民协会》（1926）以及《国民革命中之农民问题》（1926）等。瞿秋白在其论著中大量介绍了苏俄及资本主义国家的经济制度和经济现状，分析研究了中国社会经济现实问题。

此外，蔡和森、彭湃、李达、毛泽东、陈云等中国共产党人都结合马克思主义经济学对中国社会经济发展作过大量思考。总之，中国共产党以马克思主

① 《陈独秀文章选编》（上），生活·读书·新知三联书店1984年版，第430页。
② 同上书，第91页。
③ 《陈独秀文章选编》（下），生活·读书·新知三联书店1984年版，第410页。
④ 王毅武主编：《中国社会主义经济思想史简编》，青海人民出版社1988年版，第56页。

义为指导思想和理论基础，把马克思主义和中国经济实践相结合，提出了正确的经济理论，制定了一系列适用于新民主主义时期中国经济建设的路线、方针和政策。

综上可见，新民主主义革命时期中国共产党经济思想的形成，是建立在中国共产党对中国社会经济形态的考察以及对中国社会各阶级经济状况的分析基础上。一方面，半殖民地半封建的社会经济形态决定了中国社会的主要矛盾，进而决定了新民主主义革命总路线，以及新民主主义经济理论；另一方面，中国共产党人以马克思主义经济学说为理论基础，深入分析研究了中国社会经济问题，进而指导中国新民主主义革命时期的经济实践。所以，半殖民地半封建的社会经济形态以及马克思主义的传播及其中国化，是新民主主义革命时期中国共产党经济思想产生的现实背景和思想来源。

第二节　革命道路的选择与新民主主义经济思想的萌芽

一、早期中国共产党对中国社会经济状况的分析

中国共产党自成立起，就对中国国情有着基本的认识和判断。1922年7月，中国共产党第二次全国代表大会在上海召开，在《中国共产党第二次全国代表大会宣言》中，较为全面地分析了当时中国的社会经济状况。

宣言中指出："在中国自己领土之内，三分之一的铁路为外国资本家的所有物，其他的铁路也是直接或间接由外国债权主人管理；外国的商轮是在中国的海口和内河里面自由行驶；邮电是受严密监督；关税也不是自主的，是由外国帝国主义者协定和管理的；这样，不但便利于他们的资本输入和原料的吸收，而且是中国经济生命的神经系已落在帝国主义的巨掌之中了。那些外国资本家还在中国占据了许多矿山，并在上海、天津等商埠开设了一些工厂，鞭策百万的中国劳工在那矿山工厂里，做他们生利的奴隶。同时又加上外国商品如潮的

输入，漫说布匹纸张之类，旧有的针和钉都几乎绝了种，因此生活程度日渐增高，三万万的农民日趋穷困；数千万手工业者的生活轻轻被华美的机器制造品夺取，而渐成为失业的无产阶级。中国因为每次战争都要被索取一批现金赔偿，加上鸦片和商品的吸收，现金日见减少，又加上20万万外债连本带利不断的盘剥，更加上上海、北京、天津、汉口、广州几个外国银行家的操纵，国家和民众的经济生活都陷在极恐慌的状态之中。帝国主义者还贿赂中国的官僚政客，派遣许多的顾问牧师，出版报纸，设立学校——这是企图更顺利地达到他们贪婪掠夺的目的。同时为防止中国民众的反抗起见，帝国主义者的列强又掠得实际统治中国人的领事裁判权，并派遣军队警察军舰驻守于中国领土之内。"特别是对于民族资产阶级，这次会议中指出："帝国主义者，本来想完全毁灭中国旧有的经济构造，代以完全由他们掌管的新式资本主义的经济建筑，但是他们毕竟没有完全毁灭的本领。他们曾经百端阻挠中国经济自动的改进：如他们不让中国人民自己建筑粤汉铁路、沪杭甬铁路及川汉铁路，强迫清政府借他们的款子来兴工，以及他们夺取汉冶萍公司之类。但是这样阻挠的结果，曾激起剧烈的反抗，对他们经济的垄断政策加以打击。而且外国资本家初到中国的时候，竟不能独立经营，只好借助中国商人和雇佣中国账房、买办、经纪人之类，做掠夺勾当的中间物。这么一来，中国资产阶级就渐渐完成他们的初步积累阶段。大战期内，欧美商品不能顾及中国，日本商品又遭抵制，遂造成中国资本家发展的最好机会，如是中国资本主义也渐渐在扬子江流域一带兴旺起来了。"党的二大中还指出："压迫在世界侵略的资本主义极大组织之下的新兴的中国资产阶级，哪能自由发展和自由竞争而达到独立的地位，只不过做世界资本主义侵入中国的中间物罢了。而且外国资本主义为自己的发展和利益，反扶助中国军阀，故意阻碍中国幼稚资本主义的兴旺。中国幼稚资产阶级为要免除经济上的压迫起见，一定要起来与世界资本帝国主义奋斗。"[①] 另外，党的二大中还强调："中

---

① 《六大以前——党的历史材料》，中共中央办公厅编印1951年再版，第8—9页。

国三万万的农民，乃是革命运动中的最大要素。农民因为土地缺乏、人口稠密、天灾流行、战争和土匪的扰乱、军阀的额外征税和剥削、外国商品的压迫、生活程度的增高等原因，以致日趋穷困和痛苦。"①

总之，该时期中国共产党对中国社会经济状况清晰且正确的判断，为革命路径选择提供了依据，同时也为新民主主义经济思想的形成奠定了基础。

专栏 1-1：中国共产党成立初期对"世界大势"的历史判断

在 1922 年的中共二大上，曾通过了一份名为《关于"世界大势与中国共产党"的议决案》。该决议中，中国共产党对"世界大势"做出了基本判断，认为自 1914 年世界大战以后，世界资本主义的势力衰萎，社会革命势力日渐澎湃，但由于无产阶级阵营中有许多替资产阶级服务的奸贼，他们成了"革命的无产阶级的最厉害的敌人"，并"把这股革命狂潮暂时按抑下去了"，进而"造成世界帝国主义者为恢复他们经济起见，向全世界无产阶级进攻的情势"，因此第三国际召集全世界的无产阶级建立联合战线，"共同抵御资本家目前的进攻"。②为此，在中共二大上议决，中国共产党要召集中国工人加入世界工人的联合战线。

二、关于中国未来发展道路的思考

在半殖民地半封建的近代中国，社会各界人士都在思考中国的出路问题。中国共产党成立之后，也对中国前途作出了积极探索。旧民主主义革命失败后，中国共产党人的一个普遍共识是，改良已经无法从根本上解决中国问题，而应走社会主义的道路，但对于如何过渡到社会主义，却存在不同的认识。

---

① 中共中央文献研究室、中央档案馆编：《建党以来重要文献选编（1921—1949）》第一册，中央文献出版社 2011 年版，第 131 页。

② 同上书，第 136 页。

一种观点是从发展民族资本主义出发，认为"资本主义生产制度下机器工业代替手工业时必然发生的劳苦大众遭受奴役，备受煎熬的现象，非得再发生一次社会经济、政治上的大革命，是不会消除的"。[①] 他们认为中国的问题在于贫困落后，而要改变现状就必须发展民族资本主义。比如陈独秀认为，中国对外贸易长期逆差是导致中国贫穷的重要原因之一。他指出，"我们中国人，虽有在外国做生意的，但是两个比较起来，历年总是外国进口货多，中国出口货少"，"年年这么吃亏，我中国人还有不一天穷似一天的道理吗！"而扭转这种现象，他认为只有像日本那样，大开工厂来生产西洋各种货物，扩大出口额。[②] 陈独秀之所以致力于新文化运动，就是为了确立民族资产阶级的地位以发展民族工业。他认为中国发展民族工业的困难在于"功利货殖，自古为羞"，且"债券无效，游惰无惩""官吏苛求，上下无信"，于是"生寡食众"。他也认识到世界上的军国主义和金力主义，已经造成了无穷罪恶，"现在是应抛弃了"，而俄国十月革命也许是"人类社会变动和前进的大关键"。同时也开始从经济上考察社会现象，从不平等的经济制度上认识社会问题，意识到"社会经济的问题不解决，政治上的大问题没有一件能解决的，社会经济简直是政治的基础"。蔡和森也通过对欧美资本主义国家的分析，认为"东方文明已隶属西方，农业国久已属于工业国，野蛮国久已隶属于文明国，而为其经济的或政治的殖民地"，所以在这样的国家里不可能发展自己的民族工商业，走上资本主义道路。他意识到中国政治和经济上的独立是帝国主义最记恨的，中国官僚与外国资本的勾结"是外国经济的侵略主义之另一种方式"。他指出，"资本主义在中国，无论如何，是不能重复发达而解决中国经济问题"，因为"国际资本主义始终是以中国为原料地和销场"，而"不容许中国为完全的大国工业国"。[③] 许多中国共产党人基于生产力和生产关系以及经济基础和上层建筑的理论，对中国社会经济问

---

① 转引自马伯煌：《中国近代经济思想史》，上海社会科学出版社 1992 年版，第 15 页。
② 《陈独秀文章选编》(上)，三联书店 1984 年版，第 48 页。
③ 《蔡和森文集》，人民出版社 1980 年版，第 75—202 页。

题作出了考察和分析。李大钊认为，中国农业经济基础较深，因而是国民经济的基础。他指出，中国封建社会的经济结构主要是以分散的农业个体经济组成的自给自足的生产方式，商品交换虽然早已存在，但在整个国民经济中占据地位不高。瞿秋白则提出，旧中国经济的基本特点在于，"家庭生产制"为基础的小农经济是过去几千年来中国社会的基本特征。但是，鸦片战争以来帝国主义的入侵打破了这种小农经济，使旧的社会组织失去了土壤，而帝国主义"垄断着中国的市场，支配着中国的经济命脉"，"帝国主义经过买办而剥削中国，而买办又经过中国农村中的大地主阶级而剥削中国的农民群众"。这些严重阻碍了社会生产力的发展。因此，中国必须建立发达的工业和大农经济来实现独立发展。

还有一种观点是从中国的土地问题出发，认为中国应当走社会主义道路。早期中国的马克思主义者意识到贫苦农民是社会物质资料生产最重要的劳动者，故解决土地问题是中国革命的重要问题。李大钊曾指出："中国浩大的农民群众，如果能够阻止起来，参加国民革命，中国国民革命的成功就不远了。"[1] 毛泽东也曾指出："国民革命需要一个大的农村变动。辛亥革命没有这个变动，所以失败了。现在有了这个变动，乃是革命完成的重要因素。"因此，当时许多人就中国的土地问题进行了讨论。例如蔡和森认为，在中国农民占据了人口的大多数，他们普遍贫穷。而且，中国的民主革命的实际是土地革命，即通过将土地革命使农民拥有土地这种基本的生产资料，让农民摆脱地主阶级的盘剥，最终变小农经济为"有组织的在国有城市大工业统率之下的农村集体经济"。他指出，农民如果建立武装，就可以打击农村封建势力进而进行民主革命。彭湃也指出中国革命要依靠农民革命，因为占人口最大多数和占经济地位最重要的农民如果不起来，中国革命则没有成功的希望。但他也发现，农民在分散的情况下无法形成革命力量，所以应将其有效组织起来。进而，他在实践中发展创造

---

[1] 《李大钊文集》（下），人民出版社1984年版，第834页。

11

了"农会"这种农民组织形式，通过发挥其行政管理等政治职能来实现经济组织的作用，比如从土豪劣绅手中夺取市场管理权，将市镇收入划拨为农民医药费用，救助孤老、奖励求学、改良农业等等。此外，彭湃还运用马克思主义经济理论分析农村土地占有情况。他指出封建土地所有制是农民受剥削的根源，因此在《土地革命》一文中强调"无产阶级要推翻帝国主义、军阀和资产阶级的掠夺与压迫，解除全中国大多数人的痛苦，只有实行土地革命"。[①]然而从中国共产党成立到中共三大召开，土地和农民问题依然停留在理论宣传之上，直到 1923 年 6 月中共三大通过了《农民问题决议案》，才正式将农民作为党的工作中心之一。

三、对土地与农民问题的认识

在 20 世纪初期的中国，贫苦农民在帝国主义和官僚资本主义大肆兼并土地以及抢占农田的双重压迫下生活极其困苦，因而是最具有反抗精神的革命力量。中国共产党成立后，中国的马克思主义者们在革命实践中认识到封建和半封建的生产关系是劳苦大众受苦受难的根源，不发动贫苦农民自己起来斗争，不摧毁旧的生产关系，中国的革命不会取得成功。李大钊指出："中国的浩大的农民群众，如果能够组织起来，参加国民革命，中国国民革命的成功就不远了。"[②]因此，中国共产党将深入农村、组织农民，作为当时党的迫切任务之一。在建党初期以及大革命时期，中国共产党对中国土地和农民问题进行了诸多探讨。

（一）关于农民在中国革命中的地位和作用

该时期，农民不仅遭受地主增收预租、押租以及直接加租等的剥削，而且还受高利贷和商业资本的盘剥，生活极其窘困。陈独秀在 1922 年对中国的农民问题进行过分析。他指出："农业是中国国民经济之基础，农民至少占全国人口百分之六十以上，其中最困苦者为居农民中半数之无地的佃农。此种人数超过

---

① 《彭湃文集》，人民出版社 1981 年版，第 277 页。
② 《李大钊文集》（下），人民出版社 1984 年版，第 834 页。

一万二千万被数层压迫的劳苦大群众（专指佃农），自然是工人阶级最有利的友军，为中国共产党所不应忽视的。中国共产党若离开了农民，便很难成功一个大的群众党。"①陈独秀认为，要解除中国农民所遭受的痛苦，应该采取下述政策：一是限田运动，"限制私人地权在若干亩以内，以此等大地主、中等地主限外之地改归耕种该地之佃农所有"；二是组织农民消费协社，"中国农民间有合资向城市购物之习惯，应就此习惯扩大为消费社"；三是组织农民借贷机关，"中国农村向有宗祠、神社、备荒等公款，应利用此等公款及富农合资组织利息极低的借贷机关"；四是限制租额运动，"应在各农村组织佃农协会，每年应缴纳地主之额租，由协会按收成丰歉议定之"；五是开垦荒地，"应要求政府在地税中支用款项，供给过剩之贫农开垦官荒"；六是改良水利，"应支用国币或地方经费修理或开挖河道，最急要者如黄河、淮河等。此等河道之开浚，不但与农民有迫切的利害关系，而且在工商业之运输上亦有绝大的影响"。②1923年，他在《中国农民问题》和《中国国民革命与社会各阶级》中进一步分析并认为，在半殖民地半封建的中国，农业是国民经济的基础，并肯定了农民在中国革命中的作用和地位。

彭湃作为最早一批认识到中国革命要依靠农民的中国共产党人，对农民运动较之劳工运动的优势有着深刻的认识。他在1922年组织广东海丰农民运动时指出，"农民运动比都市的劳工运动有几点的确是很好的"，原因在于：其一，农民中佃耕农占大多数，因与田主距离很远，但凡有运动，田主都不会知道，相比于工厂，一旦资本家知道工人运动，就会马上遭到解雇；其二，农民比起工人，团体训练少，但他们有忠义气，能尽忠于自己的阶级；其三，由于天地不可移动，而且不像机械一样被资本家关在工厂里，所以农民可以采取同盟罢耕，将来占领田地也极为容易；其四，海丰官员竞买田地促使地价骤增，农民

---

① 中共中央文献研究室、中央档案馆编：《建党以来重要文献选编（1921—1949）》第一册，中央文献出版社2011年版，第198页。

② 同上书，第199页。

纳田租也随之增加，佃主的争议也必然增多；其五，海丰的物价日贵，导致农民生活日窘，使他们拥有暴动的动机。[①] 毛泽东对农民问题也有深入研究。他在 1926 年发表的《国民革命与农民运动》一文中指出，"经济落后之半殖民地革命最大的对象是乡村宗法封建阶级（地主阶级）"，该农村封建阶级"乃其国内统治阶级国外帝国主义之唯一坚实的基础"，若"不动摇这个基础，便万万不能动摇这个基础的上层建筑物"。因此，他认为："农民问题乃国民革命的中心问题，农民不起来参加并拥护国民革命，国民革命不会成功；农民运动不赶速地做起来，农民问题不会解决；农民问题不在现在的革命运动中得到相当的解决，农民不会拥护这个革命。"[②]

专栏 1-2：中国近代高利贷对农民的盘剥

高利贷资本是指，通过贷放货币以获取高额利息的资本。在中国因为商品货币关系发展较早，高利贷资本故早已有之。特别是随着 20 世纪 30 年代前期农村的破产，高利贷异常猖獗。根据事业部中央农业试验所 1934 年农情报告第 2 年第 11 期刊登的 22 省 850 个县的调查，农村的借贷来源，地主、富农、商店、商人放高利贷占全部借贷来源的 80％以上。其中，纯私人借贷占比 67.6％，而银行借贷仅为 2.4％。

（二）关于农村的土地问题

列宁指出："不彻底消灭整个中世纪的土地所有制，不实行彻底'清洗'土地，即不实行土地国有化，这样的革命是不可思议的。"[③] 早期共产党人也将解决土地问题作为中国革命的重要内容，并就农民土地问题进行了从有所认识到

---

① 《彭湃文集》，人民出版社 2013 年版，第 12 页。

② 《毛泽东文集》第一卷，人民出版社 1993 年版，第 37 页。

③ 列宁：《社会民主党在俄国革命中的土地纲领》，载于中共中央马克思恩格斯列宁斯大林著作编译局编译：《列宁全集》第十五卷，人民出版社 1959 年版，第 154 页。

具体主张的渐进探索。在中国共产党成立之初，虽然工作的主要焦点聚集在工人运动上，但已有许多共产党人对土地的重要性有了认识，并深入农村领导农民展开减租减息等运动。沈玄庐在 1921 年发表《农民自决》的演讲，揭示了地主和佃户之间的剥削关系，提出"废止私有财产，'土地公有'"的主张。[①] 他在浙江萧山衙前村开展了"三折"减租运动。彭湃在广东海丰提出了"凶年减租"的口号。[②] 在彭湃的带领下，广东海丰农民进行了反对地主"升租吊田"的运动。陈独秀也曾提出佃农应向政府提出"限田""限租"，前者是指"限制私有地权在若干亩以内，即以此等大地主、中地主等限外之地权分给耕种该地之佃农"，而后者是指"每年应纳地主之租额，由各农村佃农协会按收成丰歉自定之"。[③] 邓中夏认为，中国革命的宣传口号只能用"限租""限田""推翻贪官劣绅""打倒军阀""抵制洋货""实行国民革命"等，并在行动上要求减租及改良待遇等。[④]

在对解决农民土地问题的探索实践中，中国共产党开始重视并利用农民协会（以下简称农会）的作用，也使得农会在大革命时期得到了较大的发展。该时期的农会组织，其实质是在共产党领导下组织和发动的农村社会革命的一种政权形式。1927 年 7 月 20 日，中共中央发出《中央通告农字第 9 号——目前农民运动总策略》，在对之前农民运动进行总结时指出："农民协会已经不是一种职业组织，而是以穷苦农民为主干的乡村的政治联盟。因为农民协会，事实上不仅团结了一般农民，包括手工业者、小学教师和小商人；就是一部分脱离大地主影响、而对农会表同情之小地主，也已经联合在农民协会之内。所以农民协会在现时就是乡村中的贫苦农民和其他小资产阶级的革命的政治联盟、农

---

① 沙健孙主编：《中国共产党史稿（1921—1949）》第一卷，中央文献出版社 2006 年版，第366 页。

② 《彭湃文集》，人民出版社 2013 年版，第 154 页。

③ 《陈独秀文集》第二卷，人民出版社 2013 年版，第 430 页。

④ 《邓中夏文集》，人民出版社 1983 年版，第 58 页。

民政权。这是农村政权的一个正确形式。"①彭湃是领导农会发展的代表人物之一，香港《华字报》曾在报道中写道，"农会的灵魂，就是彭湃，要知道农会是什么，晓了彭湃便得"。②彭湃对农会的作用有着清楚的认识，他认为农会应该做到防止田主升租、防止勒索农民、防止内部竞争、凶年呈请减租、调和争端、救济疾病、救济死亡、救济孤老、救济罹灾、防止盗贼、禁止烟赌、奖励求学、改良农业、增进农民智识、共同生产、便利金融以及抵抗战乱。③但是，一方面代表地主利益的国民党右派对农民协会极为不满，另一方面中国共产党中以陈独秀为代表的右倾机会主义者，幻想以退让来换取与国民党的统一战线。因此，在中共中央政治局1926年12月汉口特别会议上，虽然规定农民运动还是以减租减息、武装自卫、反抗土豪劣绅以及反抗苛捐杂税为迫切要求，但同时提出限制工农运动发展，反对解决土地问题以及反对建立农民政权等。在此次会议后，农民运动受到了限制和打击，最终农民协会也随着大革命失败而难以为继。尽管如此，该时期对农民土地问题的积极探索，深化了中国共产党对于该问题的认识，进而为之后解决根据地的土地问题积累了宝贵经验和教训。

四、早期中国共产党人对中国社会主义工业化的初步认识

重农思想长期在中国传统经济思想中占有支配地位，但自鸦片战争后，越来越多的有识之士在见识到西方国家的船坚炮利后转而思考救国救民的良策，追赶西方先进国家、实现国家工业化和现代化，成为众多中国仁人志士的理想与追求，工业化思想随之萌芽并壮大。中国共产党的前身——共产党早期组织，最早接触的就是工人和工业问题。中国的马克思主义者富有远见地思考了中国工业化相关问题，并基于马克思和恩格斯的工业化理论、苏联的工业化理论及

① 中共中央文献研究室、中央档案馆编：《建党以来重要文献选编（1921—1949）》第四册，中央文献出版社2011年版，第359页。

② 叶左能：《彭湃研究史料》第三卷，中共中央党校出版社2007年版，第101页。

③ 《彭湃文集》，人民出版社2013年版，第15—17页。

实践经验以及近代中国的实业救国思想，总结和分析了中国工业发展的现实条件与基本内容。相关讨论不仅触及了中国未来经济发展的阶段以及社会主义建设中的所有制形式等基本经济问题，而且形成了依靠发展民族生产力来抵御外国经济侵略的思想主张。

（一）中国是否发展工业化的基本判断

20 世纪 20 年代中国知识界进行了一场关于"以农立国"还是"以工立国"的大论战，许多中国共产党人也在该论战中表达了对中国工业化的认识和思考。恽代英在 1923 年 10 月 30 日的《申报》上发表《中国可以不工业化乎？》一文，在该文中运用马克思主义经济理论，通过驳斥董时进和章士钊等"以农立国"的主张，进而论证并得出"中国亦必化为工业国然后乃可以自存，吾以为殆无疑议"。[①] 他在 1924 年刊登的文章《列宁与新经济政策》中强调，"解决中国的问题，自然要根据中国的情形，以决定中国的办法"。恽代英指出，列宁的亲身经历带给我们很多启示，并在这篇文章中论述了列宁关于发展产业与无产阶级之间的联系，即"列宁本是认定了在产业后进的国家不经过相当的资本主义的发展，是不能进于最低度的共产主义的。大产业的毁灭，工厂的停工，便使无产阶级不能存在。只有产业发达，无产阶级才发达，共产党的政府才有他的立脚点"。[②] 蔡和森在 1922 年发表的《统一，借债，与国民党》中也指出，帝国主义国家想要"使中国的经济生活永久隶属于他们自己的资本主义利益之下，故绝不会容许中国自成为大工业生产国，以谋经济上、政治上之自由发展与完全独立"。因此，蔡和森将"努力完成民主革命，推翻军阀及国际帝国主义在中国之特权与压迫，建立完全自主的独立国家，仿照苏维埃俄罗斯之不损主权不受束缚的招致外资及权利让与等等政策，迅速的自主的开发中国大工业"，作为中国走向解放、取得独立与自由的方法之一。[③]

---

① 《恽代英全集》第五卷，人民出版社 2014 年版，第 130 页。
② 《恽代英全集》第六卷，人民出版社 2014 年版，第 154 页。
③ 《蔡和森文集》，人民出版社 1980 年版，第 99 页。

（二）关于中国社会主义工业化的设想

中国共产党成立前后，何孟雄以及周恩来等中国共产党人通过分析资本主义生产方式的弊端，对中国工业化的实现路径、主要内容以及所有制形式有了初步思考。

在关于中国工业发展道路的讨论中，中国共产党人认为应该通过走社会主义道路而非资本主义道路来实现中国的工业化。李大钊在 1921 年发表的《中国社会主义与世界的资本主义》一文中指出："今日在中国想发展实业，非由纯粹生产者组织政府，以铲除国内的掠夺阶级，抵抗此世界的资本主义，依社会主义的组织经营实业不可。"[①] 作为中国共产党的创始人之一，何孟雄曾提出："若是以发展实业为最后的目的，那么，根本是弄错了。"他指出，从中国近代以来经济的发展看，工业现代化是必然趋势，但需要达到以下几个目的：其一，现代化的工业是为了"开通民智，大家得到满足的生活"，即劳苦大众在精神与物质生活方面的需要可以因此有了保证；其二，是为了挣脱被外国帝国主义掠夺的地位，"再不把中国这个地方为别的民族的市场，为别国资本主义的奴隶"；其三，是为了"谋自己民族的幸福，和帮助旁的民族的幸福，进而达到全人类的满足生活"，共同分享人类社会物质文明高度发展的成果。按经济制度的归属来区分，发展现代化工业的道路基本上就是两条，即社会主义和资本主义。"就以这两种主义说起来，不过目的不同罢了。"进而，他指出，只要走社会主义道路，按社会主义原则去推动中国现代化工业的发展，就可以达到上述三个目的。[②] 周恩来在 1922 年发表的《共产主义与中国》一文中指出，中国不能通过走资本主义道路来发展实业，因为"适用资本主义的方法来开发实业，其结果不仅使中国变为舶来品的销卖场，且会使中国各地布满了外国的资本家"，而"只要以资本主义的方法来开发中国实业，其同一结果总是压迫贫民阶级使之成为纯粹的无产阶级，困苦颠连，以致历劫

---

① 《李大钊全集（修订本）》第三卷，人民出版社 2013 年版，第 360 页。
② 《何孟雄文集》，人民出版社 1986 年版，第 56—62 页。

难复"。①他还分析道："制度多是随着生产力发达情况而变迁的。资本主义的害处不在他的生产渐趋于集中，乃在他的自由竞争，互相侵略；不在他的大规模生产，乃在他的生产陷入无政府的状态中；不在他聚集工人到工场门口来，乃在他以少数工资换得多时间的剩余劳动；不在他利用科学，乃在他闭塞工人的知识。欲求保存这个产业革命后的优点而消灭其毒，则除变更经济制度外实无他道。"②

此外，该时期中国共产党不仅意识到，必须走社会主义道路才能实现工业化，而且对计划经济以及生产资料公有制也进行了相关论述。瞿秋白在 1924 年 6 月的讲演稿中指出，"社会主义乃有规画的经济"，该经济之要素包括：一是"非商业的分配方法"；二是"生产资料及工具之真正公有"；三是"大工业式之经营生产方法"。他认为："唯有规画的经济里方能'各取所需，各尽所能'。"③瞿秋白认为：在社会主义过渡时期，即"资产阶级虽已受治，然未消灭，虽已丧失政权，然尚有经济力量"的情况下，"需由无产阶级实行国家资本主义，以为在经济上征服私人资本主义之手段"。④具体而言，他指出："大生产事业及金融运输事业可以由无产阶级国家没收管理，可以部分的规画；而小农业、小手工业、小商业，甚至于小工业，国家无从没收——即无从管理，更不易为之设定规画。国家只能凭借大生产与小生产竞争，使小生产日益合并——增进社会生产力，以集中此等小生产，使在社会消费中失其需要；小生产愈减少，国家规画之范围愈广，国家企业之生产量愈增……以至于分配上可以完全废止商业，社会主义之有规画的经济，至此方得实现。"⑤在 1921 年《中国共产党第一个纲领》中，规定要"消灭资本家私有制，没收机器、土地、厂房和半成品等生产资料，归社会公有"，即消灭私有制，使生产资料变为公有。⑥

---

①　中共中央文献研究室、南开大学：《周恩来早期文集（一九一二年十月——一九二四年六月）》，中央文献出版社、南开大学出版社 1998 年版，第 458—459 页。

②　同上书，第 460 页。

③《瞿秋白文集·政治理论编》第二卷，人民出版社 2013 年版，第 597 页。

④⑤　同上书，第 598 页。

⑥　中共中央文献研究室、中央档案馆编：《建党以来重要文献选编（1921—1949）》第一册，中央文献出版社 2011 年版，第 1 页。

第三节　革命根据地的经济建设与
新民主主义经济思想的形成和发展

大革命失败后，中国革命由城市转入农村，在中国共产党领导下，在农村建立根据地，进而开创了一条农村包围城市、武装夺取政权的中国革命新道路。革命根据地在土地革命战争、抗日战争和解放战争时期，都发挥了极为重要的作用，而根据地的经济建设不仅为抗战提供了物资和经费保障，也为新中国成立后过渡时期的经济发展积累了经验。

一、革命根据地土地政策的曲折探索

中国共产党早已认识到土地问题的解决直接关系到中国革命的成败，在中国共产党成立初期以及大革命时期，就对农民和土地问题进行了分析，并领导了一些地区的农民运动，但在这一时期并没有提出明确的土地革命路线。直到土地革命时期，中国共产党及时吸取经验教训，对农民和土地问题给予高度重视，正如毛泽东在 1933 年所作的《查田运动是广大区域内的中心重大任务》中指出："一切过去的经验都证明：只有土地问题的正确解决，只有在坚决的阶级的口号之下，把农村中阶级斗争的火焰掀起到最高的程度，才能发动广大的农民群众起来，在无产阶级领导之下，参加革命战争，参加苏维埃各方面的建设，建立巩固的革命根据地，使苏维埃运动得着更大的力量，争取更大的发展与胜利。"[①] 因此，中国共产党将解决农民土地问题作为中国共产党在革命根据地经济建设中的一个重要工作，并逐渐形成了一条正确的土地革命路线。由于在土地革命、抗日战争及解放战争时期，中国共产党所面临的革命任务不同，特别

---

① 毛泽东：《查田运动是广大区域内的中心重大任务》，载于《论查田运动》，晋察冀新华书店 1947 年版，第 1 页。

是革命对象的差异，又使得不同时期的土地政策有所区别，进而形成了中国共产党在革命根据地土地政策的演变，并由此反映出该时期中国共产党对土地问题的探索过程。

（一）土地革命时期中国共产党的土地政策思想

大革命失败后，一些中国共产党人对失败原因进行了总结。瞿秋白指出，"中国革命的枢纽，是农民的土地革命"，而大革命不但证明"革命动力的变更过程明显的指示出，不肃清中国封建式的土地关系，便决不能推翻帝国主义的统治"，而且暴露出"中国无产阶级政党里的机会主义，大部分和中国土地革命问题相关联着"。①毛泽东在大革命后期基于对湖南农民运动的考察后也提出："农民问题只是一个贫农问题，而贫农问题有二个，即资本问题与土地问题，这两个都已经不是宣传的问题而是要立即实行的问题了。"②因此，大革命失败以后，中国共产党在总结经验教训的基础上，于1927年8月7日在汉口召开紧急会议，确定了土地革命和武装反抗国民党反动派的总方针。同年9月，毛泽东发动秋收起义，建立了井冈山革命根据地，中国共产党在根据地展开了打土豪、分田地的土地革命斗争，为建立广泛的反对国民党反动派的革命民主统一战线而制定了一系列土地政策，中国共产党在土地革命时期也因开展根据地的经济建设形成了许多重要思想。

事实上，在1927年4月27日至5月9日召开的中国共产党第五次全国代表大会上，通过了《土地问题决议案》，其中已明确指出中国的土地问题。具体而言：第一，"中国农村的经济生活，大半尚建筑在封建的关系之上。大部分的田地（约百分之六十六）为收租的大地主所占有。佃农及半佃农耕种田地，而没有享有田地的权利。田租的方式既不确定，租佃权也不能永久享有。田租大抵要占农民全部收入的百分之五十，除此而外，农民对于地主阶级以及

---

① 《瞿秋白文集·政治理论编》第六卷，人民出版社1996年版，第563页。

② 中共中央文献研究室：《毛泽东年谱：1893—1949》上卷，人民出版社、中央文献出版社1993年版，第182页。

握有政治的军阀统治者，还要交纳种种苛捐杂税"。第二，"中国农村的经济生活，大半尚建筑在封建的关系之上。大部分的田地（约百分之六十六）为收租的大地主所占有"。第三，"帝国主义的统治，阻止中国经济的进展；于是中国产业特别落后，形成农村人口的过剩；而农村人口过剩的现象，实足以延长军阀封建式的剥削制度之生存"。第四，"中国的军阀吮吸全国的膏髓，外国帝国主义阻碍中国政治经济的发展，他们两者的根据地都是农村中的封建组织。所以中国民众欲达到打倒军阀及帝国主义的目的，基本的条件就是肃清农村中封建势力的残余及宗法社会式的政权。急剧的变更土地所有制度，是国民革命中唯一的原则"。第五，"中国农民占全国人口的绝大多数，没有他们自动的自觉的来参加，国民革命是决不会成功的"。第六，"（无产阶级和小资产阶级）这两个阶级都是反对剥削农民的，农村的急剧改革，使耕者有其田，不但农民本身获得利益，全部人民都蒙其益。农民群众生活程度的提高，商业因之而大发展。设若耕者能享用其自己生产的剩余，债主的铁腕将失掉其作用，农民可用由农产得来的资本，从事于改良耕种的方法及工具。结果全国农业产额必为发生自由的市场，可使物价降低。最终，因封建式佃租的取消，国家税收可以得到新的源泉"。第七，"要取消封建式的剥削，只有将耕地无条件的转给耕田的农民，才能实现……为保证农村急剧改革的实行，农民必须握得乡村中的政权，……失业的农民既然得到土地或能从事于生产工作之后，军阀的祸患，将不复存在于中国。重利盘剥的现象，也因为他的经济根基既行取消，势必消灭"。基于以上分析，该会议上明确了土地国有的基本原则，并指出："必须要在平均享用地权的原则之下，彻底将土地再行分配，方能使土地问题解决，欲实现此步骤必须土地国有。共产党将领导农民从事于平均地权的斗争，向着土地国有、取消土地私有制度的方向，而努力进行。"因此，《决议案》明确规定要"没收一切所谓公有的田地以及祠堂、学校、寺庙、外国教堂及农业公司的土地……无代价的没收地主租于农民的土地……交诸耕种农民。"[①]

---

① 中共中央文献研究室、中央档案馆编：《建党以来重要文献选编（1921—1949）》第四册，中央文献出版社 2011 年版，第 186—191 页。

同年 8 月 7 日，在汉口召开了中共中央紧急会议（又称"八七会议"），正式确定了土地革命的总方针，并对过去土地革命情况进行了反思。会议中蔡和森指出："五次大会后的错误主要的是未实行五次大会的决议：1. 五次大会的中心集中到土地革命，成立了很好的决议，但大会后中央不实行而且相反。"[①]"八七会议"通过的《最近农民斗争的决议案》中明确了农民暴动的口号，主要包括："没收大地主及中地主的土地，分这些土地给佃农及无地的农民"；"没收一切所谓公产的祠族庙宇等土地，分给无地的农民"；"对于小田主则减租，租金率由农民协会规定之"。该口号中不涉及没收小田主土地，"是为着要使城乡间广大的小私有财产者之分子中立"。[②]

1927 年 11 月，中国共产党中央临时政治局扩大会议通过了《中国现状与党的任务决议案》，提出了土地革命口号，即"完全没收一切地主的土地，由农民代表会议自己支配给贫农耕种，耕者有其田，完全取消租佃制度，同盟抗租抗税，取消一切苛约，重利债务，没收豪绅重利盘剥者的财产，歼灭豪绅地主及一切反革命派"，而且强调"本党坚决的反对用减租、没收大地主、打倒劣绅恶地主等改良主义的口号，来替代上述的革命口号"。[③]在之后 11 月的《中国共产党土地问题党纲草案》中，不仅明确指出中国的农业经济与土地关系，既不同于现代资本主义的欧美，也区别于欧洲中世纪时代（资本主义前期），而且强调，"只有用最'民众式'的阶级斗争的方法，才能完成土地革命，才能真正实行革命的变革土地制度"。在该《草案》中：首先，肯定了苦力和雇农的重要作用，"反对并驳斥一切蔑视雇农苦力之反革命的理论"，同时提出"要尽力吸引乡村中的中农分子，使他们站到贫民方面来，这些中农也是要推翻旧制度的"；其次，指出"国民党欺骗民众的甚么减租百分之二十五，减低利息到

---

① 中共中央文献研究室、中央档案馆编：《建党以来重要文献选编（1921—1949）》第四册，中央文献出版社 2011 年版，第 394 页。

② 同上书，第 442—443 页。

③ 同上书，第 629 页。

年利百分之二十等的主张，无论甚么地方也不能实行，即使实行也决不能解决土地问题"；再有，强调"中国共产党要组织农民，实行同盟抗租罢税不还债，拒用无价纸币和军用票等类的纸券"。[①]

1928年7月9日，在中国共产党第六次全国代表大会上制定了《土地问题决议案》，不仅指出"农民的土地革命，仍旧是中国革命现时阶段的主要内容"，"农民的斗争是要求得着土地"，"斗争的主要的目标，是要推翻地主的封建式的剥削和统治"，而且分析了"土地所有制与土地使用关系是土地问题的中心"。"中国土地关系的根本问题，就是土地所有制度的问题。而土地使用关系上的剥削，亦就成为剥削农民之主要的根本的方式。"[②] 因此，该文件规定中国共产党将采取"无代价的立即没收豪绅地主阶级的财产土地，没收的土地归农民代表会议（苏维埃）处理，分配给无地及少地农民使用"的方针。[③]

1928年12月，毛泽东等共产党人经过深入农村调查，在总结了一年多来井冈山革命根据地土地革命斗争经验的基础上制定了《井冈山土地法》。它是中国共产党在土地革命初期制定的一部较为完整的土地法，其以法律的形式肯定了农村土地归政府所有，给予农民耕种土地的权利，改变了几千年来地主剥削农民的封建土地关系，不仅有利于提升当时农民革命的积极性，而且为之后土地政策的实施和演变奠定了基础。《井冈山土地法》要求"没收一切土地归苏维埃政府所有"，而且"一切土地，经苏维埃政府没收并分配后，禁止买卖"。此外，该法律不仅规定"分配土地之后，除老幼疾病没有耕种能力及服公众勤务者以外，其余的人均须强制劳动"，而且对土地的分配方法、标准等作了具体要求：以"给农民个别耕种"为主体，"遇特别情形，或苏维埃政府有力时"，可兼用"分配农民共同耕种"和"组织模范农场耕种"；分配土地的数量标准是

---

① 中共中央文献研究室、中央档案馆编：《建党以来重要文献选编（1921—1949）》第四册，中央文献出版社2011年版，第651—652页。

② 中共中央文献研究室、中央档案馆编：《建党以来重要文献选编（1921—1949）》第五册，中央文献出版社2011年版，第403页。

③ 同上书，第422页。

将"以人口为标准，男女老幼平均分配"作为主体，特殊情况下"以劳动力为标准，能劳动者比不能劳动者多分土地一倍"；土地分配区域是将"以乡为单位分配"作为主体，特殊情形时"以几乡为单位分配"或"以区为单位分配"；等等。[①]

但是，该土地法一方面表明土地属于政府所有而非农民，农民只有使用权，这不利于调动农民革命和生产的积极性；另一方面也要求没收包括富农、中农和贫农在内的一切土地，而不仅仅是没收地主土地，这既损害了中农的利益，也容易使贫农产生孤立。1929年1月，毛泽东、朱德等率领红军向赣南、闽西进军，随之开辟了新的革命根据地，土地革命政策也在斗争实践中有所调整。1929年4月，毛泽东主持制定了《兴国土地法》，将《井冈山土地法》中的"没收一切土地"改为"没收一切公共土地及地主阶级土地"。毛泽东将这一改动称为"这是一个原则的改正"，并指出，"这两个土地法，存之以见我们对于土地斗争认识之发展"。[②] 在1929年7月中共闽西第一次代表大会上，进一步规定"须用政权机关宣布没收一切收租的田地山林（大小地主的祠堂、庙宇、及团体的）并随即分配与贫农"，以及"自耕农的田地不没收，田契不烧毁。惟富农田地自食以外的多余部分，在贫农群众要求没收时应该没收"。[③] 该规定进一步完成了从土地国有到土地农有的政策转变，解决了土地所有权问题。事实上，"'没收一切土地'，实质上即是'土地国有'。目前是一方面实行没收一切土地，而同时说'土地国有'目前只是宣传口号，真是非常相冲突的，在政治上是极大的错误。而且目前还没有全国性的工农苏维埃政权，没收一切土地究竟归何人管理，若是一切没收了，而土地所有权仍然交给农民，这简直是把政治口号

---

① 中国社会科学院经济研究所中国现代经济史组：《第一、二次国内革命战争时期土地斗争史料选编》，人民出版社1981年版，第267—268页。

② 中共中央文献研究室、中央档案馆：《建党以来重要文献选编（1921—1949）》第六册，中央文献出版社2011年版，第186页。

③ 中国社会科学院经济研究所中国现代经济史组：《第一、二次国内革命战争时期土地斗争史料选编》，人民出版社1981年版，第297—298页。

作儿嬉（戏），是一幕极大的滑稽剧"。"土地革命农民依然得不到土地，这样要动摇富有私有性的广大中农、贫农，要影响革命发展，甚至于影响土地革命的最后胜利。"①

当时，在对待富农问题上曾出现了"左"倾错误，产生了"地主不分田，富农分坏田"的主张。在这种错误思想的指导下，1933 年的"查田运动"中甚至出现了把富农划成地主、中农划成富农的错误。然而，毛泽东在 1930 年 5 月所著的《寻乌调查》中就已指出："我作了寻乌调查，才弄清了富农与地主的问题，提出解决富农问题的办法，不仅要抽多补少，而且要抽肥补瘦，这样才能使富农、中农、贫农、雇农都过活下去。"②1934 年，王明等人将毛泽东的政策斥为"右倾机会主义"，继续开展"查田运动"，并对地主、富农的土地采取更加偏"左"的政策，并成为第五次"反围剿"失败的根源之一。

毛泽东在 1933 年，为纠正当时土地改革工作中发生的偏向、正确地解决土地问题，撰写了《怎样分析农村阶级》，对地主、富农、中农、贫农和工人进行了剖析③，继而形成了"消灭地主，反对富农，依靠贫农，联合中农的明确的阶级路线"。④长征胜利后，中共中央在陕甘革命根据地立即着手纠正"左"倾的土地政策，即改变过去没收富农一切土地，且分给其坏田，将其变为只没收富农的出租土地，取消高利贷，保护富农的工商业等政策。

总之，土地革命时期，中国共产党从中国国情出发，在各革命根据地实施土地政策，领导农民废除了封建地主土地所有制，不仅使广大农民有了属于自己的土地，而且也使中国革命形势发生了深刻变化。

---

① 中国社会科学院经济研究所中国现代经济史组：《第一、二次国内革命战争时期土地斗争史料选编》，人民出版社 1981 年版，第 493 页。

② 《毛泽东农村调查文集》，人民出版社 1982 年版，第 22 页。

③ 中共中央文献研究室、中央档案馆编：《建党以来重要文献选编（1921—1949）》第十册，中央文献出版社 2011 年版，第 576 页。

④ 中共中央文献研究室、中央档案馆编：《建党以来重要文献选编（1921—1949）》第十一册，中央文献出版社 2011 年版，第 72 页。

专栏 1-3：毛泽东与农村调查

　　毛泽东是井冈山革命根据地和中央革命根据地的主要创建者与领导人。他从 1927 年至 1934 年，在井冈山革命根据地和中央革命根据地进行了大量的农村调查研究，撰写了详细的调查报告，不仅是中国共产党对中国农村与土地问题的真实记录，也是中国共产党人对中国革命道路艰辛探索的真实写照。毛泽东认为："实际政策的决定，一定要根据具体情况，坐在房子里面想象的东西，和看到的粗枝大叶的书面报告上写着的东西，决不是具体的情况。倘若根据'想当然'或不合实际的报告来决定政策，那是危险的。过去红色区域弄出了许多错误，都是党的指导与实际情况不符合的原故。所以详细的科学的实际调查，乃非常之必需。"

　　1930 年 5 月，毛泽东到寻乌时，为了深入了解中国的富农问题和商业状况，做了《寻乌调查》。1930 年 10 月，毛泽东做了《兴国调查》，通过对 8 个家庭的观察，调查了各阶级在土地斗争中的表现。1930 年 11 月，毛泽东在行军过程中，对东塘、吉安等沿途进行了调查，后整理撰写了《东塘等处调查》。这次调查主要了解了乡村两级苏维埃在土地斗争中的组织和活动情况，并发现土地分配并未按照高级政府规定的以乡为单位分配，而普遍是以村为单位分配，但后者利于富农而不利于贫农。1930 年 11 月，毛泽东行军途经木口村，调查了村政府委员的成分及本村所杀反动分子的成分，发现中农在平分土地中不仅无所失还有所得，富农和小地主在斗争中走到了反革命阵营中。1933 年 11 月，毛泽东为了解乡苏维埃政府与市苏维埃政府的工作，防止官僚主义，做了《长冈乡调查》和《才溪乡调查》。

（二）抗日战争时期中国共产党的土地政策思想

从"九一八事变"拉开了中国抗日战争的序幕，到日本侵华战争的全面爆发，中日民族矛盾已成为社会的主要矛盾，全国各阶层人民掀起抗日救亡的高潮。1937年9月22日，国民党中央通讯社发表《中共中央为公布国共合作宣言》，标志着抗日民族统一战线正式形成。在抗日民族统一战线的前提下，中国共产党就如何在抗日救亡运动中开展土地革命，进而改善农民生活进行了探索，并在整个抗日战争时期，产生了新的中国共产党土地政策思想。

1935年5月，毛泽东在中国共产党全国代表会议的报告中指出，"中国土地属于日本人，还是属于中国人，这是首先待解决的问题。既是在保卫中国的大前提之下来解决农民的土地问题，那末，由暴力没收方法转变到新的适当方法，就是完全必要的"，因此提出"为了停止国内的武装冲突，共产党愿意停止使用暴力没收地主土地的政策，而准备在新的民主共和国建设过程中，用立法和别的适当方法去解决土地问题"。①1937年2月10日，中国共产党在《中共中央给国民党三中全会电》中强调，"停止没收地主土地之政策，坚决执行抗日民族统一战线之共同纲领"。②在停止没收地主土地的同时，中国共产党也提出了减轻农民负担的主张。刘少奇指出，"为了改善农民的生活，我们要在各地农村中，提出各阶层农民的切身要求"，其中第一条即是"要求减租减税减捐"。③毛泽东在《反对日本进攻的方针、办法和前途》一文中提出"地租的减少"。④1937年8月25日，中共中央在洛川召开会议，明确将减租减息作为解决农村土地问题的基本政策，而且会上根据毛泽东的提议，通过了《抗日救国十大纲领》，其中将"减租减息"作为"改良人民生活"的主要

---

① 《毛泽东选集》第一卷，人民出版社1991年版，第260页。

② 中共中央文献研究室、中央档案馆编：《建党以来重要文献选编（1921—1949）》第十四册，中央文献出版社2011年版，第39页。

③ 同上书，第247页。

④ 同上书，第396—397页。

内容。[1]

抗日战争进入相持阶段后，为了粉碎日寇的"扫荡"和国民党反动派的反共活动，中国共产党开始加强根据地的经济建设，通过实施一系列有利于人民群众的经济改革，以调动其抗日积极性以及巩固抗日根据地。在1939年11月的《中共中央作出关于深入群众工作的决定》中指出，"八路军新四军活动区域，必须实行激进的有利于广大抗日民众的经济改革与政治改革"，其中"在经济改革方面，必须实行减租减息废止苛捐杂税与改良工人生活"。[2]

1940年2月，在《中共中央关于目前时局与党的任务的决定》中强调，"要认真实行减租、减息、减税与改良工人生活，给民众以经济上的援助，才能发动民众的抗日积极性，否则是不可能的"。[3] 根据中央的指示，各抗日根据地制定了相关"减租减息"条例，例如晋察冀边区规定，"普遍实行二五减租，保证地租不得超过总额千分之三百七十五，利息不得超过一分，如因借贷期满无力偿还而押出之土地，应依法清理"[4]，等等。但是，在减租减息运动中，"由于国民党的反共磨擦和我们举行自卫斗争所引起的过左倾向，却是普遍地发生了"。[5] 为此，1940年12月，毛泽东经过分析后指出："现在的政策，一方面，应该规定地主实行减租减息，方能发动基本农民群众的抗日积极性，但也不要减得太多。地租，一般以实行二五减租为原则；到群众要求增高时，可以实行倒四六分，或倒三七分，但不要超过此限度。利息，不要减到超过社会经济借贷关系所许可的程度。另一方面，要规定农民交租交息，上地所有权和财产所

---

　　① 中共中央文献研究室、中央档案馆编：《建党以来重要文献选编（1921—1949）》第十四册，中央文献出版社2011年版，第477页。

　　② 中共中央文献研究室、中央档案馆编：《建党以来重要文献选编（1921—1949）》第十六册，中央文献出版社2011年版，第737页。

　　③ 中共中央文献研究室、中央档案馆编：《建党以来重要文献选编（1921—1949）》第十七册，中央文献出版社2011年版，第104页。

　　④ 同上书，第501—502页。

　　⑤ 同上书，第702页。

有权仍属于地主。不要因减息而使农民借不到债，不要因清算老账而无偿收回典借的土地。"①该指示不仅要求减租减息，也要求农民交租交息，而且对减租减息作了数量上的限制。

1941年至1942年间，伴随日寇的"大扫荡"和国民党反动派的包围封锁，根据地的建设遭遇到严重困难。为进一步巩固和扩大敌后抗日根据地，中共中央总结了各个革命根据地"减租减息"政策的推行经验和教训。在1942年1月28日通过的《中共中央关于抗日根据地土地政策的决定》中，首先，"承认农民（雇农包括在内）是抗日与生产的基本力量。故党的政策是扶助农民，减轻地主的封建剥削，实行减租减息，保证农民的人权、政权、地权、财权，借以改善农民的生活，提高农民抗日的与生产的积极性"。其次，"承认地主的大多数是有抗日要求的"，"故党的政策仅是扶助农民减轻封建剥削，而不是消灭封建剥削"，因而"实行减租减息之后，又须实行交租交息，于保障农民的人权、政权、地权、财权之后，又须保障地主的人权、政权、地权、财权，借以联合地主阶级一致抗日。只是对于绝对坚决不愿改悔的汉奸分子，才采取消灭其封建剥削的政策"，故而政府法令一方面规定"地主应该普遍的减租减息"，"农民有交租交息的义务"；另一方面"规定地主的土地所有权与财产所有权仍属于地主，地主依法有对自己土地出卖、出典、抵押、及作其他处置之权"，"当地主作这些处置之时，必须顾及农民的生活"。再次，"富农是农村中的资产阶级，是抗日与生产的一个不可缺少的力量"，"小资产阶级，民族资产阶级与富农，不但有抗日要求，而且有民主要求"，但是"富农有其一部分封建性质的剥削，为中农贫农所不满，故在农村中实行减租减息时，对富农的租息也须照减。在对富农减租减息后，同时须实行交租交息，并保障富农的人权、政权、地权、财权"。最后，"一部分用资本主义方式经营土地的地主（所谓经营地主），其待遇与富农同"。总之，地主与农民之间的矛盾，"都应服从于整个民族抗战的利

---

① 中共中央文献研究室、中央档案馆编：《建党以来重要文献选编（1921—1949）》第十七册，中央文献出版社2011年版，第703页。

益"，只有这样，"才能巩固抗日民族统一战线，才能正确的处理土地问题，才能联合全民支持民族抗战，而使日寇完全陷于孤立"。①

这一时期，党的经济政策"只是削弱（但一定要削弱）封建势力，而不是消灭封建势力，对富农则是削弱其封建部分而奖励其资本主义部分"，故"以奖励资本主义生产为主，但同时保存地主的若干权利，可以说是一个七分资本三分封建的政策"。②总的来说，在民族矛盾上升为主要矛盾的抗日战争时期，中国共产党把抗日救国与解决农民土地问题结合起来，适时调整对地主和富农的政策，提出了"减租减息同时又交租交息"的土地政策③，不仅为建立和巩固抗日民族统一战线奠定了基础，而且也是马克思主义中国化的一项重大实践成果。需要指出的是，该土地政策是中国共产党结合当时国情，为团结一切抗战力量而作出的政策安排，但这并不意味着中国共产党放弃了彻底废除封建地主土地所有制的决心。

（三）解放战争时期中国共产党的土地政策思想

抗日战争胜利后，内战全面爆发，国内阶级矛盾再次成为中国社会的主要矛盾，特别是在农村，地主阶级和农民阶级的矛盾不断激化。在此情况下，中国共产党依据解放区的实际情况，不断调整和转变农村土地政策，并由此形成了该时期中国共产党的土地政策思想。

1946年春，新解放区地区普遍发生了严重的灾荒，许多农民在解放区进行反奸清算、减租减息的斗争，包括直接从地主手中夺取土地，已经超出了"减租减息"的界限。1946年5月4日，刘少奇在《关于土地问题的指示》（简称《五四指示》）中指出：首先，"我党应坚决拥护群众在反奸、清算、减租、减

---

① 中共中央文献研究室、中央档案馆编：《建党以来重要文献选编（1921—1949）》第十九册，中央文献出版社2011年版，第20—21页。

② 同上书，第50页。

③ 中共中央文献研究室、中央档案馆编：《建党以来重要文献选编（1921—1949）》第二十册，中央文献出版社2011年版，第389页。

息、退租、退息等斗争中，从地主手中获得土地，实现'耕者有其田'"；其次，"坚决用一切方法吸收中农参加运动，并使其获得利益，决不可侵犯中农土地"；再次，"一般不变动富农的土地"，"应使富农和地主有所区别，对富农应着重减租而保存其自耕部分"；复次，"于中小地主的生活应给以相当照顾"，对待其态度"应与对待大地主、豪绅、恶霸的态度有所区别，应多采取调解仲裁方式解决他们与农民的纠纷"；最后，"集中注意于向汉奸、豪绅、恶霸作坚决的斗争，使他们完全孤立，并拿出土地来。但仍应给他们留下维持生活所必需的土地，即给他们饭吃"。① 《五四指示》的发布，标志着中国共产党的土地政策由"地主减租减息、农民交租交息"转变为没收封建地主土地归农民所有。总的来看，抗日战争胜利到 1947 年 9 月之前，土地政策在部分解放区延续减租减息，但在有些地区实行了新农业土地政策，即停止了抗日战争时期的土地政策，这与当时党的主要任务是争取和平密不可分。

1947 年 7 到 9 月，中共中央召开了全国土地会议。该会议上，确定了彻底平分土地的方针。1947 年 9 月 6 日，在《中共中央关于彻底平分土地的方针给中央工委的复电》中指出，"平分土地，利益极多，办法简单，群众拥护，外界亦很难找出理由反对此种公平办法"，故"土地会议应该采取彻底平分土地的方针"，"除少数重要反动分子本身外，不分男女老少，在数量上（抽多补少）、质量上（抽肥补瘦）平均分配"，而且强调"地主、富农所得的土地财产不超过也不低于农民所得"。② 全国土地会议还通过了《中国土地法大纲》，并于 10 月 10 日正式公布。《中国土地法大纲》将"废除封建性及半封建性剥削的土地制度，实行耕者有其田的土地制度"作为目标，要求"废除一切地主的土地所有权""按乡村全部人口，不分男女老幼，统一平均分配"。③ 该文件肯定了《五四

---

① 中共中央文献研究室、中央档案馆编：《建党以来重要文献选编（1921—1949）》第二十三册，中央文献出版社 2011 年版，第 246—247 页。

② 中共中央文献研究室、中央档案馆编：《建党以来重要文献选编（1921—1949）》第二十四册，中央文献出版社 2011 年版，第 343 页。

③ 同上书，第 417 页。

指示》中提出的将地主土地分配给农民的基本原则，又改正了其中对地主采取适当照顾的不彻底性，而且反映出中国共产党在制定和实施农村土地政策方面越来越成熟和灵活了。1948 年 4 月 1 日，毛泽东发表"在晋绥干部会议上的讲话"，概括指出，"依靠贫农，团结中农，有步骤地、有分别地消灭封建剥削制度，发展农业生产，这就是中国共产党在新民主主义的革命时期，在土地改革工作中的总路线和总政策"。①

总而言之，解放战争时期，中国共产党以"耕者有其田"作为土地改革的目标，制定并逐步完善了土地改革政策，废除了封建土地所有制，真正动摇了封建统治的根基，不仅使人民摆脱了封建剥削制度的枷锁，使其生活得到了改善，而且极大地提高了农业生产力，为夺取解放战争的最终胜利奠定了坚实的基础。

二、革命根据地时期对中国工业化问题的认识

1927 年，中国革命从城市转入农村，农民革命根据地随之创建和发展。1927 年 10 月，毛泽东率领部队到达井冈山地区，建立了第一个革命根据地。之后，方志敏、彭德怀、邓小平等中国共产党领导人也相继建立了革命根据地。由于革命根据地都在最落后的农村地区，基本上没有现代化的工业产业，然而无论是支持革命所需的军工业，抑或发展根据地经济、改善根据地人民生活的民用工业，都需要尽快发展根据地工业生产。在这一背景下，中国共产党在革命根据地展开了对农村发展工业的探索。在中央苏区革命根据地时期，中国共产党关于合理制定劳动合同的思想主张，对保护工人利益，进而提高生产积极性起到了重要作用。随着东北的逐步解放，党的工作重心也由扎根于农村地区的土地革命转变为立足于城市的经济建设。在大量经济实践的决策中，结合当时国家资源禀赋条件和社会经济现状，中国共产党人围绕工业结构、发挥工人

---

① 《毛泽东选集》第四卷，人民出版社 1991 年版，第 1317 页。

积极性、生产管理和工业计划形成了许多观点。

（一）保护工人权益的思想及其制度化

在工农革命政权建立后，根据地出现了新的生产关系。与此同时，中国共产党开始通过改善工人政治地位及经济生活来保护工人权益，进而维护新的生产关系。从1930年至1933年，就制定和颁行了三个劳动法，即1930年5月制定的《劳动保护法》、1931年11月颁布的《中华苏维埃共和国劳动法》以及1933年10月修订的《中华苏维埃共和国劳动法》。

最初的劳动法中，一些要求对保护工人利益确实起到了积极作用，但总的来说却脱离实际，没有考虑城市与乡村、大小企业的不同情况，机械地套用一切企业管理方式，其结果"不仅打击了私人资本，妨害了合作经济的发展，也影响了公营企业，从根本上损害了工人阶级利益"。[①]比如，1931年11月中华苏维埃第一次全国代表大会上通过的《中华苏维埃共和国劳动法》（以下简称《劳动法》），其大量条文规定照搬了国外和大城市的经验，脱离了当时中国的实际经济状况，致使在具体实践中既忽视了企业本身的承担能力，也忽视了工人的实际需求。1933年上半年，陈云等党的领导人通过对劳动法贯彻执行情况的调查，专门撰写了《苏区工人的经济斗争》《怎样订立劳动合同》等文章指出劳动政策产生的问题。他认为，"在许多城市的商店、作坊中提出了过高的经济要求，机械地执行只能适用于大城市的劳动法，使企业不能负担而迅速倒闭；不问企业的工作状况，机械地实行八小时和青工六小时的工作制；不顾企业的经济能力，强迫介绍失业工人进去"。[②]他认为，在中央苏区，许多劳动合同的条文"都是照抄劳动法和江西、福建两省工会所发的斗争纲领"，因此，"大半是千篇一律"，"没有地方性，没有企业的特殊性，没有时间性"[③]。另外，陈云还提出，"各业的集体合同虽然不断地订立，但是每个行业工人的迫切要求仍是没

[①] 许毅主编：《中央革命根据地财政经济史长编》上册，人民出版社1982年版，第519页。

[②] 《陈云文选》第一卷，人民出版社1995年版，第9页。

[③] 同上书，第13页。

有解决"。^①他进一步指出，在企业方面应"重新审查各业集体合同的具体条文，审慎地了解各业的每个商店、作坊的经济能力，依照实际情况，规定适合于每个企业的经济要求"^②；在工人方面必须积极听取工人意见，结合工人的现实情况来制定劳动合同，使劳动合同"不能只是由工会机关自上而下地提出，而要自下而上地提出，反映工人最迫切的要求"^③。

该时期陈云等中国共产党领导人对经济政策的反思和批判，推动了根据地《劳动法》的修改进程。1933年3月28日，临时中央政府人民委员会召开的第三十八次常会上正式决定开始着手修改《劳动法》。陈云、刘少奇、张闻天和项英等人都参与了修改工作。^④1933年10月15日，中央政府重新颁布了修改后的《劳动法》。与原《劳动法》相比，新《劳动法》则更加重视企业的状况和工人的利益。

（二）根据地工业发展思想

革命根据地的生产力低下，几乎没有现代工业的影子，仅有的一些基础工业也都处在手工操作的原始状态。1927年，中国共产党创办了莲花兵工厂。1931年，创办了中央军委兵工厂，当时全厂只有200多名人员，仅有的生产工具是200把锉刀、100把铁钳和4个熔铁的炉子，如此简陋但也已经称得上是当时规模比较大的工厂。1934年，毛泽东在《我们的经济政策》一文中提出："我们的经济建设的中心是发展农业生产，发展工业生产，发展对外贸易和发展合作社"^⑤，并将"发展工业生产"列为革命根据地经济建设工作的主要任务之一。第一，创建大批国营工业，独立探索工业企业的管理经验。在极其艰苦的条件下，为了保障战争的物质需要，中国共产党开始兴建兵器修械所和红军被服厂、无线电器材厂、兵工厂等军需工业，尽管十分简陋、不成规模，但在当

① 《陈云文选》第一卷，人民出版社1995年版，第9页。
②③ 同上书，第10页。
④ 余伯流：《中央苏区经济史》，江西人民出版社1995年版，第337页。
⑤ 《毛泽东选集》第一卷，人民出版社1991年版，第130—131页。

时也起到了不可抹杀的重要作用。第二，大力扶持手工业的发展，大兴手工业生产合作社。毛泽东认为："合作社经济和国营经济配合起来，经过长期的发展，将成为经济方面的巨大力量。"①手工业在根据地经济工业中所占比重最大，采取扶持其发展的政策，有利于苏区工业的恢复和发展以及解决工人就业这一难题，有利于进一步加强同工人阶级的密切联系。第三，保护私营工业的发展，鼓励私人投资。张闻天认为，"在敌人经济封锁之下，工业生产品极端缺乏与昂贵"，因此，"不能不利用私人资本来发展苏维埃的经济"。基于这个层面，"甚至应该采取种种办法，去鼓励私人资本家的投资"。②第四，设立和改造市场，拓展根据地的对外贸易，活跃商品流通。必须打破敌人的经济封锁，努力使商品流通活跃起来，否则工业、农业生产的发展都会受阻。中国共产党在土地革命时期，初步探索了培育和利用商品市场的基本经验。

抗日战争时期，中国共产党更加重视根据地工业的发展，认为"必须把落后的农村造成先进的巩固的根据地，造成军事上、政治上、经济上、文化上的伟大的革命阵地"，③特别是军事工业。在各个根据地都建立兵工厂、枪炮局和修械所等。陕甘宁边区的茶坊兵工厂成功制造"八一"步枪，其性能比日军步枪更胜一筹；其他解放区的兵工厂各种武器弹药也制造成功。在保证战争需要的同时，中国共产党也注重发展一些民用工业。根据地的经济状况得到了明显改善，生活日用品基本上可以自给自足，军民生活水平得到明显的提高，从经济上巩固了根据地建设，有力地支持了敌后长期战争，为抗日战争的胜利奠定了物质基础。解放战争时期，中国共产党领导下的人民解放军的军工生产能力更是成倍地增长。辽沈、淮海、平津三大战役中所用的武器弹药，基本上都是自己生产的。对此，刘少奇在《在同华北军工会议代表座谈会上的讲话》中评价道："在今天的条件下，你们生产的军火，对打败蒋介石是起了决定作用的，

---

① 《毛泽东选集》第一卷，人民出版社 1991 年版，第 133—134 页。

② 《中共中央文件选集》第八册，中共中央党校出版社 1985 年版，第 568 页。

③ 《毛泽东选集》第二卷，人民出版社 1991 年版，第 635 页。

是胜利的决定条件之一。"①

（三）东北时期恢复和发展工业的思想

中国共产党直接领导较大规模的工业建设始于东北解放之后。当时的东北工业较为发达，中国共产党接管沈阳等重工业城市后，针对东北工业恢复和发展工业形成了许多值得称述的思想，也积攒了领导工业建设的宝贵经验。

1948年9月，张闻天在中共中央东北局召开的东北城市工作会议上做了总结发言。他指出，"过去三年我们比较充分地发挥了乡村的力量。现在，我们又要比较充分地发挥城市的力量，就是说，要发展城市生产力，发展城市工业，扩大工人阶级的队伍。这就是我们的任务"。②陈云在1948年11月23日的中共中央东北局扩大会议上明确提出，今后东北的任务是支援全国解放战争，主要任务是进行经济建设，具体"要把工业摆在第一位"。③

解放战争时期，陈云在东北负责财经工作，其关于工业的相关论述是当时中国共产党工业化思想的主要代表。在工业结构上，陈云指出，东北经济中国营工业占最大地位，而国营工业的重点在恢复重工业与军工业上，轻工业则要提高质量与数量。他进一步指出，钢铁、铜、化学工业、汽车零件和电器材料都要搞起来，尤其电器和油类是东北目前最缺的。④陈云在对东北财政经济委员会提出的1949年经济计划草案进行说明时指出："工业投资的重点是恢复重工业，特别是鞍山、本溪的钢厂，抚顺、本溪、阜新的煤矿，小丰满的水坝，所有的水电厂，有色金属和机械工业。"⑤

关于东北重工业建设的问题，陈云结合当时东北的现状认为：一是必须聘请苏联方面的专家，尤其是重工业的钢铁、铜、铝、镁、锌及机械制造专家；

---

① 中共中央文献研究室、中央档案馆编：《建党以来重要文献选编（1921—1949）》第二十四册，中央文献出版社2011年版，第562—563页。

② 《张闻天选集》，人民出版社1985年版，第390页。

③ 《陈云年谱（修订本）》上卷，中央文献出版社2015年版，第678页。

④ 《陈云文集》第一卷，中央文献出版社2005年版，第644—645页。

⑤ 《陈云年谱（修订本）》上卷，中央文献出版社2015年版，第720页。

二是必须补充重要的大机器；三是通过减轻东北战费负担来解决工业的资金不足问题；四是在初期尚需聘请外来中、高级技术人员，但还需要培养出中国自己的技工和技师；五是应缩短向外订购大机器的时间，尽快恢复工业生产。①陈云还指出，虽然东北工业恢复的范围日益扩大且工业在经济中所占比重日益提高，但总体来说，"在工业中我们还缺乏计划性"，因而"使原料、机器、人员、产销等等，缺乏调剂和衔接，产生浪费和损失"。②关于如何作出计划，陈云提到了以下几点。第一，在强调必须规定国营以及各省、市、县公营企业的生产方向和计划外，还必须对合营和私营工厂的生产方向给予指导。③第二，完成计划必须具备原料和材料、技术、必须投入的资金以及计算运输四个条件，因此，真正的计划不能只计划产量，还要计划原料等，否则"这个计划等于没有"。④第三，计划要具有统一性，"如果只有部分的计划，而无统一的计划；如果下面有计划，而上面无计划，这样各个部门的计划都有可能要统统破产""没有总计划等于无计划"。⑤第四，计划要注意各个部门之间的整体协调性，工业计划、农业计划、财政计划、贸易计划、运输计划以及金融计划必须有一套。⑥第五，要做好计划，就必须经过调查研究和全盘筹划，比如在钢铁快用完时，就要考虑在什么地方开铁矿以及在哪里办钢厂。⑦

在接收旧企业过程中如何正确处理工人与把头以及职员间矛盾等问题，陈云也进行了分析。他指出，"某些企业过分相信旧职员，重视工人不够，既不能启发工人的积极性，又难于教育改造旧职员，阻碍生产力的提高和企业的改造"；同时，"有的企业又只重视工人，轻视职员，不加区别地打击职员，加剧员工对立，结果也妨碍生产，危害企业"。因此，他提出，要依靠工人阶级

---

① 《陈云文集》第一卷，中央文献出版社 2005 年版，第 667—669 页。
② 《陈云文选》第一卷，人民出版社 1995 年版，第 372 页。
③ 同上书，第 372 页。
④ 《陈云文集》第一卷，中央文献出版社 2005 年版，第 645—646 页。
⑤⑥ 同上书，第 645—646 页。
⑦ 《陈云文选》第一卷，人民出版社 1995 年版，第 366 页。

自己管理城市和企业，废除把头制。① 而且陈云认识到，"现在铁路和工厂的工人工资太低，不足以维持最低生活"，长此以往，"剥削了工人，有利于消费者，结果是工业的总崩溃"。② 所以，他还主持拟定了公营企业战时工薪标准草案。

此外，陈云在《正确处理新接收企业中的职员问题》中强调了科技人员的重要性。他指出，"技术员、技师、工程师、专门家，是管理庞大复杂的近代企业中必不可少的重要人员"。③ 在讨论目前工厂要解决的问题时，陈云认为，工人生活困难、只有政治厂长而无技术厂长、缺少原材料和缺乏办厂规划，是当前工厂存在的四个主要问题。特别是厂长不懂技术，便无法掌握生产经营的全局，把该问题解决好，"不仅是为了现在，也是为了将来"。④ 他提到，"我们决不能以家属人口多少为规定工资条件，唯一条件只能是技术高低"。⑤ 在陈云和李富春给东北各省市联名签发的指示中写道，关于公营企业战时工薪标准修订的基本精神是"提高职工的积极性和技术，大步地推进生产"。⑥ 他还指出，除聘请外，还要长远地培养，故要办好哈尔滨工业大学。⑦

中共七大上，毛泽东提出"使中国由农业国变为工业国"，具体地说，"中国工人阶级的任务，不但是为着建立新民主主义的国家而斗争，而且是为着中国的工业化和农业近代化而斗争"。⑧ 解放战争期间，中国共产党关于保护和扶助民族工商业发展的思想逐渐变成了具体的经济政策。毛泽东在 1947 年 12 月会议上指出："由于中国经济的落后性，广大的上层小资产阶级和中等资产阶级所

---

① 《陈云年谱（修订本）》上卷，中央文献出版社 2015 年版，第 637 页。

② 同上书，第 642 页。

③ 《陈云文选》第一卷，人民出版社 1995 年版，第 355 页。

④ 《陈云年谱（修订本）》上卷，中央文献出版社 2015 年版，第 647 页。

⑤ 《陈云文集》第一卷，中央文献出版社 2005 年版，第 629 页。

⑥ 同上书，第 630 页。

⑦ 同上书，第 647 页。

⑧ 《毛泽东选集》第三卷，人民出版社 1991 年版，第 1081 页。

代表的资本主义经济，即使革命在全国胜利以后，在一个长时期内，还是必须允许它们存在。"①在中共七届二中全会上，毛泽东指出："中国私人资本主义工业，占了现代性工业中的第二位……在革命胜利以后一个相当长的时期内，还需要尽可能地利用城乡私人资本主义的积极性，以利于国民经济的向前发展。"②

新民主主义革命时期中国共产党关于工业化也展开了积极探索，不仅是该时期较为重要的经济思想内容，也为中华人民共和国成立之后中国的工业化实践及进一步发展提供了基础。

三、革命根据地金融制度建设思想

在革命根据地的经济建设中，中国共产党认识到金融的重要作用，并提出了"创办农民自己的借贷机构"，"根据地的金融事业要为工农革命政权提供保障"，以及"金融工作要围绕抗战的中心工作展开"等一系列思想。

（一）关于革命根据地银行建设的思考

早在大革命时期的农民运动中，中国共产党就已经意识到建立农民自己的借贷机构的重要性。在1926年12月，湖南省第一次农民代表大会通过的《金融问题决议案》中，对当时中国的币制问题进行分析。该《决议案》指出，"中国币制紊乱已极，农民及一切贫苦农民受影响极为深广"，因此号召：其一，"铜元的成色须确定不变，制造梳理须适合社会需要"；其二，取消元丝银，统一银钱的价格；其三，"禁止轻质的广东毫子及四川轻质铜元入境"。彭湃在《海丰农民运动》中描述了农民资本缺乏的状况，即"农民阶级已与地主阶级不断的斗争，地主阶级不肯将钱借与农民"，所以"每当青黄不接，或下种无钱的时候，去与地主借钱，地主皆闭门谢客"。虽然有减租减息政策，但无法立即解决眼前问题。基于此，创办农民借贷机关的想法逐渐受到重视。因此，1926年至1927年上半年间，湖南、湖北、浙江等农民运动较活跃的地区，相继成立了

---

① 《毛泽东选集》第四卷，人民出版社1991年版，第1254—1255页。
② 同上书，第1431页。

许多农民自己的金融机构，承担了发行货币、筹集资金、发放贷款的职能，为农民解决自己的困难提供了帮助，也为之后中国共产党在根据地创办银行积累了经验。

根据地银行"在促进工农业生产，支援人民革命战争，巩固和发展革命政权方面，发挥了有力的作用"①，其建立和发展伴随中国革命的进程，经历了一个较为曲折的过程。在建立根据地之前，农民运动的兴起使部分地区建立了人民的银行。1926年冬，湖南浏阳县为解决农民生产中的资金困难，联合6个区的农民协会，根据上述决议发起创办了浏东平民银行。②南昌武装起义后，中国共产党开始深入在农村地区建立革命根据地，人民的银行随着根据地的扩展而相继设立。据统计，在第二次国内革命战争期间，海陆丰、湘赣、中央、闽浙赣、湘鄂赣、湘鄂西—湘鄂川黔、鄂豫皖、川陕及陕甘9个革命根据地先后建立金融机构57个，发行各种货币、股票等金融品共计217种。③然而，这些根据地银行自成体系，并且不与其他根据地银行产生直接联系。1931年秋，随着第三次反围剿的胜利，赣南、闽西根据地连成了一片。于是，中华苏维埃共和国临时中央政府宣告成立。同年11月，中华苏维埃第一次代表大会决议通过成立苏维埃共和国国家银行，并任命毛泽民为行长。之后相继建立国家银行福建省分行、国家银行江西省分行，其他各根据地银行也改为国家银行各省分行，根据地银行才出现了暂时的统一。④但随着长征的开始，各根据地银行基本停业。1935年11月，中华苏维埃共和国国家银行改组为国家银行西北分行，"至此，最早的人民的银行，仅存这一家"。⑤抗日战争时期，根据地银行又得到了蓬勃的发展。1937年成立陕甘宁边区政府，同时将原设国家银行西北分行，改

①　段云：《论我国社会主义银行工作的几个问题》，《中国金融》1964年第3期。

②　张晋藩主编：《中华法学大辞典·法律史学卷》，中国检察出版社1999年版，第149页。

③　刘鸿儒：《社会主义货币与银行问题》，中国财政经济出版社1980年版，第15页。

④　黄鉴晖：《中国银行业史》，山西经济出版社1994年版，第236—237页。

⑤　同上书，第239页。

组为陕甘宁边区银行，成为抗日根据地第一家银行。[1] 之后，随着抗日根据地扩大，各根据地银行逐渐建立和发展了起来。解放战争时期，伴随解放区的建立和扩大，根据地银行逐渐发展成为了连片统一的区域性地方银行。1945 年 11 月，在沈阳成立东北银行，同一时期，大连也组建了大连银行（后改名为关东银行）。与东北毗邻的冀热辽地区自晋察冀边区划归东北后，该地区的原边区银行分行改名为长城银行。而在东北银行成立之前，东北地区就已经有合江银行、牡丹江实业银行、吉林省银行、嫩江银行以及辽东银行等。随着东北解放区的统一，该地区银行先后都并入了东北银行，使东北银行成为东北和热河地区的地方性银行。而且，如东北银行一样，该时期银行的区域性统一过程也发生在其他解放区内。[2]

但是，纵观各时期，每个根据地银行都是在其区域内发行自己的货币。比如，在土地战争时期，广东海陆丰建立的劳动银行发行的是银票，赣南东固平民银行发行的是铜元券。抗日战争时期，陕北边区的陕甘宁边区银行发行的是陕甘宁边币，晋察冀边区银行发行的是晋察冀边币，山东根据地的北海银行发行的是北海票，晋冀鲁豫边区的冀南银行发行冀南币，而晋绥边区的西北农民银行发行的是西北农民币。[3] 这样的货币制度对根据地之间的商品流通带来了严重影响，"如五台山与太行山这两个地方，十多年都是各自为政，石家庄打下来了以后，两地做生意碰了头，但是票子不过铁路，彼此货物流通都要抽税。那时这边涨价，那边落价，有几千个工作人员在斗争，而且双方都是共产党员"。[4] 因此，解放区域的扩大急需在中国建立统一的货币制度，进而对全国性

① 黄鉴晖：《中国银行业史》，山西经济出版社 1994 年版，第 240 页。

② 比如，1947 年 11 月由于石家庄的解放，晋察冀边区和晋冀鲁豫边区统一，并于 1948 年 5 月合并为华北解放区，晋察冀边区银行与冀南银行业合成为华北银行。黄鉴晖：《中国银行业史》，山西经济出版社 1994 年版，第 243—244 页。

③ 黄鉴晖：《中国银行业史》，山西经济出版社 1994 年版，第 236—245 页。

④ 刘少奇：《新中国的财政经济政策》，载于中共中央文献研究室：《刘少奇论新中国经济建设》，中央文献出版社 1993 年版，第 129 页。

表 1-1　中华人民共和国成立前的根据地银行建立概况

时　间	地　点	名　称
土地革命时期 1927 年 1 月	湖南浏阳	浏东平民银行
1927 年冬	闽西上抗县蛟洋区	农民银行
1928 年 2 月	广东海陆丰	劳动银行
1929 年 8 月	赣南东固	东固平民银行（1930 年改为东固银行；同年 10 月改组为江西省工农银行）
1930 年 9 月	闽西龙岩	工农银行
1932 年 2 月	井冈山根据地	中华苏维埃共和国国家银行（后相继成立福建省分行、江西省分行、直属瑞金支行，其他根据地银行业相继改为国家银行省分行）
抗日战争时期 1937 年 10 月	陕北边区	原设国家银行西北分行改组为陕甘宁边区银行（绥德、三边、陇东和关中设立分行）
1938 年 3 月	晋察冀边区	晋察冀边区银行（冀中、冀晋、冀察、冀东分行）
1938 年 8 月	山东根据地	北海银行（胶东、渤海、滨海、鲁中南设分行）
1939 年 10 月	晋冀鲁豫边区	冀南银行（并入了原上党银行、原鲁西银行，设太行、太岳、冀南、冀鲁豫区行，下设诸分行）
1940 年	晋绥边区	西北农民银行
1941 年	淮南地区	淮南银行
1941 年春	皖中地区	大江银行
1941 年 6 月	苏北地区	江淮银行
1941 年 6 月	淮海地区	淮海银行
1942 年 4 月	盐阜地区	盐阜银行
1942 年 5 月	淮北地区	淮北地方银行
解放战争时期 1945 年 11 月	沈阳	东北银行（之前东北已有合江银行、牡丹江实业银行、吉林省银行、嫩江省银行、辽东银行等）
1947 年 4 月	大连	关东银行（由原大连银行改名，其前身为 1945 年组建的大连农、工、商三家银行）
1947 年 5 月	内蒙古自治区	内蒙银行（由原东蒙银行改组）
1948 年 5 月	中原区	中州银行
1948 年	苏北地区	华中银行
1948 年底—1949 年春	广东	裕民银行（潮汕）、新陆银行（东江）（1949 年 7 月合并为南方人民银行）
1948 年 5 月	华北解放区	华北银行
1948 年 1 月	西北解放区	西北农民银行
1948 年 12 月	北平	中国人民银行（合并原华北银行、西北农民银行、北海银行）

资料来源：根据黄鉴晖：《中国银行业史》，山西经济出版社 1994 年版，第 236—245 页的相关数据而整理。此处仅为部分代表性银行，不囊括全部。

的银行体系提出了要求。[①]1948 年 12 月北平解放前夕，在合并原华北银行、西北农民银行、北海银行的基础上，组建了中国人民银行，其他行作为各区区行，成为中国人民银行的分支机构。至此，银行体系在更大范围内实现了统一，并开始发行人民币和回收各解放区不同的货币，为新中国成立后的货币统一和经济恢复奠定了基础和条件。

（二）取消和废止高利贷的思想主张

1927 年底，毛泽东领导了湘赣边秋收起义，工农革命军到达井冈山地区后，因为恰逢旧历年关，地主豪绅疯狂逼债，贫苦农民被逼得家破人亡。湘赣边界各县党组织根据毛泽东的指示，利用这个机会发动群众，开展以打土豪分浮财、废债毁约为主要内容的年关斗争。1929 年 1 月，红四军颁布了《红军第四军司令部布告》，向群众宣布"债不要还，租不要送"。同年 6 月，红四军到达闽西龙岩，为进一步发动群众，深入开展闽西地区的土地革命，颁布了《红军第四军司令部政治部布告》，在废除高利贷债方面规定"工人农民该欠田东债务，一律废止，不要归还（但商人及工人农民相互间的债务不在此例）"。[②]1929 年 7 月，中共闽西第一次代表大会在蛟洋召开。毛泽东在会上分析了革命形势，提出了巩固和发展闽西根据地的任务与方针。大会明确了废除高利贷的具体政策，并在大会通过的《土地问题决议案》中规定"工农穷人欠土豪地主之债不还"，决议还规定"目前社会还需要金融之周转，利息不能取消，但须禁止高利贷（利息过低，富人闭借，农民不利，各地得斟酌情形规定利息为一分至一分五厘，或其他相当利率）"。[③]闽西第一次党代表大会规定的这些方针政策，保证和推动了闽西根据地土地革命运动的顺利开展。该时期，毛泽东和中央政府先后发布了《借贷条例》《关于土地斗争中的一些问题的决定》，毛泽东也专门撰写了《怎样分析农村阶级》等文章。在这些布告和文章中

---

① 《人民银行行长南汉宸在上海国家银行干部会上的讲话》，转引自王海奇：《新民主主义的经济（上册）》，新潮书店 1950 年版，第 98 页。

② 许毅主编：《中国革命根据地财政经济史长编》上册，人民出版社 1982 年版，第 236 页。

③ 同上书，第 247 页。

都不同程度地分析了农民受高利贷盘剥的现状以及原因，阐述了"取消和废止一切高利贷形式的借贷"的思想，并且对农民如何摆脱高利贷的剥削给予了具体的指导。例如，首先要对"债"和"账"，高利贷者和非高利贷者作具体的区分，规定农民借贷，短期不能超过一分二厘，长期借贷不能超过月息一分等等这些关于农民避免高利贷盘剥的措施和政策，体现了中国共产党根据实际，维护农民利益的愿望，以分清敌友，团结一切革命力量。在"取消和废止一切高利贷"思想的指导下，中国共产党在艰苦的革命环境下，把老百姓从高利贷的盘剥下解放出来，同时，也调动了商人的积极性，为繁荣经济，成立革命政权下的银行等金融机构扫除了障碍。

（三）中华人民共和国成立前夕的银行制度建设思想

伴随革命的逐步胜利以及解放区的不断扩大，党的领导人也开始思考城市的经济建设问题。1945 年 11 月，毛泽东在为中共中央起草的对党内的指示中提出："我们已得到了一些大城市和许多中等城市。掌握这些城市的经济，发展工业、商业和金融业，成了我党的重要任务。"[1]特别在中华人民共和国成立前夕，中国共产党针对新中国银行体系构建和旧银行接管等进行了诸多思考。但是，当时的中国处于新民主主义向社会主义的过渡时期，新民主主义国家的金融体系，"既不是社会主义的，又不是资本主义的，而是史无前例的"。[2]因此，如何构建中华人民共和国的银行体系成为当时中国共产党思想的一个重要问题。而当时采取的方式是，一方面中国人民银行的组织机构开始广泛设立，另一方面对官僚资本银行采取没收并对民族资产阶级银行实行赎买或改造，进而形成了以中国人民银行为主体，包括民营银行和外资银行在内的建国之初的银行体系。

1949 年 4 月 28 日的《人民日报》社论中指出，由于私营银钱业在新民主主义经济中，既可能通过正当业务起到调剂社会资金和扶助有益于国民生计的工商业的发展，也可能从事投机活动而造成物价波动，因此，必须对私营银钱

---

[1] 《毛泽东选集》第四卷，人民出版社 1991 年版，第 1173 页。

[2] 转引自王海奇：《新民主主义的经济（上册）》，新潮书店 1950 年版，第 95 页。

业严加管理，"促使并限制其只能向有益于国民生计的方面发展，取缔其一切非法投机的行为"。[①] 同年颁布的《华北区私营银钱业管理暂行办法》[②] 和《华东区管理私营银钱业暂行办法》[③]，正是该政策思想的具体落实。1949 年 9 月 29 日，中国人民政治协商会议第一届全体会议通过了在新中国成立之初起宪法作用的《中国人民政治协商会议共同纲领》，其中第 39 条也明确提出"依法营业的私人金融事业，应受国家的监督和指导。凡进行金融投机、破坏国家金融事业者，应受严厉制裁"。[④]

新中国成立之时，伴随新银行体系的建立，国家对旧银行组织根据其性质也采取了必要的处置措施。具体来说，对于国民政府设立的金融机构一律采取清理没收的政策；对于地方政权开设的银行，其接管方式如上；对于国民党政府官员个人出资开设的银行，如孔祥熙开设的山西裕华银行和亚东银行，此类银行也同以上两类，采取全部没收的接管政策；而由国民政府控制的官商合办银行，如交通银行和"南小四行"[⑤]，则实行没收旧政权官股，在政府监管下，保留原名并继续经营的政策。前三类银行，虽然取消了组织机构，但除了高级人员去留从便外，其余人员均进行了就业安置，一定程度上起到了稳定社会的作用。而第四类中的部分银行，经过接收以后变为新中国国家银行的组成部分[⑥]，使得"国家银行在新中国的国家经济中就成为一种更广泛的细胞

[①] 《我们的私营银钱业政策》，载于中央工商行政管理局秘书处主编：《私营工商业的社会主义改造政策法令选编·上辑（1949—1952 年）》，财政经济出版社 1957 年版，第 220 页。

[②] 《华北区私营银钱业管理暂行办法》，《江西政报》1949 年第 1 期。

[③] 《华东区管理私营银钱业暂行办法》，《山东政报》1949 年第 4 期。

[④] 《中国人民政治协商会议共同纲领》，载于中央工商行政管理局秘书处主编：《私营工商业的社会主义改造政策法令选编·上辑（1949—1952 年）》，财政经济出版社 1957 年版，第 16 页。

[⑤] "南小四行"指中国通商银行、中国实业银行、四明商业银行、新华信托储蓄银行。

[⑥] 此类银行在之后发展成为了国家专业银行。例如中国银行，于 1953 年政府指定为特许经营外汇业务的专业银行，在新中国成立初期外汇业务较少，仅在天津、上海等口岸城市设有分行，在社会主义改造完成之后，中国银行对外保留牌子，实际是中国人民银行的业务部门，在总行和有关分行设立国外业务局或国外业务处。再如交通银行，在新中国成立之后改组为基本建设投资拨款银行，负责国家基建投资拨款和监督，但主要执行的是财政职能，很少从事信贷业务。

组织"①。

中国人民银行的成立标志着新中国银行体系的重要开端。中国人民银行的建立始于革命根据地的银行，如果没有从土地革命时期，到抗日战争时期，再到解放战争时期，对银行体系、业务和管理等各方面长期的探索过程与实践积累，新中国银行体系就不可能顺利地建立。因此，可以说根据地银行是新中国银行体系建立的基础。

第四节　新民主主义经济的理论创新

20世纪30年代末至40年代初，以毛泽东为代表的中国共产党人在马克思列宁主义指导下，在对中国国情、中国革命经验作更深入的探讨和总结的基础上，系统地形成了有关中国革命的理论，特别是毛泽东在《中国革命和中国共产党》《新民主主义论》《经济问题和财政问题》以及《论联合政府》等一系列著作中，对新民主主义革命以及新民主主义社会、政治、经济和文化等进行了分析，将中国共产党对国情的认识提升到了理论高度，标志了新民主主义革命理论体系的形成。新民主主义经济理论是为半殖民地半封建中国探索新社会经济发展道路，而将马克思列宁主义与中国现实国情相结合所产生的独创性的经济理论。该理论分析了新民主主义经济形态的特点，提出了新民主主义经济建设的基本纲领与历史任务，指明了新民主主义经济发展的方向，具有伟大的历史成就。

一、半殖民地半封建经济理论

在新民主主义革命时期，中国共产党对中国半殖民地半封建社会经济形态作出了深刻的分析和阐释，创立了半殖民地半封建经济理论，构成了新民主主

---

① 莫乃群：《货币和银行》，海燕书店1949年版，第168页。

义经济理论的基础。因此，在半殖民地半封建的中国，只有经过新民主主义革命，彻底推翻帝国主义和封建主义，为社会主义扫清道路，才有可能进行社会主义革命，进而建立社会主义社会。中国共产党的半殖民地半封建经济理论包含以下几个方面的丰富内容：

首先，揭示了中国半殖民地半封建的社会性质。毛泽东指出："只有认清中国社会的性质，才能认清中国革命的对象、中国革命的任务、中国革命的动力、中国革命的性质、中国革命的前途和转变。""认清中国社会的性质，就是说，认清中国的国情，乃是一切革命问题的基本的根据。"因此，他在《中国革命和中国共产党》中，从长周期视角对中国历史上的封建社会和鸦片战争以来中国社会的变革进行了分析，指出外国资本的侵入，一方面"对中国封建经济的基础起到了解体的作用，同时又给中国资本主义生产的发展造成了某些客观的条件和可能"，因为这种资本入侵"破坏了中国自给自足的自然经济的基础，破坏了城市的手工业和农民的家庭手工业"，又"促进了中国城乡商品经济的发展"，即把一个封建社会变为一个半封建的社会；另一方面"帝国主义勾结中国封建势力压迫中国资本主义的发展"，通过大量倾销商品、垄断中国金融和财政以及造成为帝国主义服务的买办阶级和商业高利贷阶级等，对中国民族资本主义实施经济压迫，不仅直接阻碍了中国生产的发展，而且"残酷地统治了中国"，使一个独立的中国沦为一个半殖民地的中国。

其次，分析了中国民族资产阶级的两面性。在半殖民地半封建社会条件中产生的中国民族资产阶级，既有革命性的一面，也有软弱妥协的一面。一方面，他们遭受帝国主义的经济压迫，帝国主义通过军事侵略强迫中国政府签订了一系列不平等条约，通过在中国倾销商品、开厂投资等方式垄断中国经济，排挤和阻碍了中国民族资本主义经济的成长；但另一方面，中国的民族资本主义又摆脱不了帝国主义的控制和束缚，与帝国主义有着千丝万缕的联系。所以，这样一个阶级是无法领导中国人民进行反帝反封建的民主主义革命，无法将中国变为一个独立的民主主义社会，于是，民主革命的重任落到了无产阶级及其先锋队——中国共产党的身上，可以说，中国半殖民地半封建的社会性质决定了中国革命的领导者必须是无产阶级。

最后，提出了中国革命必须分两步走的战略。毛泽东基于对中国半殖民地半封建国情的认识，分析中国社会经济状况以及总结"五四"以后中国民主革命经验教训的基础上，揭示了中国革命的发展规律，透彻地阐明中国人民唯一的出路，即是在无产阶级领导下取得反帝反封建的新民主主义革命胜利，从而走上社会主义的道路。中国这种从半殖民地半封建社会，越过资本主义社会阶段，经由新民主主义进入社会主义社会的发展路径，是由当时世界和中国的客观历史条件所决定的，也是中国共产党在分析现实国情的基础上不断摸索和实践出的发展道路。在认清革命性质的基础上，毛泽东提出中国革命必须分两步走，即第一步建立新民主主义社会，第二步建立社会主义社会，这也为中国近代社会的历史走向指明了道路。这是因为，在半殖民地半封建的近代中国，社会的主要矛盾是"帝国主义和中华民族的矛盾，封建主义和人民大众的矛盾"，其中"帝国主义和中华民族的矛盾，乃是各种矛盾中的最主要的矛盾"。"这些矛盾的斗争及其尖锐化，就不能不造成日益发展的革命运动。伟大的近代和现代的中国革命，是在这些基本矛盾的基础之上发生和发展起来的。"这就决定了中国革命必须分两个步骤，首先是反帝反封建、获得民族独立自主的民主主义革命，其次才是建立一个社会主义的社会。同时，半殖民地半封建的落后生产力下，不具备实现社会主义所要求的生产力条件，"要达到社会主义，实现社会主义的工业和农业，必须经过新民主主义经济一个时期的发展，在新民主主义社会中大量地发展公私近代化工业，制造大批供给农民使用的农业机器并因此将农民的个体经济逐步地转变为集体农场经济之后，才有可能"。可见，先建立新民主主义社会也是中国建立社会主义社会的一个必要阶段。

二、新民主主义经济形态向社会主义经济形态过渡理论

中国半殖民地半封建的社会性质，决定了中国革命必须先完成新民主主义

革命，然后再完成社会主义革命。对于新民主主义革命胜利之后如何步入社会主义社会，中国共产党创立了从新民主主义经济形态向社会主义经济形态过渡的理论，提出对农业、手工业和资本主义工商业进行社会主义改造，发展马克思列宁主义关于资本主义过渡到社会主义的理论，创立了通过生产资料社会主义改造建立社会主义制度的过渡方式。

特别地，在新民主主义过渡时期，中国共产党必须解决的问题是，如何对待旧社会中已经存在的资本主义因素及其势力。虽然鸦片战争之后，中国的有识之士以及一大批爱国企业家怀着实业救国的理想，中国的民族工商业得到了快速发展，然而连年战争对中国经济造成了严重破坏，特别是解放战争胜利在望、新中国成立前夕，国民经济已经濒临崩溃，中国共产党的首要任务就是迅速恢复国民经济，巩固党的执政根基。然而，仅仅依靠无产阶级以及公有制经济的力量是远远不够的，民族资本则成为当时国民经济恢复发展的重要组成部分，必须充分加以利用，在新民主主义向社会主义过渡的时候，再对其进行社会主义改造。毛泽东曾指出，"拿资本主义的某种发展去代替外国帝国主义和本国封建主义的压迫，不但是一个进步，而且是一个不可避免的过程。它不但有利于资产阶级，同时也有利于无产阶级，或者说更有利于无产阶级"，而且"在新民主主义的国家制度下，除了国家自己的经济、劳动人民的个体经济和合作社经济之外，一定要让私人资本主义经济在不能操纵国计民生的范围内获得发展的便利，才能有益于社会的向前发展"。

基于对新民主主义革命任务和对象的认识，在革命根据地的经济建设实践中，中国共产党的新民主主义经济思想得以产生和发展，并在探索和实践中，逐步形成了以社会主义性质的国营经济为领导，合作经济、个体经济、私人资本主义和国家资本主义经济并存的经济形式。作为一种过渡性的经济形态，新民主主义经济不仅是取得革命胜利以及巩固革命成果的重要保障，也为新中国成立之后，中国过渡到社会主义经济提供了条件和准备。事实上，新民主主义经济始终围绕抗战的中心工作而展开。1947年12月，毛泽东在《目前形势和我们的任务》中，通过分析新形势下的新任务，进而明确指出新民主主义革命的三大经济纲领：一是没收封建阶级的土地归农民所有；二是没收蒋介石、宋子文、孔祥熙、陈立夫为首的垄断资本归新民主主义的国家所有；三是保护民族工商业。

三、新民主主义经济形态理论

新民主主义经济形态理论是新民主主义经济理论的核心内容，因为关于各种经济形态的性质、构成、地位、作用以及相互关系的深刻认识，不仅体现了中国共产党对中国国情、中国革命性质的深入研判，而且为中国共产党领导勾勒新中国建设蓝图提供了理论基础。

1949年3月，中共七届二中全会系统分析了民主革命胜利后中国社会基本矛盾的变化，并对解决革命转变的一系列问题作了进一步安排。该会议指出，在半殖民地半封建的旧中国，社会的基本矛盾是人民大众同帝国主义、封建主义、官僚资本主义的矛盾，当他们的反动统治被推翻以后，中国社会的基本矛盾就是工人阶级和资产阶级的矛盾，以及中国和帝国主义国家的矛盾，而这种基本矛盾的转变也是从新民主主义到社会主义转变的根本依据。毛泽东在中共七届二中全会上作了报告，他指出中国共产党工作重心将由乡村转移到城市，但必须城乡兼顾，"必须使城市工作和乡村工作，使工人和农民，使工业和农业，紧密地联系起来"，同时"工作的重心必须放在城市"。毛泽东进一步提出，必须依靠工人阶级，"争取尽可能多的能够同我们合作的民族资产阶级分子及其代表人物站在我们方面，或者使他们保持中立"。在经济建设工作中应该采取怎样的经济政策这个问题上，毛泽东分析指出："中国的工业和农业在国民经济中的比重，就全国范围来说，在抗日战争以前，大约是现代性的工业占百分之十作用，农业和手工业占百分之九十左右。这是帝国主义制度和封建制度压迫中国的结果，这是旧中国半殖民地和半封建社会性质在经济上的表现，这也是在中国革命的时期内和在革命胜利以后一个相当长的时期内一切问题的基本出发点。从这一点出发，产生了我党一系列的战略上、策略上和政策上的问题。"基于此，毛泽东对各种经济形式以及具体的经济政策进行了分析，并明确提出："国营经济是社会主义性质的，合作社经济是半社会主义性质的，加上私人资本主义，加上个体经济，加上国家和私人合作的国家资本主义经济，这些就是人民共和国的几种主要的经济成分，这些就构成新民主主义的经济形态。"具体而言：

其一，没收帝国主义者以及中国官僚资产阶级的资本归人民共和国所有，使国营经济成为国民经济的领导成分。毛泽东指出，中国现代工业产值虽然仅占国民经济总产值的10％左右，但却主要集中在帝国主义者及中国官僚资产阶级手里，而没收这些资本归国家所有，"就使人民共和国掌握了国家的经济命脉"。

其二，在今后一个相当长的时期内，中国农业经济和手工业经济的基本形态依然是分散的和个体的。毛泽东指出，中国大约有90％左右落后且分散的个体农业经济和手工业经济，封建土地所有制的废除或即将废除，使农业和手工业获得了逐步向现代化发展的可能，但在今后相当长时期内，分散和个体的农业、手工业，仍是基本经济形态。

其三，尽可能利用城乡私人资本主义的积极性，允许一切有利于国民经济的城乡资本主义成分存在和发展。毛泽东认为，中国的私人资本主义工业占现代工业的第二位，而中国民族资产阶级受到帝国主义、封建主义和官僚资本主义的压迫与限制，在民主革命斗争中常采取参加或中立的态度。由于中国现阶段经济还处在落后状态，因此在革命胜利后的一段时期内，还需要团结和利用城乡私人资本主义的积极性来帮助国民经济发展，但要按地区、行业和不同时期具体情况，有伸缩性地限制资本主义发展。

其四，必须组织生产的、消费的和信用的合作社，领导劳动人民的个体经济逐步走向集体化。毛泽东指出，分散的个体的农业经济和手工业经济，占了国民经济总产值的90％左右，必须谨慎并逐步地引导其向现代化和集体化的发展，因此必须组织以私有制为基础的，在无产阶级领导的国家政权管理之下的劳动人民群众的集体经济组织——合作社，否则仅有国营经济而没有合作社经济。"我们就不可能领导劳动人民的个体经济逐步地走向集体化，就不可能由新民主主义社会发展到将来的社会主义社会，就不可能巩固无产阶级在国家政权中的领导权。"

1949 年 6 月，刘少奇在其写的党内报告的提纲，即《关于新中国的经济建设方针》中，明确提出："在推翻帝国主义及国民党统治以后，新中国的国民经济主要由以下五种经济成分所构成：（1）国营经济；（2）合作社经济；（3）国家资本主义经济；（4）私人资本主义经济；（5）小商品经济和半自然经济。"他进一步认为，中国在战后初期，"因要急于医治战争创伤，恢复被破坏、被隔离的经济生活"，上述五种经济成分中，"除开那些投机操纵的经营及有害于新民主主义的国计民生的经营而外"，都应加以鼓励并促进其发展。具体地，刘少奇指出："必须以发展国营经济为主体。普遍建立合作社经济，并使合作社经济与国营经济密切地结合起来。扶助独立的小生产者并使之逐渐地向合作社方向发展。组织国家资本主义经济，在有利于新民主主义的国计民生的范围以内，容许私人资本主义经济的发展，而对于带有垄断性质的经济，则逐步地收归国家经营，或在国家监督之下采用国家资本主义的方式经营。"

正是基于以上的思想认知，最终在 1949 年 9 月 29 日中国人民政治协商会议第一届全体会议通过的，在中华人民共和国成立初期起着临时宪法作用的《中国人民政治协商会议共同纲领》中，明确规定："国家应在经营范围、原料供给、销售市场、劳动条件、技术设备、财政政策、金融政策等方面，调剂国营经济、合作社经济、农民和手工业者的个体经济、私人资本主义经济和国家资本主义经济，使各种社会经济成分在国营经济领导之下，分工合作，各得其所，以促进整个社会经济的发展。"

总之，中国共产党领导的新民主主义革命，在政治上要推翻帝国主义、封建主义和官僚资本主义的统治及压迫，建立新民主主义共和国，在经济上要取消帝国主义在中国的特权，改变封建买办的生产关系，消灭帝国主义、封建阶级和官僚资产阶级的掠夺及剥削，解放社会生产力。新民主主义经济是新民主主义革命的经济基础，它伴随新民主主义革命的历史进程而经历了萌发、形成、发展到渐趋成熟。然而，新民主主义经济属于一种半殖民地半封建社会向社会主义社会转变过程中的过渡经济形式，具有着明显的过渡性特征。具体而言，它既不是纯粹的资本主义经济，也不是纯粹的社会主义经济，而是包括这两种成分以及个体经济、合作社经济在内的，多种经济成分同时并存的社会经济形态。在中华人民共和国成立之前，它表现为社会主义国营经济领导下多种经济形式并存的状态，之后则为国营经济领导下的多种经济成分并存。

第二章　社会主义建设早期探索时期的
中国共产党经济建设思想

新中国成立以后，中国共产党实际上面临着紧迫的双重任务，既要尽快实现国民经济的恢复与发展，又要在经济落后的条件下首次在全国范围探索建设社会主义制度。这一社会主义建设早期探索过程虽然艰难而曲折，但是在发展生产力、确立社会主义制度及丰富中国共产党的经济建设思想方面都取得了许多成就，客观上也为改革开放及之后党的基本方略、基本政策做了准备。

第一节　新中国成立初期的经济形势和国民经济恢复任务

新中国成立时所面临的经济形势十分困难，财政压力巨大。中国人民接收的是国民党反动派留下来的千疮百孔的烂摊子，由于帝国主义、封建主义、官僚资本主义长期的压榨掠夺和连年战争的破坏，整个国民经济已处于崩溃状态。这时，不仅工农业生产、交通贸易受到严重破坏，市场萧条、民生匮乏，而且国家在财政方面也遇到了严重的困难。[①]

由于解放战争还在大陆上进行，军费开支浩大，1949 年军费开支高达财政收入的一半。随着新中国的成立和对文化教育等事业的接管，以及对国民党遗留和起义人员实行"包下来"的政策，国家负担的公教人员急剧增加，从 1949

---

① 张奕曾、王玉玲主编：《新中国经济建设史（1949—1995）》，黑龙江人民出版社 1996 年版，第 7—9 页。

年的 700 万增加到 1950 年的 900 万。同时，加上救济灾民和失业工人，恢复交通事业等方面的需要，国家的财政开支增长很快。然而，当时国家的财政收入却很少。在广大新的解放区，正常的税收工作还来不及建立和开展。国营企业受到严重的破坏，正在恢复，上缴的利税很少。加之历史上形成的各解放区财政经济工作分散经营，各管收支的状况还没改变，国家的大部分收入还掌握在地方手中。以上种种原因，造成了国家财政收支脱节，开支大大超过收入，出现了巨额赤字。1949 年财政赤字达到全部支出的三分之二，1950 年虽然经过精打细算，开源节流，但财政赤字仍占预算支出的 18.7%。

同时，增发货币导致严重的通货膨胀。为了弥补财政赤字，满足军事行政费用以及其他各项事业的开支，国家不得不增发货币。人民币的发行额若以 1948 年底为基数，到 1949 年 11 月就增加了 11 倍，到 1950 年 2 月再增加至 270 倍。增发货币虽然弥补了财政赤字，维持了各项开支，但不可避免地带来通货膨胀，货币贬值，物价上涨。加上不法商人的兴风作浪，使市场更加动荡不定，物价急剧上涨。在 1949 年 1 月、4 月、7 月和 11 月先后刮起了四次物价上涨风，使本来可以较缓上升的物价飞涨起来。物价急剧上涨，不但破坏了生产，破坏了整个国民经济的正常运转，威胁着广大人民的生活，而且加剧了整个财政经济的困难。

在中国人民面临严重经济困难的情况下，帝国主义幸灾乐祸，预言新中国无法解决自己的困难，并乘机对我国实行封锁禁运，颠覆破坏，妄图把新中国扼杀在摇篮中。国内的资产阶级也不相信共产党能搞好经济、管好国家，对共产党和人民政府采取若即若离的态度。工人、学生、民主人士对我们能否搞好经济也表示担心。

能否迅速平抑物价，稳定市场，进而恢复被战争破坏的国民经济，在新中国成立初期不但是一个经济问题，而且是一个政治问题，直接关系到全国的大局能否稳定，新生的人民政权能否巩固。中国人民在党和政府领导下，毅然肩负起挽救经济危局、夺取新生的历史重任，开始着手恢复国民经济。

第二节　社会主义改造的思想与计划经济体制的建立

在由新民主主义社会向社会主义社会转变的过渡阶段，为挽救经济发展的危局，党领导全国人民主要完成了以下三项伟业：一是成功地恢复国民经济，打退了投机商和腐败分子一次次猖狂进攻，稳定了国民经济秩序；二是成功地完成了农业、工业和资本主义工商业的社会主义改造，公有制取代了非公有制在国民经济中占据了绝对统治地位，奠定了社会主义经济基础；三是建立了高度集中的计划经济体制，并顺利完成第一个五年计划，为实现国家工业化奠定了初步基础。[①]

一、全面恢复国民经济的思想

新中国成立后的当务之急是尽快恢复国民经济，稳定经济秩序。为此，中国共产党确立了根据《共同纲领》建立和巩固新民主主义经济秩序，以恢复国民经济的基本思想，并在调整工商业、推进农村土地改革、稳定金融秩序、改善财政状况等方面作了具体落实。

（一）建立和巩固新民主主义经济

新中国成立后，中国共产党严格遵循《共同纲领》的精神，在农、工、商等领域采取系列措施，建立和巩固新民主主义经济。

1. 没收官僚资本归新民主主义国家所有

要恢复经济，首先必须废除帝国主义在中国的特权，并没收官僚资本，以摧毁国民党反动统治的主要经济基础，建立起社会主义国营经济。新中国成立后，党继续有步骤地将原来的官僚资本国有化。1951年1月中央人民政府政务

---

① 张雷声、董正平主编：《中国共产党经济思想史》，河南人民出版社2006年版，第162页。

院发布《关于没收战犯、汉奸、官僚资本家及反革命分子财产的指示》《企业中公股清理办法》等文件，没收战犯、汉奸、官僚资本家及反革命分子的财产，清理隐匿在私人资本主义企业中的官僚资本股份。被没收的官僚资本的企业和财产，成为新中国成立初期国营经济的主要来源。

中国共产党通过没收官僚资本建立起来的国营经济，与其他经济成分一道发挥出了协同优势，不仅促进了国民经济迅速恢复，而且兼顾了"边打、边稳、边建"的目标。到1950年初，合计接管官僚资本的工矿企业2800余家，金融企业2400余家，构成了中华人民共和国成立初期国营经济的主要部分。[①] 同时，新投资的国有资产迅速增加，在规模上直追没收的官僚资本。根据1951年至1952年底全国清产核资结果，国营企业资产重置价值为191.61亿元，除去基本折旧61.75亿元后，余值为129.86亿元。而1949年至1952年，在新民主主义革命和抗美援朝战争的艰苦条件下，国家每年仍拿出一定资金进行基本建设，三年财政拨款86.21亿元，完成投资额78.36亿元。这些投资一部分用于加强金融和贸易，另一部分则投向工业、交通、水利为主的基本建设。新建了阜新海州露天煤矿、山西榆次经纬纺织机械厂、成渝铁路等14个限额以上建设单位，完成了荆江分洪工程，开始了根治淮河，恢复、扩建了鞍山钢铁基地和整个东北工业基地，还建设了一批中小企业。[②]

在微观层面，民主改革成为这一时期解放生产力的重要举措。在旧中国处于统治地位的官僚资本企业，普遍存在着"裙带关系""中饱私囊"等腐败问题，人浮于事，效率低下，甚至存在着利用反动会道门等组织压迫工人的现象。私营企业中也存在着一些封建残余，例如"把头制""包身工"等，极大地阻碍了城市经济的发展。新中国成立后，在没收官僚资本的同时，国营企业和私营

---

① 《中国共产党党史——第五章共和国的成立和从新民主主义到社会主义的过渡》，中央政府门户网站，http://www.gov.cn/18da/content_2247078.htm。

② 《解放和发展生产力：新中国七十年的主线和成就》，中共中央党史和文献研究院，http://www.dswxyjy.org.cn/n1/2020/0107/c219000-31538217.html。

企业中普遍开展了民主改革，使工人的政治地位发生了根本性改变，劳动条件和收入也大大改善，极大地调动了工人阶级的积极性，解放了生产力。在"依靠工人，搞好生产"理念的指导下，工业企业的劳动生产率大大提高。国民经济恢复时期，国营、公私合营和合作社营工业劳动生产率提高 66.3%，平均每年提高 18.5%。其中国营、公私合营企业每个工人平均生产总值为：1949 年 4839 元，1950 年 6037 元，1951 年 7087 元，1952 年 8049 元。在国营工业总产值的增长额中，有 52.8% 是依靠提高劳动生产率实现的。设备利用率也有显著提高，1949 年至 1952 年，发电设备利用率由 26.3% 升至 42%，炼铁设备能力利用率由 31.6% 升至 84.4%，炼钢设备能力利用率由 24.9% 升至 58.6%，棉纺机时间利用率由 58.2% 升至 94.2%。[①]

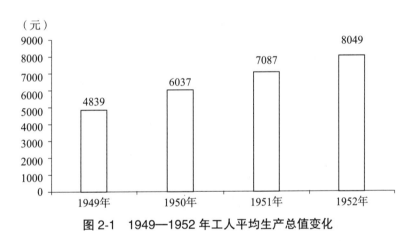

图 2-1　1949—1952 年工人平均生产总值变化

在新民主主义经济制度下，工业生产迅速恢复。和新中国成立前最高年产量相比，1952 年的电力产量增加了 21.9%，原煤增加了 2.7%，原油增加了 36.3%，生铁增加了 5.5%，钢增加了 46.1%，金属切削机床增加了 154.8%，水泥增加了 24.8%，棉纱增加了 47.8%，棉布增加了 98.3%，汽车外胎增加了 456.2%，纸增加了 125.3%，卷烟增加了 12.1%。[②]

---

①② 《解放和发展生产力：新中国七十年的主线和成就》，中共中央党史和文献研究院，http://www.dswxyjy.org.cn/n1/2020/0107/c219000-31538217.html。

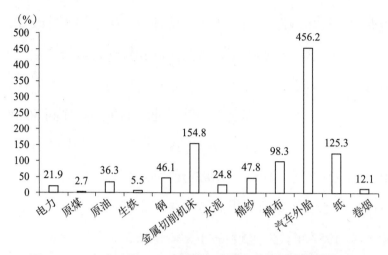

图 2-2　1952 年主要工业品较新中国成立前最高产量增长幅度

2. 进行土地改革，没收地主阶级的土地

在农村进行土地改革，没收地主阶级的土地，无偿分配给无地和少地的农民使用，消灭封建制度，解放农村生产力。1950 年 6 月，中央人民政府颁布了《中华人民共和国土地改革法》，土改运动开始在全国全面铺开。土地改革的总路线是，依靠贫农、雇农，团结中农，中立富农，有步骤地有分别地消灭封建剥削制度，发展农业生产。土地改革的基本目的是废除地主阶级的土地所有制，实行农民的土地所有制，解放农村生产力，发展农业生产，为新中国的工业化开辟道路。与以往老解放区的土地改革相比，新解放区的土地改革在政策上作了一些调整：将消灭富农经济改为保护富农经济；将没收地主全部财产改为仅没收地主的土地、耕畜、农具、多余的粮食及在农村中多余的房屋，其他财产均不予没收；更加强调团结和保护中农。①

从 1950 年冬到 1952 年底，全国除一部分少数民族地区外，土地改革基本完成。通过没收地主土地归农民所有，约有 3 亿多农民获得了 4666.7 万公顷的土地和其他生产资料，免除了每年向地主缴纳的约 3500 万吨粮食地租，真正实现了"耕者有其田"，中国农业彻底从封建土地关系的束缚中解放出来。

---

① 张雷声、董正平主编：《中国共产党经济思想史》，河南人民出版社 2006 年版，第 163 页。

土地改革创造了农业经济恢复发展的奇迹。历史上，长期战乱后的农业恢复往往需要 30 年左右的时间，而新中国只用了 3 年，就使农业生产力基本恢复到历史最高水平。1949 年至 1952 年，农业总产值增长 48.59%，粮食总产量由 11318 万吨增至 16392 万吨，棉花总产量由 44.4 万吨增至 130.4 万吨；与解放前最高年份相比，1952 年的粮食产量比 1936 年增加了 9.3%，棉花产量比 1936 年增加了 53.6%，大牲畜年底头数比 1935 年增加了 6.9%。①

土地改革在全国范围的基本完成，摧毁了中国封建制度的经济基础，消灭了封建地主阶级，使深受剥削压迫的中国农民获得土地等基本生产资料，摆脱了千百年来封建宗法的人身束缚，极大地解放了农村生产力，促进农村经济迅速走向恢复和发展。党依靠土地改革中形成的有觉悟有组织的阶级队伍，完成了对旧的乡村基层政权的改造，为中国社会逐渐走向进步奠定了深厚的群众基础。这是近代以来中国人民反封建斗争的一个伟大胜利。

3. 调整资本主义工商业

调整资本主义工商业，进一步稳定经济。1950 年上半年，由于国家打击市场投机和实行统一财经，物价稳中有降，商品出现滞销，私营工业生产锐减，整个资本主义工商业困难重重。针对这种情况，党和政府决定对资本主义工商业进行调整，以帮助其渡过难关，促进整个国民经济的稳定和发展。②

1950 年 3—4 月，在各大区负责人参加的工作会议和政治局会议上，毛泽东指出："和资产阶级合作是肯定了的，不然共同纲领就成了一纸空文，政治上不利，经济上也吃亏。维持了私营工商业，第一维持了生产，第二维持了工人，第三工人还可以得些福利，当然中间也给资本家一定的利润。但比较而言，目前发展私营工商业，与其说对资本家有利，不如说对工人有利，对人民有利。"1950 年 4 月 13 日，中央人民政府委员会召开了第七次会议，毛泽东在

---

① 《解放和发展生产力：新中国七十年的主线和成就》，中共中央党史和文献研究院，http://www.dswxyjy.org.cn/n1/2020/0107/c219000-31538217.html。

② 张雷声、董正平主编：《中国共产党经济思想史》，河南人民出版社 2006 年版，第 165 页。

会上第一次将调整工商业列为实现国家财政经济状况根本好转的三项基本条件之一。①1950 年 6 月 6 日，中共中央召开七届三中全会，毛泽东在会上发表了《为争取国家财经状况的基本好转而斗争》的书面报告和《不要四面出击》的重要讲话，从战略高度上再次重申了调整工商业的重要意义。同时，陈云、刘少奇也强调了让私人资本得到发展对推动社会生产力的进步作用。中共七届三中全会将合理调整民族资本主义工商业正式列为实现国家财政经济状况根本好转的三项基本条件之一和全党全国人民在国民经济恢复时期八项主要工作之一。

中共七届三中全会后，调整工商业的工作开始在全国范围内展开，主要围绕公私关系、劳资关系和产销关系三个基本环节进行。其中，在公私关系方面，扩大对私营企业的加工订货和产品收购，调整公私商业的经营范围与价格，对私营工业发放贷款并连续两次降低利率，合理调整税收以减轻私营工商业的税务负担。在劳资关系方面，确定"劳资两利"的原则，协商解决劳资矛盾。在产销关系方面，力求产销平衡，以销定产，并召开各种专业会议商定产销价格，合理分配生产任务。通过这一系列调整，资本主义工商业顺利渡过了难关，并取得了一定的发展。同时，加工、订货、收购成品等扶助资本主义工商业的方式，使部分私营经济纳入国家计划的轨道，成为国家对私人资本主义进行社会主义改造的一种初步方式，即国家资本主义的初级形式②。

调整资本主义工商业后，私营工商业迅速得到恢复和发展，但资本家中的某些不法分子并不满足于通过正常方式获得一般利润，而想采取行贿等非法手段力图获得高额利润。这种情况的严重发展，使中共中央在 1951 年年底决定在党政机关人员中开展一场反对贪污、反对浪费、反对官僚主义的"三反"运动，在私营工商业中开展一场反对行贿、反对偷税漏税、反对偷工减料、反对盗骗国家财产、反对盗窃国家经济情报的"五反"运动。"五反"运动虽然有利于将资本主义工商业纳入社会主义改造的轨道上，但其基本精神仍然是新民主主义

---

① 《建国以来毛泽东文稿》第一册，中央文献出版社 1987 年版，第 302、408 页。

② 张雷声、董正平主编：《中国共产党经济思想史》，河南人民出版社 2006 年版，第 167 页。

的，是党为更好地贯彻新民主主义路线、稳定新民主主义社会秩序而采取的一项临时性的措施。

专栏 2-1：中共七届三中全会关于调整民族资本主义工商业的论调

在中共中央召开的七届三中全会上，毛泽东发表了《为争取国家财经状况的基本好转而斗争》的书面报告和《不要四面出击》的重要讲话，从战略高度上强调调整工商业的重要意义。他指出："在统筹兼顾的方针下，逐步地消灭经济中的盲目性和无政府状态，合理地调整现有工商业，切实而妥善地改善公私关系和劳资关系，使各种社会经济成分，在具有社会主义性质的国营经济领导之下，分工合作，各得其所，以促进整个社会经济的恢复和发展。"并强调："民族资产阶级将来是要消灭的，但是现在我们要把他们团结在我们身边，不要把他们推开。"

会上陈云也作了重要发言："五种经济成分是兼顾好，还是不兼顾好，当然是兼顾好。因为私营工厂可以帮助增加生产，私营商业可以帮助商品流通，同时可以帮助解决失业问题，对人民有好处。国家政权、骨干厂矿、铁路运输、金融贸易机关都掌握在我们手中，我们力量强大，资本家碰不起我们。""只有在五种经济成分统筹兼顾、各得其所的办法下面，才可以大家夹着走，搞新民主主义，将来进到社会主义。"

刘少奇对私营工商业的态度也和毛泽东、陈云一样，认为中国经济基础落后，在新民主主义时期应该让私人资本主义得到发展，注意发挥它在推动社会生产力中的进步作用；中国实行社会主义至少要十年二十年以后，中国民族资产阶级在现阶段，具有它的进步作用和革命作用；不管是国营的还是私营的工业都应使它发展。

（二）抑制通货膨胀，稳定金融物价

新中国成立初期，国民经济形势严峻，市场动荡，物价剧烈上涨，投机活动猖獗，经济秩序十分混乱，中国共产党面临着"谁掌握了市场，谁就实际掌握了经济领导权"的严峻考验。因此，抑制通货膨胀，稳定市场物价的斗争，也就是同资本家争夺经济领导权的斗争。

为抑制通货膨胀，稳定金融物价，党和政府主要采取了以下措施[①]：

一是加强金融管理。为了稳定物价，制止金银外币在市场上流通，政府在事先劝告无效的情况下，不得不采取断然措施，通过行政力量将违法投机分子绳之以法，同时加强了对私营金融机构的管理，把私营银行、钱庄业务置于国家银行控制之下，加强管理与监督，而对专门经营高利贷的地下钱庄等非法信用机构则予以取缔。

二是加强市场管理。如在全国范围内实行工商业登记办法，未经核准，不得擅自开业；管理市场交易，建立交易所，主要物资集中交易；管理市场价格，保护国营牌价不受私营破坏；管理采购，把大宗物资采购工作置于政府监督之下，防止争购；取缔投机活动，对投机活动按情节轻重予以处理；保护正常私营工商业等。

三是集中抛售主要商品，打击投机活动。通过国营贸易机构，调集和掌握大量物资，统一调度和适时抛放，打击投机资本。

四是实行各种紧缩通货措施，其中最重要的是发行折实公债。1949年12月2日，中央人民政府委员会第四次会议通过《关于发行人民胜利公债的决定》，确立第1期发行1亿分，每分含实物大米3公斤，面粉0.75公斤，白细布1.33米，煤炭8公斤，年息5厘，分5年偿还，公债的发行和偿还都以实物为计算标

图2-3　1950年人民胜利折实公债券10分票样

---

① 张雷声、董正平主编：《中国共产党经济思想史》，河南人民出版社2006年版，第169页。

准。①发行公债的目的是为了弥补赤字，减少现钞发行，有计划地回笼货币，使物价逐渐稳定，以保证各阶层人民生活和工商业正常发展。

（三）争取国家财政经济状况的根本好转

1. 统一全国财政经济管理

新民主主义革命时期，各根据地、解放区的财经工作处于一种分散状态，各自发行货币，各自管理财政收支。新中国成立之后，为了解决财政困难，促进国民经济的恢复和发展，党和政府着手统一国家财政经济管理工作，争取国家财政经济状况的根本好转。1950年3月3日，中央人民政府颁布了《关于统一国家财政经济工作的决定》，对全国财政收支、物资调度、现金使用实行统一管理。陈云指出：这一文件的基本精神是"节约支出、增加收入、缩小赤字、统一管理，以争取国家财政经济状况的根本好转"。《决定》的发布，标志着我国财政经济工作开始由分散管理进入到基本上统一管理的时期。统一财经工作的决定发布以后，中共中央向各级党委发出了《关于统一国家财政经济工作的通知》，要求各级党委用一切办法保证《决定》的贯彻执行。

专栏2-2：《关于统一国家财政经济工作的决定》主要内容

一是成立全国编制委员会，制订并颁布各级军政人员等的编制，此后增添人员必须按编制批准才能招收；

二是成立全国仓库物资清理调配委员会，查明所有仓库存货，由中财委统一调度，合理使用；

三是厉行节约，规定各类人员的工作定额、生产定额及原材料消耗定额，提高资金周转率；

四是全国各地所收公粮，除地方附加外，全部归中央财政部统一使用；

---

① 《建国以来重要文献选编》第一册，中央文献出版社1992年版，第63页。

五是除批准征收的地方税外，所有关税、盐税、货物税、工商税等一切收入，均归中央财政部统一使用；

六是为了调节国内供求，组织对外贸易，有计划地抛售物资、回笼货币，各地国营贸易机关的业务范围的规定与物资调动，均由中央贸易部统一指挥；

七是国家所有的工矿企业分为中央直接管理、暂时委托地方政府或军事机关管理、划归地方政府或军事机关管理三类；

八是指定中国人民银行为国家现金调度的总机构，增设分支机构，代理国库，并统一管理外汇牌价与外汇调度，一切军政机关和公私企业的现金，除留若干近期使用外，一律存入国家银行；

九是中财部必须保证军队与地方政府的开支和恢复经济所必需的投资；

十是中央人民政府制定适当的法律，对不实行、不遵守上述各项规定者，给予必要的制裁。

2. 加强税收管理，稳定金融物价

为了从根本上扭转财经困难局面，人民政府在打击投机资本、统一财经工作的同时，还以健全税收制度为基础进行税收管理，稳定金融物价。中央人民政府以《全国税收实施要则》为指导方针，先后颁布了货物税、工商税等主要税收的暂行条例和契税、印花税、利息所得税、特种消费行为税、使用牌照税、屠宰税等地方税的暂行条例，并对地区性的税收法规进行了整理。1950 年 1 月与 3 月，中央人民政府政务院、中央财政部先后发布了《关于盐务工作的决定》《关于实行统一盐税税额办法的决定》，加强了盐税的征收与管理。《关于关税政策和海关工作的决定》则对保护我国的关税自主权，增加财政收入，健全税收制度起了很大作用。中央人民政府还颁布了《公营企业缴纳工商税暂行办法》

等，来保证税收的征管。①

3. 争取财经状况根本好转

统一财经、稳定物价工作的胜利，使国家的财政经济状况开始好转，但还不是根本的好转，我国经济不仅仍然存在许多严重的困难，而且在新的形势下，又出现了一些新的问题。为了争取国家财政经济状况的根本好转，制定恢复国民经济的战略和策略，1950 年 6 月，毛泽东在七届三中全会上作了题为《为争取国家财政经济状况的基本好转而斗争》的报告，报告中指出了争取财经状况根本好转的条件：土地改革的完成、现有工商业的合理调整、国家机构所需经费的大量节减。毛泽东还提出了争取财经状况根本好转的八项工作，其中关于财经方面的工作是："巩固财政经济工作的统一管理和统一领导，巩固财政收支的平衡和物价的稳定。在此方针下，调整税收，酌量减轻民负。在统筹兼顾的方针下，逐步地消灭经济中的盲目性和无政府状态，合理地调整现有工商业，切实而妥善地改善公私关系和劳资关系，使各种社会经济成分，在具有社会主义性质的国营经济领导之下，分工合作，各得其所，以促进整个社会经济的恢复和发展。"②

从 1950 年年中开始，中央人民政府根据中共七届三中全会的精神对财经工作作出了一系列调整。在城市减并税种、简化税目、调整税率和级距、统一计税方法和估计方法，并继续实行工轻于商、日用品轻于奢侈品的征税政策；对农村，1950 年 5 月 30 日政务院发布了《关于一九五零年新解放区夏征公粮的决定》，对尚未进行土地改革的新解放区的夏粮征收政策作了具体规定，调整了1949 年秋季的农业税征收制度，缩小了征税范围，减轻了农民的负担，农业税趋于平均，大大调动了农民生产的积极性。1950 年 9 月，政务院又公布了《新解放区农业税暂行条例》。税收调整措施促进了我国财政经济状况的好转。

4. 实行"边抗、边稳、边建"的财政方针

正当我国财政经济形势日益好转的时候，美帝国主义挑起了朝鲜战争，并

---

① 张雷声、董正平主编：《中国共产党经济思想史》，河南人民出版社 2006 年版，第 172 页。
② 《建国以来重要文献选编》第一册，中央文献出版社 1992 年版，第 253、254 页。

公然霸占我国领土台湾。1950 年 10 月 25 日，中国人民志愿军开赴朝鲜战场，开始了抗美援朝战争。由于时局的变化，党和政府的财经工作重心相应发生了转移。1950 年 11 月，在第二次全国财经会议上，陈云提出："把明年的财经工作方针放在抗美援朝战争的基础上，与今年放在和平的恢复经济的基础上完全不同。""战争第一，这是无疑问的。一切服从战争，一切为了战争的胜利。没有战争的胜利，其他就无从说起。"对党的财经工作安排，陈云明确提出："现在争执之点，在于何者是第二，何者是第三。我以为第二应该是维持市场，求得金融物价不要大乱。第三才是其他各种带投资性的经济和文化建设。""经济建设的投资，要规定这样一条原则：对直接与战争有关的军工投资，对财政收入直接有帮助的投资，对稳定市场有密切关系的投资，这三者应该予以满足。除此之外，应加以削减和收缩。"陈云的这一方案后来被人们称为"边打、边稳、边建"的"三边"方针。①

"三边"方针由于正确反映了当时的客观形势，为中共中央所接受，同意将这个方针作为 1951 年财经工作的基本方针，并要求各级党政部门认真贯彻。1951 年和 1952 年的财经工作取得了重大成就，为抗美援朝战争的最终胜利作出了贡献。

二、过渡时期总路线

（一）过渡时期总路线的提出与内容

1. 恢复时期后的经济形势

中华人民共和国成立后，经过三年艰苦努力，到 1952 年底，我国恢复国民经济的任务已经完成。从 1953 年起，我国进入了有计划的社会主义经济建设时期。在新中国成立后的头三年，我们通过没收官僚资本，统一财经工作，稳定市场物价，恢复和发展生产，土地改革，调整工商业，开展"三反""五反"运动等，巩固了人民民主专政的政权，国家掌握了经济命脉，确立了国营经济对

---

① 《建国以来重要文献选编》第一册，中央文献出版社 1992 年版，第 469—473 页。

整个国民经济的领导地位，废除了封建剥削制度，解放了社会生产力。抗美援朝的胜利，赢得了建设所需要的和平环境。经过三年经济恢复时期，我国工农业生产在许多方面达到和超过了解放前的最高水平。与此相应，交通运输、内外贸易等经济事业也有所发展。所有这些，都为有计划地进行经济建设和社会主义改造准备了条件。①

但是，恢复时期结束后的我国经济，就整个国民经济总水平、总规模及社会经济结构来看，仍然十分落后。其特点是工业基础十分薄弱，小农经济占很大优势，私人工商业占有相当大的比重。

2. 过渡时期总路线的提出

尽管中共中央一致认为新民主主义社会是过渡性质的社会，其前途是社会主义，但是从 1948 年到 1952 年 9 月之前，党的主要领导人基本都认为先搞一段新民主主义，待到国家实现工业化和经济文化发达后，再从容过渡到社会主义社会，至于何时开始消灭私有制，则估计为 10 年或 15 年之后。但是，1952 年下半年，当毛泽东和党中央考虑和制定"一五"计划的时候，上述思想则由于新中国成立以后国营经济比重和作用不断增长这种事实和远景规划而引起变化，使党对于过渡问题的认识，发生了变化。

1952 年底，党中央和毛泽东根据马克思列宁主义关于过渡时期的学说，总结了新中国成立以来特别是国民经济恢复时期的经验，提出了党在过渡时期的总路线。这条总路线的基本内容是："从中华人民共和国成立，到社会主义改造基本完成，这是一个过渡时期。党在过渡时期的总路线和总任务，是要在一个相当长的时期内，逐步实现国家的社会主义工业化并逐步实现对农业、对手工业、对资本主义工商业的社会主义改造。"②

经过半年多的酝酿，毛泽东于 1953 年 6 月 15 日正式提出了党在过渡时期的总路线，并作了比较完整的表述。又经过 3 个多月的充实完善，1953 年国庆

---

① 曾璧钧、林木西主编：《新中国经济史 1949—1989》，经济日报出版社 1990 年版，第 44 页。
② 毛泽东：《党在过渡时期的总路线》，《毛泽东选集》第五卷，第 89 页。

节前，中共中央公布了过渡时期的总路线。1953 年 12 月份，由中宣部起草并经毛泽东亲自审阅修改的《为动员一切力量把我国建设成为一个伟大的社会主义国家而奋斗——关于党在过渡时期总路线的学习和宣传提纲》(以下简称《宣传纲领》)，又对其作了更为详细具体的表述。1954 年 2 月 10 日，中共七届四中全会通过决议，正式批准了中央政治局提出的党在过渡时期的总路线。

3. 过渡时期总路线的内容及意义

(1) 过渡时期总路线的内容。

从《宣传纲领》所表述的内容来看，过渡时期的总路线主要包括以下几方面的内容：

一是重新解释了新民主主义革命与社会主义革命之间的关系，提出新民主主义革命的结束就是社会主义革命的开始。

二是全面吸收了苏联共产党关于过渡时期的理论(即列宁 1921 年以前的思想和斯大林思想)。1955 年 3 月毛泽东回顾说："中央委员会根据列宁关于过渡时期的学说，总结了中华人民共和国成立以来的经验，在我国国民经济恢复阶段将要结束的时候，即 1952 年，提出了党在过渡时期的总路线。"[①]

三是提出过渡时期总路线的实质是实现生产资料的社会主义改造，即"就是使生产资料的社会主义所有制成为我国国家和社会的唯一的经济基础"。实现对农业、手工业及资本主义工商业的社会主义改造。

四是为社会主义工业化而斗争。在此以前，从毛泽东和其他领导人及中央文件的表述来看，都是用"工业化"这个词，《宣传纲领》首次明确提出社会主义工业化并解释了其含义。《宣传纲领》提出："实现国家的社会主义工业化的中心环节是发展国家的重工业，以建立国家工业化和国防现代化为基础。"社会主义工业化具有两个重要特点：将发展重工业作为工业化的中心环节；优先发展国营经济并逐步实现对其他经济成分的改造，保证国民经济中的社会主义比重不断增长。

---

① 毛泽东：《毛泽东选集》第五卷，人民出版社 1997 年版，第 138 页。

（2）过渡时期总路线的意义与作用。

过渡时期总路线的主要内容"一化三改"，即国家工业化和所有制改造同时并举，相互适应。过渡时期总路线的提出，反映了中国人民要求变农业国为工业国，摆脱贫困、消灭剥削制度的愿望，反映了中国社会发展的历史必然性。在我国国民经济恢复阶段结束后，它为全党和全国人民指明了我国社会发展的方向，指明了进行社会主义革命和社会主义建设的具体途径，极大地鼓舞了全国人民的积极性。过渡时期总路线的主要内容即"一化三改"，鲜明地融入了中国共产党人经过长期斗争实践而积累起来的对中国国情的认识及有关经验的总结，表现出中国共产党人无比的探索精神和无畏的革命勇气，丰富和发展了马克思列宁主义关于社会主义革命和社会主义建设的理论。[①]

（二）过渡时期总路线执行中思想的变化

从1953年底正式提出过渡时期总路线到1956年底过渡时期结束，总路线提出时的"一个相当长时期"实际上仅三年时间，总路线提出的工业化没有实现，唯独社会主义改造则以当初意想不到的速度实现了。这种"两翼"先于"主体"而实现的总路线实施结果，是与1953年底以后中国共产党对社会主义公有制优越性及其与工业化之间关系的认识变化有直接联系的。[②]

如前所述，1953年底，毛泽东鉴于主要农产品供求关系紧张及试办合作社的成果（增产明显，但增产的重要原因之一是得到政府在财力和人力上的扶助），已经将工业化与社会主义改造同步进行的设想转变为"改造先行"的思想，即通过社会主义改造为工业化创造条件，这也是斯大林在苏联农业合作化时提出的思想。毛泽东的这种思想在1953年10月、11月同农村工作部负责人的谈话中表露出来。毛泽东在修改《宣传提纲》时写道："党在过渡时期的总路

---

① 张雷声、董正平主编：《中国共产党经济思想史》，河南人民出版社2006年版，第181、182页。
② 顾龙生：《中国共产党经济思想史1921—2011》增订本（上册），山西经济出版社2014年版，第281页。

线的实质，就是使生产资料的社会主义所有制成为我国国家和社会的唯一的经济基础。我们所以必须这样做，是因为只有完成了由生产资料的私人所有制到社会主义所有制的过渡，才利于社会生产力的迅速向前发展，才利于在技术上起一个革命，把在我国绝大部分社会经济中使用简单的落后的工具农具去工作的情况，改变为使用各类机器直至最先进的机器去工作的情况。"虽然《宣传纲领》仍然还说工业化是社会主义改造的重要条件，二者是相互联系的辩证关系，但实际上已经将矛盾的主要方面放在了社会主义改造上。①

1954 年，严重的自然灾害导致农业减产，未能实现预定计划，这不仅使农产品供求关系进一步紧张，同时也迫使与农产品密切相关的工业行业压缩 1955 年增长计划，由此可能影响"一五"计划如期完成。不少同志感到要迅速改变农业拖工业化后腿的现象，唯一可能的选择就是合作化，这进一步坚定了毛泽东"改造先行"的思想。因此，在 1955 年下半年，掀起了一场农业合作化高潮，并由此引发了整个社会主义改造高潮。结果到 1956 年底，我国就在生产力水平尚未发生较大进步、传统的农业生产和手工业生产占很大比重的条件下，基本完成了对农业、手工业和资本主义工商业的社会主义改造。②

三、社会主义"三大改造"

从 1949 年 10 月中华人民共和国成立到 1956 年底社会主义改造基本完成，如果从生产关系的角度看，我国顺利地完成了一场和平革命，基本上消灭了存在了几千年的生产资料私有制。20 世纪 50 年代的这场社会主义革命，虽然没有超出单一公有制的社会主义模式和理论，但是就其改造方式、步骤和结果来看，仍然具有自己的特点和丰富的内容，体现出中国的特色，丰富和发展了马克思列宁主义的社会主义革命理论。它是中国共产党经济思想发展史上的极其

---

① 顾龙生：《中国共产党经济思想史 1921—2011》增订本（上册），山西经济出版社 2014 年版，第 281 页。

② 同上书，第 281、282 页。

重要的一章，并对当时和后来中国经济的发展乃至政治思想文化都产生了巨大影响。

（一）对农业进行社会主义改造

1952 年是国民经济恢复时期结束和土地改革运动基本完成的一年。当时，农村中农业生产互助组织的形式主要是互助组，农业生产合作社为数不多。从 1953 年开始，党根据过渡时期总路线的精神，加紧了对农业的社会主义改造。

1953 年 2 月，中共中央对 1951 年试行的《关于农业生产互助合作的决议》（草案）作了部分修改。在《决议》指导下，农业互助合作运动发展比较健康、稳妥。1953 年农业互助合作的发展是由临时性、季节性的简单互助组转为常年互助组，并开始试办由常年互助组转向以土地入股、统一经营为特点的初级农业生产合作社。当年，初级农业生产合作社发展到 1.5 万多个，比 1952 年增加了 2.8 倍，参加常年互助组的农户，也由 1952 年占参加农业互助组全部农户的 25.2% 增加到 29%。①

1953 年 12 月，中共中央通过了《关于发展农业生产合作社的决议》。《决议》指出，孤立的、分散的、守旧的、落后的个体经济限制着农业生产力的发展，与社会主义工业化的矛盾日益突出。党在农村中最根本的任务，就是要教育和促进农民逐步联合、组织起来，逐步实行农业的社会主义改造，使农业能够由落后的小规模生产的个体经济，变为先进的大规模生产的合作经济，使农民能够逐步完全摆脱贫困的状况而获得共同富裕和普遍繁荣的生活。《决议》肯定了我国农业合作化的道路是，由互助组到初级形式的半社会主义的农业生产合作社，再到完全社会主义的高级形式的农业生产合作社。这也就是对农业逐步实现社会主义改造的道路。《决议》强调指出，发展农业生产合作社，必须坚持自愿互利、典型示范和国家帮助的原则。《决议》还特别提出了初级农业生产

---

① 曾璧钧、林木西主编：《新中国经济史 1949—1989》，经济日报出版社 1990 年版，第 57 页。

合作社的优越性和它在整个互助合作运动中的重要地位，指出它是"引导农民过渡到更高级的完全社会主义的农业生产合作社的适当形式"，是"我们领导互助合作运动继续前进的重要环节"。中央要求各级党委加强对于发展农业生产合作社的领导，贯彻"积极领导，稳步前进"的方针，以推动农业互助合作运动向前发展。中共中央《决议》发表后，一个以初级农业生产合作社为中心的农业合作化运动迅速发展起来。

初级农业生产合作社具有土地入股、统一经营的特点，是一种部分集体所有制的半社会主义性质的经济。在当时生产力发展的条件下，初级农业生产合作社在提高劳动生产率、扩大农业再生产、激发农民生产积极性等方面具有很大的优越性。正是由于初级农业生产合作社适合了当时生产力发展的水平，1954年，它在全国范围内获得了迅速的发展。1953年末全国仅有初级农业生产合作社1.5万个，到1954年底全国有初级农业生产合作社达49.7万多个，是1953年的建社数的33倍。与此同时，合作社的规模也扩大了。1953年每社平均为18.2户，1954年末达到25.7户。这一年，全国已有13个省、自治区、直辖市建成了201个高级社。[①]

1955年7月，党中央召开了省、市、区党委书记会议，毛泽东在会上作了《关于农业合作化问题》的报告，系统地总结了我国农业合作化的历史经验，强调根据农村各阶层农民不同的经济地位和觉悟程度分批吸收入社，注重办社质量，并对合作社的发展速度作出了部署。这个报告的主要倾向是批判农业合作化运动中的右倾，使其成为农业合作化运动发生突变的转折点。会议以后，全国各地对农业社会主义改造的步伐大大加快，包括边远地区、少数民族地区在内的全国广大地区都掀起了农业合作化运动的高潮。我国农村基本上实现了初级形式的农业合作化。1955年底，全国共有高级社1.7万个，入社农户470多万户，占农户总数的4%。

---

① 曾璧钧、林木西主编：《新中国经济史1949—1989》，经济日报出版社1990年版，第59页。

表2-1　1955年下半年农业生产合作社发展情况

项　　目	6 月末	10 月末	11 月末	12 月末
初级农业生产合作社数（万个）	63.4	127.7	158.3	190.5
入社户数（万户）	1692.1	3813.3	4939.6	7545.2
占总户数的比重（%）	14.2	32	41.4	63.3
每社平均户数（户）	26.7	29.9	31.2	39.6

资料来源：曾璧钧、林木西主编：《新中国经济史1949—1989》，经济日报出版社1990年版，第59页。

1956 年，农业合作化运动的主流开始转向高级社发展。这一年，农业生产合作社的总社数逐月减少，与此同时高级社的社数却逐月增加；入社农户数目继续增加，特别是参加高级社的农户比重大大提高。到 1956 年底，参加农业生产合作社的农户数达到 11783 万户，占全国农户总数的比重达到 96.3%，其中加入高级社的农户占全国农户数的 87.8%。这就是说，全国农村已经基本上实现了农业合作化，而且是以高级社为主。至此，我国对农业私有制的社会主义改造基本完成。

表2-2　1956年农业生产合作社发展情况

项　　目	3 月末	6 月末	9 月末	12 月末
初级农业生产合作社数（万个）	108.8	99.4	85.4	75.6
入社农户占总户数的比重（%）	88.9	91.9	94.5	96.3
每社平均户数（户）	98.0	112.4	134.4	155.9
其中：高级社社数（万个）	26.3	31.2	38.0	54.0
入社户数占总户数比重（%）	54.9	63.2	72.7	87.8
每社平均户数（户）	250.1	246.4	232.0	199.0
初级社社数（万个）	82.5	68.2	47.4	21.6
入社户数占总户数的比重（%）	34.0	28.7	21.8	8.5
每社平均户数（户）	49.5	51.1	55.9	48.2

资料来源：曾璧钧、林木西主编：《新中国经济史1949—1989》，经济日报出版社1990年版，第60页。

在对农业进行社会主义改造的过程中，党对富农采取了由限制其剥削到逐渐消灭富农阶级的政策。合作化初期，主要通过发展互助合作运动、对粮食和其他农产品实行统购统销政策等来限制富农经济的发展。当合作化高潮到来后，根据富农的具体表现，允许他们在完全放弃剥削的条件下参加合作社，在生产劳动的过程中改造成为自食其力的劳动者。由于农业合作化的实现，富农参加到农业生产合作社中来，富农作为一个阶级就不复存在了。

（二）对手工业进行社会主义改造

手工业在我国有着悠久的历史，由于中国现代工业不发达，手工业一直占有重要的位置。1952 年国民经济恢复时期结束时，手工业生产总值为 73.1 亿元，全国手工业从业人员 736.4 万人。手工业产值在全国工业总产值中的比重，在 1954 年及以前占比一直超过 23%。但是，一方面个体手工业与个体农业一样，是一种狭小、分散、落后的生产形式，因此党对个体手工业的政策，是提倡组织起来，走合作化的道路；另一方面，个体手工业者由于个人经营在劳动、技术、资金等方面的限制，也确有组织起来的要求。[1]

对个体手工业实行社会主义改造，在中共七届二中全会的《决议》中已经有了明确的方向。《决议》指出："占国民经济总产值百分之九十的分散的个体的农业经济和手工业经济，是可能和必须谨慎地、逐步地而又积极地引导它们向着现代化和集体化的方向发展的，任其自流的观点是错误的。"[2] 在国民经济恢复时期，个体手工业的合作化还处在试点阶段，主要是在同国计民生关系较大的棉织、针织、铁木农具等行业试办手工业合作社，但为数不多。

1953 年，在过渡时期的总路线的指引下，我国的手工业合作化运动进入了普遍发展阶段。1953 年 11 月召开了第三次全国手工业生产合作会议，总结了新中国成立以来手工业合作化的基本经验，提出了对手工业逐步进行社会主义改造的计划。[3]1953 年底，全国共有手工业生产合作社 4629 个，从业人员 27.1

---

[1] 曾璧钧、林木西主编：《新中国经济史 1949—1989》，经济日报出版社 1990 年版，第 61 页。

[2] 《毛泽东选集》第四卷，人民出版社 1991 年版，第 1432 页。

[3] 《朱德选集》，人民出版社 1983 年版，第 321、322 页。

万人，占全国手工业从业人员的 3.5%；产值 4.86 亿元，占全国手工业总产值的 5.3%。[①]1954 年 6 月，中共中央批准了这次会议的报告，并发布了《加强手工业工作的领导》的指示，要求各级人民政府应将手工业视为地方工业的一个重要组成部分，迅速设立管理手工业的机构，并帮助手工业合作社逐步建立各级联社。1954 年手工业合作化得到了很快的发展，手工业生产合作组织的总产值 1954 年为 11.6 亿元，比 1953 年约增加 1.1 倍左右。

手工业合作化的快速发展，暴露出了手工业和大工业、手工业和农副业的供产销矛盾，农村手工业与城市手工业的矛盾等多方面的矛盾。为了解决这些矛盾，1954 年 12 月，召开了第四次全国手工业生产合作会议，总结了一年来手工业合作化的经验，根据新的情况，确定手工业社会主义改造的方针是：统筹兼顾，全面安排，积极领导，稳步前进。会议决定，1955 年手工业社会主义改造的中心任务是：把手工业主要行业的基本情况继续摸清楚，分别轻重缓急，按行业拟定供产销和手工业劳动者的安排计划，以便有准备、有步骤、有目的地进行改造；整顿、巩固和提高现有社（组），每一县（市）要分别总结出主要行业的社会主义改造和整顿社的系统的典型经验，为进一步开展手工业社会主义改造工作奠定基础。在上述两项工作的基础上，从供销入手，适当发展新社（组）。实际上，1955 年手工业合作化发展得很快。到 1955 年底，全国手工业合作社发展到 20928 个，从业人员 97.6 万人，占全国手工业从业人员的 11.9%；产值 13.01 亿元，占全国手工业总产值的 12.9%。[②]

1955 年 7 月 31 日，毛泽东作了《关于农业合作化问题》的报告后，在农村很快掀起了社会主义高潮，并带动了资本主义工商业社会主义改造的高潮，形势逼人，手工业的社会主义改造同样加快了速度。同年 12 月 5 日，中共中央召开座谈会，刘少奇传达毛泽东的指示，要求加快社会主义改造和社会主义建设

[①]　曾壁钧、林木西主编：《新中国经济史 1949—1989》，经济日报出版社 1990 年版，第 61 页。

[②]　柳随年、吴群敢主编：《中国社会主义经济简史》（1949—1983），黑龙江人民出版社 1985 年版，第 125 页。

的步伐。1956 年 1 月 7 日，中共中央批转了第五次全国手工业生产合作会议拟定的规划，总的要求是：1956 年组织起来的社（组）员达到全国手工业人员总数的 70%，1957 年达到 90%，1959 年到 1960 年全部组织起来。[①] 统计资料表明，到 1956 年底，合作化手工业人数占手工业者总数的比重从 1955 年的 26.9% 上升为 91.7%；合作化手工业产值占手工业总产值的比重从 1955 年的 19.9% 上升为 92.9%。这一年，手工业生产合作社数量达到 74000 个，社员占手工业从业人员的 73.6%，产值占手工业总产值的 86.2%。

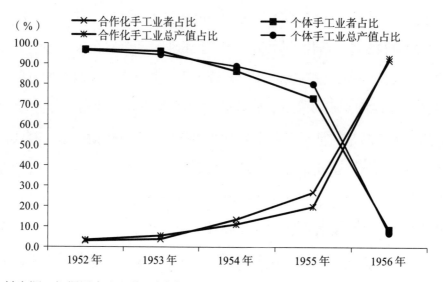

资料来源：根据周太和主编：《当代中国的经济体制改革》，中国社会科学出版社 1984 年版，第 29 页数据绘制。

图 2-4　1952—1956 年手工业合作化的发展情况

表 2-3　1952—1956 年手工业生产合作社发展情况

	1952 年	1953 年	1954 年	1955 年	1956 年
社数（个）	3280	4629	11741	20928	74000
社员占手工业从业人员总数（%）	3.0	3.5	6.7	11.9	73.6
产值占手工业总产值（%）	3.4	5.3	8.2	12.9	86.2

资料来源：中国人民解放军国防大学党史党建政工教研室编：《中共党史教学参考资料》，第 21 册，第 517 页。

---

① 苏星：《新中国经济史》（修订本），中共中央党校出版社 2007 年版，第 252 页。

至此，基本上完成了手工业的社会主义改造。但手工业合作化和农业、资本主义工商业的社会主义改造一样，也有一些失误，主要表现在：手工业合作化的时间过于短促、盲目地推行集中生产和统一计算盈亏、手工业社会主义改造的面过宽等问题。针对这些情况，1956 年 2 月，在国务院发布的《关于目前私营工商业和手工业的社会主义改造中若干事项的决定》中指出："参加合作的个体手工业户，必须保持他们原有的供销关系，一般应该在一定的时间内暂时在原地生产，不要过早过急地集中生产和统一经营。手工业中的某些分散、零星的修理业和服务业，应该长期保留他们原有的便利群众、关心质量的优点。某些具有优良历史传统的特殊工艺，必须加以保护。某些适合于个体经营而自己又不愿参加合作社的手工业户，应该维持他们原有的单独经营方式。"[1]根据中共中央的指示精神，盲目集中合并组成的手工业合作社，很大一部分改成了合作小组。

（三）对资本主义工商业进行社会主义改造

从 1949 年 10 月到 1956 年底，我国对资本主义工商业改造大致经历了两个阶段。1949—1952 年，对资本主义改造的主要内容是在新民主主义理论和政策指导之下，改造私营工商业从旧社会带来的不符合新民主主义社会要求的弊病，目的是达到有利于国计民生和在国营经济领导下的"分工合作，各得其所"。这个阶段，党对私营工商业采取的方针，也是在上述原则下实行"公私兼顾，劳资两利"。从 1953—1956 年，对资本主义工商业改造的内容是以"改造"之名而行"消灭"之实，党主要通过"公私合营"形式逐步地消灭了私人资本主义经济。[2]

1952 年底至 1953 年初，毛泽东提出向社会主义过渡的问题，并开始考虑过渡的具体方式。1953 年 12 月，党中央正式公布了过渡时期的总路线，把对

---

① 《中华人民共和国法规汇编》(1956 年 1—6 月)，法律出版社 1956 年版，第 275 页。

② 顾龙生主编：《中国共产党经济思想史 1921—2011》增订本（上册），山西经济出版社 2014 年版，第 327—328 页。

资本主义工商业的社会主义改造作为一项主要内容提了出来，并在 1954 年的中华人民共和国第一部宪法中以法律的形式规定下来。即："国家对资本主义工商业采取利用、限制和改造的政策。国家通过国家行政机关的管理、国营经济的领导和工人群众的监督，利用资本主义工商业的有利于国计民生的积极作用，限制它们的不利于国计民生的消极作用，鼓励和指导它们转变为各种不同形式的国家资本主义经济，逐步以全民所有制代替资本家所有制。"至此，中国共产党对资本主义工商业的社会主义改造的道路终于明确化和具体化了。[①]

按照上述思路，对资本主义工商业进行社会主义改造的运动在全国迅速开展起来了。它可分为初级形式的国家资本主义和高级形式的国家资本主义两个发展阶段。其中，初级形式是指国营经济同资本主义经济通过订立合同，在企业外部的流通过程建立起联系，使资本主义企业在生产经营、剥削程度等方面受到一定限制，并在一定程度上被纳入了国家计划的轨道；高级形式的国家资本主义是公私合营。

1954 年 9 月 2 日，政务院第 223 次会议通过了《公私合营工业企业暂行条例》（以下简称《条例》），6 日正式公布。《条例》通过法律的形式，使公私合营的政策原则更加明确和完备，提高了资产阶级公私合营的积极性，加快了资本主义工商业社会主义改造的步伐。1955 年 11 月 16 日至 24 日，中央政治局召集各省、自治区和有 50 万以上人口的大中城市负责同志会议，讨论对资本主义工商业改造的问题。会议讨论通过了毛泽东主持起草的《中共中央七中全会关于资本主义工商业改造问题的决议（草案）》，确定把对资本主义工商业的社会主义改造从个别企业的公私合营推进到全行业的公私合营阶段，并指出这种全行业的公私合营，"是资本主义所有制过渡到完全的社会主义公有制的具有决定意义的重大步骤。在这样的情况下的公私合营企业，那就不仅是半社会主义的，用列宁的话来说，那'就已经是四分之三的社会主义了'"。[②]

---

① 张雷声、董正平主编：《中国共产党经济思想史》，河南人民出版社 2006 年版，第 199 页。

② 《建国以来重要文献选编》第八册，中央文献出版社 1994 年版，第 149 页。

1956 年 1 月后，从北京开始，在全国范围内出现了全行业公私合营的高潮。到 1956 年底，公私合营企业在工业总产值中的占比从 1949 年的 2.0% 提升至 32.5%，资本主义工业（自产自销部分）全部清除（如表 2-4 所示）；私营商业商品批发额占比从 1950 年的 76.1% 下降至 0.1%，私营商业商品零售额占比从 1950 年的 85.0% 下降至 4.2%（如表 2-5 所示）。至此，对资本主义工商业的社会主义改造基本完成。

表 2-4　1949—1956 年各种经济成分在工业总产值中占比变化　单位：%

年份	社会主义工业	国家资本主义工业	其中		资本主义工业（自产自销部分）
			公私合营	加工订货	
1949 年	34.7	9.5	2.0	7.5	55.8
1950 年	45.3	17.8	2.9	14.9	36.9
1951 年	45.9	25.4	4.0	21.4	28.7
1952 年	56.0	26.9	5.0	21.9	17.1
1953 年	57.5	28.5	5.7	22.8	14.0
1954 年	62.8	31.9	12.3	19.6	5.3
1955 年	67.7	29.3	16.1	13.2	3.0
1956 年	67.5	32.5	32.5	——	——

资料来源：曾璧钧、林木西主编：《新中国经济史 1949—1989》，经济日报出版社 1990 年版，第 73 页。

表 2-5　1950—1955 年批发商业和零售商业中各种经济类型占比变化　单位：%

年　份	1950	1951	1952	1953	1954	1955	1956
商业企业商品批发额							
国营商业	23.2	33.4	60.5	66.3	83.8	82.2	82.0
供销合作社	0.6	1.0	2.7	2.9	5.5	12.6	15.2
国家资本主义及合作化商业	0.1	0.2	0.5	0.5	0.5	0.8	2.7
私营商业	76.1	65.4	36.3	30.3	10.2	4.4	0.1
商业企业商品零售额							
国营商业及供销合作社	14.9	24.4	42.6	49.7	69.0	67.6	68.3
国家资本主义及合作化商业	0.1	0.1	0.2	0.4	5.4	14.6	27.5
私营商业	85.0	75.5	57.2	49.9	25.6	17.8	4.2

资料来源：曾璧钧、林木西主编：《新中国经济史 1949—1989》，经济日报出版社 1990 年版，第 76 页。

由于后期工作过快过急，出现了一些失误和偏差，毛泽东、刘少奇、周恩来、陈云等都有所觉察并做了一些工作，中共中央也发出了一系列指示，逐步完善对资本主义工商业改造的方针、政策和办法。

专栏2-3:《公私合营工业企业暂行条例》主要内容

（1）由国家或者公私合营企业投资并由国家派干部同资本家实行合营的工业企业，是公私合营企业。公私合营企业是在社会主义经济直接领导下的、社会主义成分与资本主义成分直接合作的半社会主义企业。公方居于领导地位，私方接受公方的领导。对资本主义企业实行公私合营，应根据国家的需要、企业改造的可能性以及资本家的资源，采取积极而又稳妥的方针。合营时应包括企业原有的实有财产，不允许有任何分散资产、逃避资金的行为。对企业原有财产的估价，应根据公平合理的原则，实事求是地进行。

（2）私方代表应在公方领导下合理地行使其职权，守职尽责。公方代表应重视私方代表的意见，积极地耐心地帮助他们在工作上做出成绩，并使他们在思想上、作风上逐步得到改造。私方代表如有合公营私和其他违法行为，应进行必要的斗争，并依法处理。

（3）对企业原有的实职人员，应量才使用，使之各得其所。对于工程技术人员和其他专家，应充分加以爱护，发挥其专长，并通过他们的生产和技术实践，耐心地帮助他们进行自我教育。对丧失工作能力的老弱人员，参照劳保条例或其他办法，给予适当照顾。

（4）合营企业吸收工人代表参与管理，企业管理制度的改革要稳步进行，逐步代之以先进的经营管理制度。

（5）合营企业当年的利润，在依法缴纳所得税后，应根据企业公积金、企业奖励和股东红利三个方面合理分配。私股的股息、红利加上董事、经理和厂长的酬劳金，可占企业全年利润的25％。私股所得，由个人自行支配。

（6）合营企业的董事会是公私双方的协商议事机关，应定期举行会议，对企业的生产经营、盈余分配及有关公私关系等主要事项进行协商。

（7）有关公私关系的问题，由公私双方代表协商处理。在重大问题上发生争议时，应报请人民政府主管机关解决，也可以提交合营企业的董事会协商后报请人民政府主管机关核定。

四、社会主义经济制度的确立和计划经济体制的建立

1956 年，生产资料私有制的社会主义改造的基本完成，表明中国的社会经济制度发生了根本变化。1956 年 9 月，中国共产党第八次全国代表大会召开，刘少奇代表中共中央在会上正式宣布，经过 1955 年下半年和 1956 年上半年的社会主义改造高潮，"我国的农业、手工业、资本主义工商业的社会主义改造，现在已经取得了决定性的胜利"，我国"几千年来阶级剥削制度的历史已经基本上结束，社会主义的社会制度在我国已经基本上建立起来了"[1]。社会主义经济制度的建立标志着我国已经实现了从新民主主义向社会主义的转变，从而使我国社会的主要矛盾、生产关系、经济体制等也都相应发生了根本性变化。

（一）对中国社会主要矛盾的理解

对主要矛盾的分析和判断决定了党和国家在这一时期的工作重心，决定了社会在这一时期的基本走向，因而是一个极其重要的问题。党对中国社会的主要矛盾的分析一直相当看重，并进行了认真研究。[2]

在过渡时期的头三年，经济建设工作和阶级斗争两方面呈交织状态，它决定了主要矛盾和党在这一时期的中心工作也具有两面性：既要讲经济建设，又要讲阶级斗争，两者相提并论，同时进行，在某种程度上，经济建设讲得更多

---

[1] 《建国以来重要文献选编》第九册，中央文献出版社 1994 年版，第 44 页。

[2] 张雷声、董正平主编：《中国共产党经济思想史》，河南人民出版社 2006 年版，第 203 页。

一些，阶级斗争服从并服务于经济建设目标。[①]国民经济恢复期结束后，1953年过渡时期的总路线宣布了在过渡时期的总任务是："逐步实现国家的社会主义工业化，并逐步实现国家对农业、手工业和资本主义工商业的社会主义改造。"但在实际过程中，社会主义改造则占压倒性优势。这是因为，随着国民经济的顺利恢复，新生政权的日益巩固，人民民主专政的国家到了可以明确宣布向社会主义过渡的时候了。为了堵住资产阶级想进一步发展资本主义的可能性，并更好地配合"一五"计划的顺利实施，党必须及时采取坚决措施来解决是走资本主义道路还是走社会主义道路的问题，也就是说，无产阶级同资产阶级之间的矛盾开始上升为国内的主要矛盾。因此，1953年开始，党始终把主要目光和主要精力放在阶级斗争和生产资料私有制改造上。[②]

社会主义改造结束后，社会主义经济制度在全国范围内确立下来，阶级斗争退居到全党工作的第二位，经济建设提上了首要日程，全国的主要矛盾也要相应发生变化，全党和全国人民的工作重心必须相应作出调整，中共八大明确提出了以保护和发展生产力为中心的战略任务。[③]虽然在1949年革命胜利后，中国共产党就紧抓经济工作，努力恢复和发展国民经济，但那时社会改造和经济工作是齐头并进的。到了1956年社会主义经济制度在全国已经建立起来后，中共八大才第一次明确提出了要集中主要精力全面建设社会主义，从而为我国进入全面探索建设社会主义的时期打下了良好的基础。

（二）计划经济思想及计划经济体制的建立

1949年到1956年，不仅是我国成功实现由生产资料私有制转向生产资料公有制的七年，而且也是我国高度集中的计划经济体制逐步成形并最终建立起来的七年。

新中国成立以后，一直到1953年上半年的这段时期里，由于对农业、手工

---

① 张雷声、董正平主编：《中国共产党经济思想史》，河南人民出版社2006年版，第205页。

② 同上书，第205—206页。

③ 《建国以来重要文献选编》第九册，中央文献出版社1994年版，第340—342页。

业和资本主义工商业的社会主义改造尚未完成，私有制在国民经济中还占有相当大比重，因此党在对国营经济实行直接的计划管理时，对比重很大的城乡个体经济和资本主义经济，还是由市场调节起基本的和主要的作用，市场的色彩在逐渐淡化，计划的色彩逐渐浓起来。从 1953 年到 1956 年，我国开始实行有计划的经济建设。这一时期由于"一五"重点建设的迅速发展，以及对农业、手工业和资本主义工商业社会主义改造的顺利完成，社会主义经济成分在国民经济中占据绝对统治地位，国民经济恢复时期初步建立起来的以集中统一为特色的经济运行机制，不但延续了下来，而且得到进一步完善和加强。到 1956 年年底，我国高度集中的计划经济体制完全成形。[1]

（三）主要农产品的统购统销政策

1953 年粮食供求出现紧张的局势，形势不断恶化，毛泽东敦促中财委拿出切实可行的办法。在这种情况下，陈云在 1953 年 10 月 10 日全国粮食紧急会议上作《实行粮食统购统销》的讲话，并指出只能实行农村征购、城市配给的办法。11 月 19 日，第 194 次政务会议通过《关于实行粮食计划收购和计划供应的决定》，决定在全国（除西藏和台湾外）城乡开始实行粮食统购统销的政策。1954 年 9 月 9 日，政务院又发布《关于实行棉布计划收购和计划供应的命令》《关于棉花计划收购的命令》，将统购统销的范围进一步扩展到棉花、棉布上。到 1956 年 10 月，除粮、棉、油统购统销外，烤烟、黄麻等多种农林产品，也都纳入统购统销的范围中。[2]

实行统购统销政策，大大缓和了粮食市场供不应求的矛盾，保证了国家需要和人民生活的供应，稳定了市场和社会秩序。从当时大规模、有计划经济建设的实际出发，这是唯一可行的办法。但统购统销的实质是以农补工，这一政策对农民的利益有所损害，因而对提高农民的生产积极性和发展农业都有一定的抑制作用。[3]

---

① 张雷声、董正平主编：《中国共产党经济思想史》，河南人民出版社 2006 年版，第 213—214 页。

② 同上书，第 216 页。

③ 同上书，第 217 页。

专栏 2-4：党和政府为保证粮食统销政策的实施而推出的管理举措

（1）一切有关粮食经营和加工的国营、地方国营、公私合营和合作社经营的商店和工厂，必须统一归当地粮食机关领导，使事权专一集中。

（2）对于私营粮商，必须采取严格管制的办法。所有私营粮店一律不许自由经营粮食，但可以在国家严格监督下，由国家粮食机关委托办理代国家销售粮食的业务，即只能起代售店的作用。

（3）所有私营加工厂一律由国家粮食部门委托加工，或介绍给消费户按照国家规定的精度从事加工，不得自购原料，自销成品。

（4）一切非粮食商禁止跨行跨业兼营粮食。

（四）对初步奠定国家工业化基础的方针及计划的探讨

1. 新中国成立初期对社会主义工业化的设想

由农业国向工业国的转变，是中国共产党不懈追求的目标。1953 年通过的党在过渡时期的总路线明确规定，社会主义建设的中心任务就是实现社会主义工业化，一切工作都要围绕着它来进行。但在中国当时的历史条件下，如何实现这一任务，则是一个非常复杂的问题。如何开辟出一条适合中国国情的工业化道路，中国共产党进行了艰辛探索，提出了很多宝贵的思想。陈云和刘少奇认为应该优先发展农业、轻工业，再发展重工业，将发展农业放在首位才能为工业积累资金和从国外换回工业设备。然而，周恩来、毛泽东等人则更加看重重工业在国民经济中的重要地位，坚持优先发展重工业。1953 年 6 月至 8 月，全国财经工作会议从党内统一了优先发展重工业的认识。同年 9 月，周恩来在全国政协会议上的讲话和中央人民政府委员会扩大会议统一了党外人士对优先发展重工业的意见。①

1953 年 12 月，毛泽东亲自审阅和修改了《关于党在过渡时期总路线的学

---

① 张雷声、董正平主编：《中国共产党经济思想史》，河南人民出版社 2006 年版，第 218—221 页。

习和宣传提纲》，对积累和消费的关系进一步作了详细的解释：由于工业化要以发展重工业为重点，而重工业需要的资金多，盈利较少较迟，产品不能直接满足人民的消费需要，所以在工业化时期不能不节衣缩食，艰苦奋斗。要批判一切违反总路线的错误思想，如认为我国可以不要工业化，不忙于工业化，可以降低工业化速度，可以不以发展重工业为中心，认为工业化对农民和一般人民不利，认为有了苏联的援助，我们的工业化就不重要等思想。①

2."一五"计划体现的党的工业化思想

第一个五年计划的编制和实施，是中国共产党经济思想发展史上的一个里程碑，体现了党关于国民经济发展的思想和方针、政策。"一五"计划从1952年着手编制，到1955年提交第一届全国人民代表大会第二次会议审议通过，前后历时三年多，经历过五次重大修改和充实，毛泽东、刘少奇、周恩来、陈云、朱德等党的领导人，都曾经亲自参与编制工作，党的高级干部也都参加了讨论，苏共也派代表提出了意见，可以说，"一五"计划集中体现了党关于国民经济发展的思想，是当时党的集体智慧的结晶。②"一五"计划反映了党当时的最高经济理论水平，其内容主要反映出党关于国民经济发展的思想。

一是优先发展重工业的思想。中共中央在着手编制"一五"计划时，即根据当时我国经济非常落后、工业基础相当薄弱的状况，提出要把优先发展重工业作为"一五"计划的重点。陈云在1954年6月向中央报告时说："五年内，我国轻工业与重工业的投资比例为1∶7.3。"实际上，"一五"计划中，国家基本建设投资中用于工业的比重为58.2%，而其中用于重工业投资又占工业的投资的88.8%，轻重工业的投资比例大体是1∶9。根据"一五"计划指标，工业总产值平均每年增长14.7%，而其中重工业产值平均每年增长17.8%。到1957年，在工业总产值中，生产资料与消费资料的比重将由1952年的39.7∶60.3变

---

① 张雷声、董正平主编：《中国共产党经济思想史》，河南人民出版社2006年版，第221页。

② 顾龙生主编：《中国共产党经济思想史1921—2011》增订本（上册），山西经济出版社2014年版，第289页。

为 45.5∶54.5。①

二是有计划按比例发展的思想。在积累与消费关系方面，毛泽东、刘少奇、周恩来、陈云等主要领导人多次强调要二者兼顾；在农、轻、重之间的比例关系上，重工业占绝对优势，轻工业与重工业之间的投资比例规定为 1∶9；在公私经济发展比例关系方面，"一五"计划贯彻党在过渡时期的总路线，制定了农业、手工业和资本主义工商业的社会主义改造计划；在工业部门之间、地区之间以及工业与交通运输之间的发展比例关系上，"一五"计划贯彻综合平衡的思想，坚持三个平衡：财政收支平衡、技术力量平衡、购买力与商品供应平衡；其中，在地区工业布局上，"一五"计划尤其注意改变旧中国遗留下来的工业布局过于集中于沿海的格局，既注意合理利用东北及沿海城市已有的工业基础，更注意华北、西北、华中新工业区的建设，以使工业区接近原料、燃料产区和消费地区，并有利于巩固国防，提高落后地区的经济水平。"一五"计划的 694 个限额以上的工业投资项目中，有 222 个放在东北和沿海，472 个放在内地。②

三是积极利用外援的思想。"一五"计划中，党在坚持自力更生的原则下，积极争取利用外援。1952 年 8 月，陈云、李富春率团访苏，在征求苏联对我国"一五"计划意见的同时，积极商谈苏联援助的具体项目。"一五"计划期间，苏联共帮助我国新建和改造 156 项重点工程，1954 年又向我国提供了 5 亿卢布的低息长期贷款，并派大量专家来华，帮助我国进行经济建设。"一五"计划还准备五年内向苏联和东欧人民民主国家派出 1 万人左右的留学生，以及大批实习人员。③

四是快速发展经济的思想。"一五"计划是在我国经济非常落后而又受到西方国家封锁禁运的情况下编制的，因此，编制中始终贯彻了尽可能加快经济发

---

① 张雷声、董正平主编：《中国共产党经济思想史》，河南人民出版社 2006 年版，第 223 页。

② 同上书，第 223—224 页。

③ 顾龙生主编：《中国共产党经济思想史 1921—2011》增订本（上册），山西经济出版社 2014 年版，第 292 页。

展速度的思想。1952年编制"五年计划轮廓草案"时，曾根据三年经济恢复期的发展速度（工业年均增长34.8%，农业年均增长14.1%），提出工业年均增长20%，农业年均增长7%的目标，后来根据苏联的建议，以及1953年和1954年经济计划执行的实际情况，将指标有所下调。但到"一五"计划出台时，其各项经济增长指标仍然很高，结果使整个"一五"期间国民经济始终处于紧张运行状态。尽管如此，"一五"计划的经济增长指标还是如期和超额完成了。①

总体来看，"一五"计划充分体现了中央提出的积极平衡思想。平衡之中有重点，保证重点使国民经济有些紧张，但又不致破坏国民经济的整体运行，因此在一定意义上又是可行的，在实践中也取得了较好效果，达到了预期的目标。

3. 1956年的急躁冒进倾向与稳步前进思想

1955年下半年后，由于党内批判右倾保守思想，社会主义三大改造步伐加快，推动了工业化的发展。由于1955年年底到1956年年初批判右倾保守思想，国务院各部修改了1955年夏季在北戴河汇报时提出的长期计划指标，各项经济指标全面大幅攀升，离当时的生产力水平越来越远，最终导致实际建设中的投资过热，国民经济运行十分紧张。

针对这种情况，党内部分同志提出了综合平衡、稳步发展的"反冒进"思想。1956年1月20日，周恩来在党中央召开的知识分子问题会议上呼吁：不要搞那些不切实际的事情，要"使我们的计划成为切实可行的、实事求是的计划，而不是盲目冒进的计划"。②1956年6月10日，在刘少奇主持下中共中央政治局通过1956年的预算报告初稿，后修改稿中提出："生产的发展和其他事业的发展都必须放在稳定可靠的基础上。在反对保守主义的时候，必须同时反对急躁冒进的倾向，而这种倾向在过去几个月中，在许多部门和许多地区，都已经发生了。急躁冒进的结果并不能帮助社会主义事业的发展，而只能招致损失。"③

---

① 张雷声、董正平主编：《中国共产党经济思想史》，河南人民出版社2006年版，第224页。
② 《建国以来重要文献选编》第八册，中央文献出版社1994年版，第130—131页。
③ 同上书，第352页。

专栏2-5：《要反对保守主义，也要反对急躁情绪》

中宣部根据1956年5月中央会议要求起草的社论，题为《要反对保守主义，也要反对急躁情绪》，于6月10日脱稿，先后经过陆定一、刘少奇、胡乔木几人修改。陆定一删掉了颂扬反保守主义的几句话；刘少奇对四处做了文字修改，都是加重语气，以揭示冒进的危害性；胡乔木在修改时，则补充了几个急躁冒进、脱离实际的例子，其中之一就是："双轮双铧犁的计划订得太高，没有考虑到南方水田的条件，以致在南方许多地方大量积压。"另外，社论还指出："急躁冒进所以成为严重的问题，是因为它不但存在下面的干部中，而且首先存在上面各系统的领导干部中，下面的急躁冒进有很多就是上面逼出来的。"社论于6月20日在《人民日报》头版头条的位置刊出，可以说，正像"农业发展纲要"是冒进思想的代表作一样，它是当时党内反冒进思想的代表作。

（五）社会主义改造基本完成后党对经济体制的新认识

1955年底毛泽东首先提出了反对照抄苏联的办法、探索中国式的社会主义建设道路的问题。党的八大前后，毛泽东与党和国家的其他领导人对此作了一系列探索，理论界也对社会主义经济范畴作了新的探讨，中共中央和国务院提出了经济体制改革的初步方案。尽管由于种种原因，这些探索与此后的实践出现了一个巨大的落差，但回顾这一探索过程，仍有助于理解历史发展的复杂和社会主义经济体制的内涵。

1. 探索社会主义经济体制问题的提出

（1）三大改造基本完成后出现的新问题。

中国共产党长期以来将以单一的生产资料公有制为基础、以高度集中统一管理的计划经济为特征的社会制度作为追求和奋斗的目标。然而由于这一计划经济体制并不符合中国国情，而且在社会主义改造后期的工作中又有要求过急、工作过粗、改变过快、形式也过于简单划一的缺陷，几大改造基本完成后，在实际经济工作中出现了一系列新问题，这些问题在农业、轻工业和商业、服务行业方面反映得最显著。

在农业方面，由于农业合作化后期，放弃了初期制定的比较稳妥的农业社会主义改造的计划，背离了合作经济的性质和农业生产的特点，挫伤了广大农民的生产积极性，使农业生产的增长幅度下降。在农村经济中，农村副业的问题尤为突出，从 1953—1957 年，农村副业的年递增率只有 4.5%，比三年恢复时期的年递增率 14.5% 低 10 个百分点。[①] 在轻工业生产中，由于采用加工订货、统购包销的办法，切断了轻工业生产和市场的联系，严重地影响了轻工业企业提高质量、增加品种，且在裁并改组和企业改革中也产生了盲目合并企业使企业协作中断等一些新问题，影响了私方人员生产技术和经营管理知识的发挥。[②] 农业、轻工业及服务行业中出现的上述问题，主要产生于经济发展中管得过严、集中过多的偏向，而这些偏向又直接来自商业领域的限制。

除了农业、轻工业以及商业、服务行业等方面的问题较早就反映得比较充分和直观之外，三大改造完成以后，在基本上单一的公有制作用下，全国的经济活动大都纳入中央的计划，地方的机动性很小，企业产供销没有自主权，只强调实行计划经济体制，而完全忽视、否定市场机制的作用所存在的弊端，在企业物价调控力、经济发展活力、投资自主权等其他各方面也日益暴露出来。这些弊病越来越严重地影响国民经济发展。[③]

（2）对经济体制弊病的深入调查。

在 1955 年下半年社会主义改造的高潮中，中共中央和国务院就觉察到了经济管理体制的弊病，中共中央农村工作部、国务院的有关部、委、办都曾就三大改造中出现的问题到基层调查研究，向中央报告，并提出了纠正改造过程中

---

①② 顾龙生主编：《中国共产党经济思想史 1921—2011》增订本（上册），山西经济出版社 2014 年版，第 369 页。

③ 同上书，第 370 页。

工作粗糙、简单行事产生的一些偏差的意见和建议。

从 1955 年 12 月起，毛泽东和刘少奇等中央领导人抽出大量时间从事调查研究，主要了解经济工作情况，对高度集中的经济体制的弊病有了更具体、更深入的认识，集中体现在两个方面：关于国家、集体、个人的权利、责任、利益分配问题；国家对经济和其他事业的管理体制问题，主要是中央和地方的关系问题。而管理体制上反映的问题，都涉及如何看待苏联的经济体制。①

2. 对适合中国国情的经济体制的探索

（1）党和国家主要领导人的探索。

1956 年初，在生产资料私有制的社会主义改造不断取得胜利的形势下，中共中央开始把党和国家工作的着重点向社会主义建设方面转移。社会主义建设，从 1953 年执行第一个五年计划算起，已有 3 年多的实践经验。对于苏联经济建设中的一些缺点和错误也逐步有所了解。以苏联的经验教训为鉴戒，总结自己的经验，探索一条适合中国国情的建设社会主义道路的任务，已经提到了中国共产党面前。

1956 年 2 月后，毛泽东用了两个多月的时间先后听取了中央 34 个部委的汇报，汇报的内容主要是有关经济建设问题的调查研究。关于正确处理十大关系的思想，就是在这个基础上，经过中央政治局的几次讨论，由毛泽东集中概括出来的。同年 4 月 25 日，毛泽东在政治局扩大会议上作了《论十大关系》的报告，总结了我国社会主义建设的经验，提出了调动一切积极因素为社会主义建设事业服务的基本方针，对适合中国情况的社会主义建设道路进行了初步的探索。毛泽东《论十大关系》的报告明确了建设社会主义的根本思想是必须根据本国情况走自己的道路。

---

① 顾龙生主编：《中国共产党经济思想史 1921—2011》增订本（上册），山西经济出版社 2014 年版，第 374—375 页。

专栏 2-6：论十大关系

1956 年 4 月 25 日，毛泽东在中央政治局扩大会议上作了《论十大关系》的讲话。毛泽东《论十大关系》的讲话，初步总结了中国社会主义建设的经验，提出了探索适合中国国情的社会主义建设道路的任务，明确了建设社会主义的根本思想是必须根据本国情况走自己的道路。

（1）在重工业和轻工业、农业的关系问题上，要用多发展一些农业、轻工业的办法来发展重工业；

（2）在沿海工业和内地工业的关系问题上，要充分利用和发展沿海的工业基地，以便更有力量来发展和支持内地工业；

（3）在经济建设和国防建设的关系问题上，在强调加强国防建设的重要性时，提出把军政费用降到一个适当的比例，增加经济建设费用，只有把经济建设发展得更快了，国防建设才能够有更大的进步；

（4）在国家、生产单位和生产者个人的关系问题上，三者的利益必须兼顾，不能只顾一头，既要提倡艰苦奋斗，又要关心群众生活；

（5）在中央和地方的关系问题上，要在巩固中央统一领导的前提下，扩大地方的权力（即权力下放给地方），让地方办更多的事情，发挥中央和地方两个积极性；

（6）在汉族与少数民族的关系问题上，要着重反对大汉族主义，也要反对地方民族主义，要诚心诚意地积极帮助少数民族发展经济建设和文化建设；

（7）在党和非党的关系问题上，共产党和民主党派要长期共存，互相监督；

（8）在革命和反革命的关系问题上，必须分清敌我，化消极因素为积极因素；

（9）在是非关系问题上，对犯错误的同志要实行"惩前毖后，治病救人"的方针，要允许人家犯错误，允许并帮助他们改正错误；

（10）在中国和外国的关系问题上，要学习一切民族、一切国家的长处，包括资本主义国家先进的科学技术和科学管理方法，要反对不加分析地一概排斥或一概照搬。

（2）中共八大提出处理若干重大经济关系的原则。

1956年下半年，中共中央围绕着探索社会主义建设新道路的主题，组织有关部门、各个方面的人士进行讨论，提出了许多宝贵的意见。这些探索的成果集中反映在1956年9月召开的中国共产党第八次全国代表大会的文件和一系列讲话中。在广泛调查研究，探索适合中国国情的经济体制的基础之上，《中共中央委员会向第八次全国代表大会的政治报告》(以下简称《政治报告》)和这次大会关于《政治报告》的决议中正式提出了处理若干重大经济关系的原则，主要有以下几方面内容：

一是必须把中央各经济部门的积极性和地方经济组织的积极性正确地结合起来。国家的许多工作，例如，农业、小型和中型的工业、地方的运输事业、地方的商业、地方的财政等，中央只应当提出一般的方针、政策和大体的规划，具体工作应当交由地方因地制宜、因时制宜地去部署办理。在中央和地方的关系上，既须发挥中央各经济部门的积极性，又须发挥地方的积极性；既须纠正地方经济事业中盲目发展的偏向，又须纠正对地方经济事业注意不够和限制过多的偏向。

二是一部分产品的生产不列入国家计划，按原料和市场的情况进行生产。决议指出：随着社会主义改造的胜利，全国工农业产品的主要部分都将列入国家计划，由生产单位按照计划进行生产。但是为了适应社会的多方面需要，在国家计划许可的范围内，有一部分产品将不列入国家计划，而由生产单位直接按照原料和市场的情况进行生产，作为计划生产的补充。国家对于这一部分产品的生产只从供销关系上加以调节，或者只规定参考性的指标。《政治报告》具体指出：对于轻工业产品，应当严格地执行按质分等论价的政策，并且在一部分产品中逐步地推行选购制度。

三是以国家市场为主体，以自由市场为补充。决议指出：在商业方面，我国已经形成了社会主义的统一市场，为了适合新的经济情况和人民的需要，这种社会主义的统一市场应当以国家市场为主体，同时，附有一定范围内的国家领导下的自由市场，作为国家市场的补充。为此，必须采取相应的措施，改进购销关系和市场管理办法，取消过严过死的办法，并且合理地调整物价，实行正确的价格政策以利于商品流通的扩大和工农业生产的发展。

四是根据各行各业的具体情况，正确地解决集中经营和分散经营的问题。决议指出：社会主义经济的主体是实行集中经营的，但是也需要有一定范围的分散经营作为补充。中共八大《政治报告》特别指出：在发展农村副业生产的问题上，应当照顾到合作社集体经营和社员家庭经营的必要分工，使两方面的积极性都得到合理的发挥。

五是应该保证企业在国家的统一领导和统一计划下，有适当的自主权利。中共八大《政治报告》强调了工业企业管理制度的改进问题，其指出：企业领导工作的改进，不仅需要企业本身的努力，而且需要上级国家机关的努力。应当保证企业在国家的统一领导和统一计划下，在计划管理、财务管理、干部管理、职工调配、福利设施等方面，有适当的自治权利。

中共八大除了在上述中央和地方的关系、计划管理、市场建设、经营方式、企业自治等方面提出了旨在改变高度集中的经济管理体制的原则意见外，更重要的是对中国社会经济的基本形势作了新的估计。正如决议所指出的："我们党领导中国人民，已经完成了资产阶级民主革命，并且基本上取得了社会主义革命的胜利，这就使我国出现了一种完全新的社会面貌。""我们国内的主要矛盾，已经是人民对于经济文化迅速发展的需要同当前经济文化不能满足人民需要的状况之间的矛盾。这一矛盾的实质，在我国社会主义制度已经建立的情况下，也就是先进的社会主义制度同落后的社会生产力之间的矛盾。党和全国人民当前的主要任务，就是要集中力量来解决这个矛盾，把我国尽快地从落后的农业国变为先进的工业国。"这一段话尽管在"先进的社会制度同落后的社会生产力"之叙述上存在理论与逻辑上的缺陷，但是它明确地将发展社会生产力作为党和全国人民当时的主要任务提出来，则反映了中国的历史进程和中国人民的迫切要求，也是探索适合中国国情的经济体制和提出改进经济关系的处理原则的基础和前提。①

专栏 2-7：中共八大提出的重要思想理论

在政治上，中共八大正确分析了国内形势和主要矛盾的变化，提出了党的工作重心转向经济建设的根本任务。中共八大指出：我们国内的主要矛盾，已经是人民对于建立先进的工业国的要求同落后的农业国的现实之间的矛盾，已经是人民对于经济文化迅速发展的需要同当前经济文化不能满足人民需要的状况之间的矛盾。党和人民当前的主要任务，就是要集中力量来解决这个矛盾，把我国尽快地从落后的农业国变为先进的工业国。把党的工作重心转移到领导社会主义经济建设上来。

在经济上，中共八大总结了"一五"期间的实践和反对冒进的经验，提出了既反对保守又反对冒进，在综合平衡中稳步前进的经济建设方针。大会要求，根据需要和可能，合理地规定国民经济的发展速度，把计划放在既积极又稳妥可靠的基础上，以保证国民经济比较均衡地发展。陈云在大会发言中根据毛泽东的提议提出了"三个主体、三个补充"的观点，不仅在一定程度上突破了苏联的高度集中统一的计划经济模式，而且涉及非公有制经济成分合法存在和发挥作用的问题。周恩来在关于第二个五年计划的报告中也明确指出："由于价值规律在我国经济生活中还起着一定的作用，在某些方面更起着重要的作用，因此，正确地运用价值规律，正确地掌握物价政策，就可以促进工农业生产的发展。"

---

① 顾龙生主编：《中国共产党经济思想史 1921—2011》增订本（上册），山西经济出版社 2014 年版，第 391 页。

　　在思想文化上，中共八大确认"百花齐放、百家争鸣"为繁荣科学和文化艺术工作的指导方针，反对用行政的方法对科学和艺术实行强制和专断。中共八大确认了毛泽东同志提出的"双百"方针，要求用适合科学和文化艺术发展规律的方法，而不是简单的行政的方法来指导科学和文化艺术的发展。会议指出，对于封建主义和资本主义的思想，必须继续进行批判。但是，对于中国过去的和外国的一切有益的文化知识，必须加以继承和吸收，并且必须利用现代的科学文化来整理我国优秀的文化遗产，努力创造社会主义的民族的新文化。

　　在党的建设上，中共八大分析了中国共产党历史方位的重大变化，提出了加强执政党建设的历史任务。中共八大提出，党的建设的基本任务是坚持理论联系实际、实事求是的原则，将马克思列宁主义的普遍真理同中国革命的具体实践密切结合，反对主观主义、官僚主义和宗派主义，提高全党的马克思列宁主义水平。要贯彻执行党的群众路线，清醒认识由于党成为执政党，脱离群众的危险和危害都比以前大大增强，因此，必须在全体干部和党员中反复进行全心全意为人民服务的教育；要坚持党的集体领导原则，健全党的民主集中制，加强对党的组织和党员的监督，反对个人崇拜，发扬和扩大党内民主。

3. 中共中央和国务院提出的经济体制改革的初步方案

（1）全国体制会议及其改进经济管理体制的方案。

　　根据毛泽东《论十大关系》的讲话和中央政治局扩大会议的精神，国务院于1956年召开全国体制会议，研究改进经济管理体制的方案。8月28日，国务院召开第三十六次全体会议，对《国务院关于改进国家行政体制的决议（草案）》（以下简称《决议（草案）》）作了修改后，提交中共中央讨论通过。10月30日，中央发出通知，要求各部和各省、市、区对《决议（草案）》进行认真研究讨论，提出书面修改意见，以便集中各方面的意见，再加研究修改确定后下发执行。《决议（草案）》内容为十三个方面，主要包括：划分中央与地方行政管理职权的原则、关于计划管理、关于财政管理、关于工业管理，以及基本建设、农业、林业、水利、运输邮电、商业、文教科学卫生、政法、劳动、机构编制、民族自治区。《决议（草案）》还提出：国务院各部委应按照决议的各项规定分别拟定实施方案，各项方案的实施步骤都要仔细研究，作出恰当安排。

根据上述改革管理体制要恰当安排实施步骤，上下必须充分准备的精神，1957 年初，以陈云为组长的中央经济工作五人小组深入研究了全国体制会议拟定的关于改进体制的《决议（草案）》，并审议了有关部门提出的改进体制的具体方案，发现尽管中央和地方对下放权限，改变权力高度集中的弊端形成共识，但对下放以后如何搞好综合平衡考虑不够。为了避免下放权限后没有全局的综合平衡而产生浪费和损失，中央经济工作五人小组在改进体制的问题上，既着眼于下放管理权限，又重视综合平衡，重视全局和局部的协调。在 9 月份召开的中共八届三中全会上，陈云就此做了专题发言《经济体制改革以后应该注意的问题》。这次会议基本通过了陈云在中央经济工作五人小组调查研究的基础上，代国务院起草的关于改进工业、商业、财政管理体制的三个规定。此后，这三个规定于 1957 年 11 月 8 日经国务院第六十一次全体会议通过，并提交 1957 年 11 月 14 日召开的第一届全国人民代表大会常务委员会第八十四次会议批准，自 1958 年起施行。这些规定的正式通过并公布，标志着我国经济管理体制改革的起步。[①]

（2）关于改进工业管理体制的规定。

国务院《关于改进工业管理体制的规定》主要包括两方面的内容：一是适当扩大省、自治区、直辖市管理工业的权限。调整现有企业的隶属关系，把由中央各部直接管理的一部分企业下放给省、自治区、直辖市管理；扩大地方在

---

① 顾龙生主编：《中国共产党经济思想史 1921—2011》增订本（上册），山西经济出版社 2014 年版，第 396 页。

物资分配方面的权限；下放给地方政府管理的企业，全部利润的20％归地方所得，80％归中央所得；增加地方的人事管理权限。二是适当扩大企业主管人员对企业内部的管理权限。在计划管理方面减少指令性指标，扩大企业计划管理方面的权限；国家和企业实行全额利润分成，比例确定以后，三年不变；改进企业的人事管理制度，除企业主管负责人员（厂长、副厂长、经理、副经理等）、主要技术人员以外，其他一切职工均由企业负责管理。

（3）关于改进商业管理体制的规定。

1957年3月19日，国务院批准了商务部提交的《关于改进商业部系统组织设置和领导关系的报告》，把商业企业的领导统一到各级商业行政部门中，实行分级管理。在此背景下，1957年11月15日，国务院公布《关于改进商业管理体制的规定》。其主要内容有：地方商业机构的设置由各省、自治区、直辖市人民政府根据地方的具体情况决定，地方商业机构和企业管理机构原则上实行合并；中央各商业部门设在生产集中的城市或者口岸的采购供应站（一级批发站、大型冷藏库、仓库），实行以中央各商业部门领导为主，地方领导为辅的双重领导；中央各商业部门所属加工企业，除了某些大型企业，地方认为管理有困难的以外，其余全部移交给地方，由地方商业部门直接管理；国务院每年只颁发四个商业计划指标，即收购计划、销售计划、职工总数和利润指标，允许地方在收购计划和销售计划总额的执行中，有5％左右的机动幅度；除粮食经营和对外贸易的外销部分的利润之外，中央各商业部门的企业利润，实行与地方全额分成，利润中的20％归地方，80％归中央；明确商品价格管理上中央和地方的分工；实行外汇分成。

（4）关于改进财政管理体制的规定。

根据毛泽东等党和国家领导人在中共八大前后关于改进经济管理体制的设想和国务院体制会议的精神，改进财政管理体制的基本原则是：明确划定地方财政收支的范围，适当扩大地方管理财政的权限，并且在保证国家重点建设的前提下增加地方的机动财力，从而进一步发挥各地方积累资金、增加收入、节约支出的积极性，推动各项经济建设事业的发展。具体规定有以下五个方面：一是确定地方财政收入的范围，即包括地方固定收入、企业分成收入和调剂分成收入；二是确定计算地方正常年度支出的办法，其一是地方的正常支出，包括地方经济建设事业费、社会文教事业费、行政经费和其他地方性支出，其二是由中央专案拨款解决的支出；三是按照地方正常的支出需要，划分收入的项目和分成的比例，规定了分成的计算方法和分成比例三年不变；四是规定了地方财政结余的处理和地方预算的编制办法，地方结余可以自行安排使用；五是对民族自治地方的财政，予以适当照顾。

以上规定使地方得到一定数量的机动财力，体现了这次改进财政体制的主要目的，同时也对地方权限作了适当的限制：规定"地方由于改进财政体制而多得的收入，应该有一个限度，它的原则是使地方可以有适当数量的机动财力，同时又能保证国家重点建设资金的需要"。

第三节　社会主义经济建设道路的艰难探索

1956 年，生产资料私有制的社会主义改造基本完成，社会经济制度的巨大变革，把中国经济建设推向了新的阶段。探索社会主义建设道路的课题，提到了全党和全国人民的面前。

一、探索中国社会主义建设道路初期的经济思想

（一）探索中国社会主义建设道路问题

1. 以苏联的经验为鉴戒的思想

苏共二十大的消极方面，引起中国共产党的高度警惕，同时由于苏共二十大揭开了斯大林的严重错误，暴露了苏联国内政治、经济制度方面的许多问题，对中国共产党有很大的启发，它从反面提供了宝贵的借鉴。以苏联的经验为鉴

戒的思想包括两方面的内容：一是对苏联的社会主义建设经验要加以分析，二是不要再走苏联走过的弯路，要引以为戒。《再论无产阶级专政的历史经验》一文公开指出：苏联"所有这些成功的和失败的经验，对于善于学习的人都是无价之宝，因为它们都可以帮助我们少走弯路，少受损失。反之，如果不加分析地原样照抄，那么在苏联成功了的经验也可以在别的国家造成失败，更不要说失败的经验了"。①

以苏联的经验为鉴戒的思想，使我们党清醒地看到了苏联的一些教训，避免了苏联走过的一些弯路，逐步提出了要探索适合中国情况的社会主义建设道路的历史性任务。②

2.《论十大关系》提出中国社会主义建设的正确方针

《论十大关系》的"一个基本方针，就是要把国内外一切积极因素调动起来，为社会主义事业服务"。③所谓调动一切积极因素，就是要调动全国各族人民、各民主党派、各人民团体的积极性。这个基本方针是我们党正确处理各种关系的实质所在，也是我们党探索适合中国国情的社会主义建设道路的着眼点。《论十大关系》第一次提出探索适合我国情况的社会主义建设道路的新课题，并进行了初步探索。后来，毛泽东在《十年总结》中曾指出："前八年照抄外国的经验，但从1956年提出十大关系起，开始找到自己的一条适合中国的路线。"《论十大关系》提出的一些正确原则和方针，对我国社会主义建设具有长远的指导意义，也为中共八大作了思想和理论上的准备。④

3. 反冒进思想

1955年下半年以来，在反"右倾保守"思想的浪潮下，对经济建设的规律

---

① 《人民日报》1956年12月29日。

② 顾龙生主编：《中国共产党经济思想史1921—2011》增订本（上册），山西经济出版社2014年版，第406页。

③ 中共中央文献编辑委员会：《毛泽东著作选读》下册，人民出版社1986年版，第720页。

④ 顾龙生主编：《中国共产党经济思想史1921—2011》增订本（上册），山西经济出版社2014年版，第408页。

了解和尊重不够，对农业生产和其他方面建设的发展规模和发展速度要求过大过高，出现了急躁冒进的情况，主要表现在基本建设规模过大、职工人数增加过多、财政信贷突破预算、农业生产急于求成等方面，造成了国民经济紧张的局面。主持实际经济工作的周恩来、陈云、李先念等比较早地察觉了这些冒进倾向，并着手防止。1956年2月8日在国务院第十四次全体会议上，周恩来提出了经济工作要实事求是的重要原则。为了配合中共中央、国务院开展反冒进，刘少奇指示中央宣传部为《人民日报》起草社论进行宣传。6月20日，《人民日报》发表题为《要反对保守主义，也要反对急躁情绪》的社论，从思想上、理论上批判了冒进错误。

反冒进思想就是要求经济建设要有计划按比例综合平衡，要严格按客观经济规律办事，要稳步前进，其核心就是在综合平衡中稳步前进。1956年初到1957年初的反冒进，是党依靠集体领导和集体智慧，成功地避免了一次可能出现的重大失误而载入党的史册的，是对适合中国国情的社会主义建设道路的一次有益的探索。①

4. 党的八大关于经济建设的正确决策

中国共产党第八次全国代表大会制定了全面建设社会主义的正确路线，其基本精神就是毛泽东在开幕词中提出的：团结全党，团结国内外一切可能团结的力量，为了建设一个伟大的社会主义的中国而奋斗。中共八大关于经济建设的正确决策主要有：根据对国内形势和主要矛盾的分析，提出了党在今后的根本任务，即由解放生产力变为在新的生产关系下保护和发展生产力，全党要集中力量去发展生产力；初步提出了区别于传统模式的发挥中央与地方两个积极性的体制和以计划经济为主、以市场经济为辅的社会主义模式；正确规定了既反保守又反冒进，即在综合平衡中稳步前进的经济建设方针。

中共八大对国内形势和面临任务所作出的判断，所提出的一系列重要思想

---

① 顾龙生主编：《中国共产党经济思想史1921—2011》增订本（上册），山西经济出版社2014年版，第410页。

和方针、政策，构成了全面建设社会主义的正确路线，在我国社会主义建设史上写下了极其光辉的一页。这次会议对中国自己的建设社会主义道路的探索，获得了初步的成果，历史证明这些成果对于党的事业的发展有长远的重要的意义。[①]

（二）对中国经济建设道路的初步探索

1. 社会主义社会矛盾学说的形成

1956 年，中共八大标志着中国"由革命到建设"的转变。由于大规模的阶级斗争基本结束，即敌我矛盾、阶级剥削与被剥削的矛盾基本解决，而人民内部的矛盾则逐渐大量显露出来、突出出来。从这时开始，毛泽东开始集中思考、具体探讨社会主义社会的矛盾问题。

1957 年 2 月，毛泽东作了《关于正确处理人民内部矛盾的问题》的讲话，对社会主义社会矛盾进行了系统分析和全面阐述。这篇讲话是毛泽东的社会主义社会矛盾学说形成的标志，其主要内容包括：肯定了社会主义社会还存在着矛盾，分析了社会主义社会的基本矛盾及其特点，即生产关系和生产力之间的矛盾、上层建筑和经济基础之间的矛盾；正确地指明了我国社会主义制度基本建立后的主要矛盾和主要任务；首次提出了正确认识和处理社会主义社会里两类不同性质的社会矛盾的理论。[②]

2. 关于中国工业化道路的思想

1957 年 2 月，毛泽东在《关于正确处理人民内部矛盾的问题》的讲话中，把正确处理"重工业、轻工业和农业的发展关系"上升为"中国工业化的道路"。他指出："这里所讲的工业化道路的问题，主要是指重工业、轻工业和农业的发展关系问题，我国的经济建设是以重工业为中心，这一点必须肯定，但同时必须充分注意发展农业和轻工业。"关于中国工业化道路的思想主要有三个

---

① 顾龙生主编：《中国共产党经济思想史 1921—2011》增订本（上册），山西经济出版社 2014 年版，第 413 页。

② 同上书，第 414—415 页。

方面的内容：一是强调从实际出发；二是中国的工业化必须建筑在农业发展的基础之上；三是提出了建立独立完整的工业体系作为实现工业化的具体标志。

3. 对于科学技术和知识分子在社会主义建设中的重要作用的认识

1956 年 1 月，中共中央召开了知识分子问题会议，周恩来代表中共中央作《关于知识分子问题的报告》，阐明了科学技术在社会主义建设中的重要性，知识分子在社会主义建设中的地位和作用。毛泽东在会上的讲话中指出："现在叫技术革命、文化革命，革愚蠢无知的命，没有知识分子是不行的，单靠老粗是不行的，中国应该有大批知识分子。"知识分子问题会议后，中共中央于 2 月 24 日发出《关于知识分子问题的指示》。不久，以陈毅为主任的国家科学规划委员会成立，集中一大批优秀科学家编制了《1956—1967 年科学技术发展远景规划纲要（草案）》，并组织实施。这是新中国成立后第一个科学发展的远景规划，全国迅速掀起了向科学进军的热潮。①

4. "可以消灭资本主义，又搞资本主义"

单一公有制经济和单一计划体制的经济结构，是否有利于调动一切积极因素，这个问题在社会主义改造的高潮兴起不久就已经提出来了。1956 年 6 月 30 日，陈云在全国人大一届三次会议上提出，允许"在巩固的社会主义基础上实行一定程度的自由推销和自由选购，也就是在计划经济许可范围内的自由市场"。②

12 月初，毛泽东指出："现在我国的自由市场，基本性质仍是资本主义的，虽然已经没有资本家，它与国家市场成双成对，上海地下工厂同合营企业也是对立物。因为社会有需要，就发展起来。要使它成为地上，合法化，可以雇工。""可以消灭资本主义，又搞资本主义，只要有原料、有销路。"③毛泽东讲的"又搞资本主义"，并非又要大力发展资本主义，而是在所有制结构上，要在国

---

① 顾龙生主编：《中国共产党经济思想史 1921—2011》增订本（上册），山西经济出版社 2014 年版，第 420 页。

② 《陈云选集》第二卷，人民出版社 1984 年版，第 327 页。

③ 顾龙生：《毛泽东经济年谱》，中共中央党校出版社 1993 年版，第 387—388 页。

营经济和集体经济为主体的前提下，适当保存和发展一些私营经济和个体经济。

从主张"使资本主义绝种"，到允许"又搞资本主义"这种认识上的前进，表明我们党对怎样建设社会主义以及新形势下如何处理社会主义社会中某些资本主义经济因素的关系取得了新认识。这种新思路，即不仅个体经济，而且一定限度的资本主义私人经济也可以作为社会主义经济主体的补充的思想，是对过去的社会主义模式的突破。①

5. 向国外学习的思想

1956 年 4 月，毛泽东在《论十大关系》的报告中提出了"向外国学习"的问题，论述了对外开放的必要性、对象、内容和方针原则，比较全面地反映了毛泽东的对外开放思想。毛泽东主张对外开放应该是多渠道的：一是派人到国外去，包括到资本主义国家去学；二是把外国人请进来。他对波兰统一党代表团说："中国是世界和人类的组成部分，中国不自私自利。中国是一张白纸，你们可以在这张纸上写字，你们的科学和文化可以驰骋在这张纸上。在中国人民生活的这块土地上，各国人都有份。"② 这个时期刘少奇、周恩来等党的几个主要领导人都在不同的场合提出了向外国学习、对外开放的思想。

党的领导人的"向外国学习"的思想，实质上是对外开放的初步考虑，这在当时的历史和现实情景下确实是难能可贵的，其焕发出的思想火花绚丽多彩，对后来有很重要的启示。

二、"大跃进"时期的经济思想

（一）社会主义建设总路线

1. 总路线的形成

1958 年 5 月，中共八大二次会议正式通过了"鼓足干劲，力争上游，多快

---

① 顾龙生主编：《中国共产党经济思想史 1921—2011》增订本（上册），山西经济出版社 2014 年版，第 425 页。

② 石仲泉：《毛泽东的艰辛开拓》，中共党史资料出版社 1990 年版，第 163 页。

好省地建设社会主义"的总路线。总路线的根本思想是要打破常规，高速度地进行社会主义建设，而这种思想早在 1955 年冬天就已经形成。1956 年元旦，《人民日报》发表社论《为全面地提早完成和超额完成五年计划而奋斗》，把"又多、又快、又好、又省"作为发展社会主义建设事业的方针向全国人民提了出来。但 1956 年初，经济建设中出现了急躁冒进的倾向，周恩来、陈云等人主张反冒进，在中共八届二中全会上，周恩来提出，1957 年的经济计划应当实行"保证重点，适当收缩"的方针，会上大家都赞成了这个方针。不料，到了 1957 年 9 月，随着反右派斗争的扩大化，经济工作中"左"的倾向重新抬头，毛泽东在中共八届三中全会上，对"反冒进"做了错误的批评。1958 年 5 月，刘少奇在中共八大二次会议的工作报告中代表中共中央正式提出了"鼓足干劲，力争上游，多快好省地建设社会主义"的总路线及其基本点，得到了会议的一致通过。①

2. 总路线的基本内容

中共八大二次会议制定的社会主义建设总路线的表述就是："鼓足干劲，力争上游，多快好省地建设社会主义。"基本点是：调动一切积极因素，正确处理人民内部矛盾；巩固和发展社会主义的全民所有制和集体所有制，巩固无产阶级专政和无产阶级的国际团结；在继续完成经济战线、政治战线和思想战线上的社会主义革命的同时，逐步实现技术革命和文化革命；在重工业优先发展的条件下，中央工业和地方工业同时并举，大型企业和中小型企业同时并举；通过这些，尽快地把我国建设成为一个具有现代工业、现代农业和现代科学文化的伟大的社会主义国家。②

中共八大二次会议通过的社会主义建设总路线及其基本点，其正确的一面是反映了广大人民群众迫切要求改变我国经济文化落后状况的普遍愿望，其缺

---

① 顾龙生主编：《中国共产党经济思想史 1921—2011》增订本（上册），山西经济出版社 2014 年版，第 430—431 页。
② 曾璧钧、林木西主编：《新中国经济史 1949—1989》，经济日报出版社 1990 年版，第 120—121 页。

点是忽视了客观的经济规律。首先，这条总路线的主要论点是强调"人手论"，忽视了"人口论"；夸大人的主观能动性，违背了经济规律的客观性；强调六亿人口的决定作用，忽视客观条件对经济发展的制约作用。其次，这条总路线没能正确处理比例、速度和效益三者之间的关系。当时借口平衡是相对的、暂时的，不平衡是绝对的，极力主张搞"积极平衡"，批判坚持国民经济综合平衡是"消极平衡"，忽视提高经济效益，这就给国民经济的比例失调、畸形发展，留下了极大的隐患。再次，在所有制关系上，强调集体所有制到全民所有制、社会主义到共产主义的"穷过渡"，企图在较短的时间内进入共产主义，也使得这条总路线带有相当大的"空想论"色彩，并成为"大跃进"和人民公社化运动的重要理论依据。①

（二）国民经济"大跃进"和人民公社

1. 国民经济"大跃进"的思想

"大跃进"运动从 1957 年底开始发动，1958 年全面展开。它的推行，表明党力图在探索中国自己的建设社会主义的道路中打开一个新的局面。它能够发动起来，反映了曾长期遭受帝国主义列强欺凌的中国人民，站立起来之后求强求富的强烈渴望。1957 年 10 月 27 日，《人民日报》发表题为《建设社会主义农村的伟大纲领》的社论，要求"有关农业和农村各方面的工作在十二年内都按照必要和可能，实现一个巨大的跃进"。这是党中央提出"大跃进"的先声。②1958 年 1 月和 3 月，中共中央先后在南宁和成都召开会议，对"大跃进"作了进一步准备。

1958 年 5 月召开的中共八大二次会议，正式提出"鼓足干劲、力争上游、多快好省地建设社会主义"的总路线，会后以片面追求工农业生产和建设的高速度，大幅度地提高和修改计划指标为标志的"大跃进"运动在全国范围内开

---

① 曾璧钧、林木西主编：《新中国经济史 1949—1989》，经济日报出版社 1990 年版，第 121—122 页。

② 中共中央党史研究室：《中国共产党的九十年（社会主义革命和建设时期）》，中共党史出版社 2016 年版，第 497 页。

展起来。①中共八大二次会议通过的第二个五年计划指标，比中共八大一次会议建议的指标，工业方面普遍提高一倍，农业方面普遍提高20％—50％。钢从1200万吨提高到3000万吨，粮食从5000亿斤提高到7000亿斤。这样，第二个五年计划一开始就抛开了中共八大一次会议通过的关于第二个五年计划建议，走上了"大跃进"的道路。农业方面提出"以粮为纲"的口号，要求五年、三年甚至一两年达到十二年农业发展纲要规定的粮食产量指标；工业方面提出"以钢为纲"的口号，要求七年、五年以至于三年内提前实现原定的十五年钢产量，赶上或超过英国的目标。高指标带来高估产。1958年夏收期间，各地兴起一阵虚报高产，竞放高产"卫星"的浪潮。②

2. 人民公社化的思想

生产发展上的高指标和浮夸风，推动着生产关系方面向所谓更高级形式过渡，主观地认为农业合作社的规模越大，公有化程度越高，就越能促进生产。人民公社化就是在"大跃进"的浪潮中发展起来的。1958年，毛泽东对"人民公社"进行了构想，那就是应该逐步有次序地把"工（工业）、农（农业）、商（交换）、学（文化教育）、兵（民兵，即全民武装）"组成为一个大公社，从而构成我国社会的基本单位。③8月，中共中央政治局在北戴河举行扩大会议，讨论了在全国农村中建立人民公社的问题，通过了《中共中央关于在农村建立人民公社问题的决议》（以下简称《决议》）。《决议》认为："人民公社是形势发展的必然趋势。""在目前形势下，建立农林牧副渔全面发展、工农商学兵互相结合的人民公社，是指导农民加速社会主义建设，提前建成社会主义并逐步过渡到共产主义所必须采取的基本方针。"④《决议》下达后，人民公社化运动的高潮，

---

① 《中国共产党简史》——第六章探索中国自己的建设社会主义的道路，中国共产党新闻网，http://cpc.people.com.cn/GB/64184/64190/65724/4444925.html。

② 张雷声、董正平主编：《中国共产党经济思想史》，河南人民出版社2006年版，第235页。

③ 《建国以来毛泽东文稿》第七册，中央文献出版社1992年版，第317页。

④ 顾龙生主编：《中国共产党经济思想史1921—2011》增订本（上册），山西经济出版社2014年版，第449页。

很快在全国各地农村普遍掀起。到 11 月初，经过两三个月的时间，全国农村除西藏自治区外，已基本上实现了人民公社化。全国原有的 74 万多个农业社改组成 2.6 万多个人民公社，参加公社农户有 1.2 亿多户，占总农户的 99% 以上。[①]

（三）"反右倾"斗争与继续"大跃进"的错误思路

1. 对"左"倾错误的初步察觉

"大跃进"和人民公社化运动中的错误很快被中共中央包括毛泽东本人在内的高级领导人察觉。为了纠正"左"倾错误，从 1958 年冬到 1959 年 7 月，中共中央召开了多次政治局扩大会议和中央全会，研究有关的紧迫问题，并针对认识到的错误，逐步采取措施进行纠正。

毛泽东是较早地通过调查研究觉察到运动中出现严重问题并努力加以纠正的主要领导人。1958 年 11 月，第一次郑州会议召开，毛泽东提出并要求纠正已经觉察到的"左"的错误，强调要区别集体所有制和全民所有制，划清社会主义和共产主义两个发展阶段，批评了废除货币、取消商品生产和交换的主张。12 月，在武汉召开的中共八届六中全会通过《关于人民公社若干问题的决议》，一方面对人民公社的兴起仍给予极高评价，另一方面通过阐述几个重大政策和理论问题，批评了那种急于向全民所有制、向共产主义过渡和企图过早地取消商品生产和商品交换的错误思想倾向。在这以后，各地普遍整顿人民公社，遏制住了急急忙忙向全民所有制和共产主义过渡的势头。1959 年 4 月初在上海举行八届七中全会，除肯定关于人民公社的整顿工作外，并对基本建设投资作了调整。在这期间，毛泽东直接给省以下直至生产小队的各级干部连续多次写党内通信，谈了农业方面的许多问题，号召讲真话。在为庐山会议做准备的过程中，毛泽东同一些领导干部谈话，进一步指出："大跃进"以来的基本经验是综合平衡，有计划按比例发展；生产高指标问题，要搞一点马鞍形，明年切记不可定高。

第一次郑州会议以后，经过八九个月的紧张努力，"共产"风、浮夸风、高

---

① 《人民日报》，1958 年 12 月 31 日。

指标和瞎指挥等"左"的错误得到初步遏制，形势开始向好的方向转变。在这期间提出的一些正确理论观点和政策思想，也有长远的意义。但是，由于对错误的严重性还缺乏足够清醒的认识，纠"左"的努力，还局限在坚持"大跃进"和人民公社的"左"的指导思想的大框架内，因而形势并没有根本好转。

2."反右倾"斗争与继续"大跃进"

1959 年 7 月 2 日至 8 月 1 日在庐山召开中央政治局扩大会议。毛泽东提出，总的形势是成绩很大，问题不少，前途光明；根本问题是经济工作中的平衡问题。他要求大家在充分肯定成绩的前提下，认真总结经验教训；动员全党完成 1959 年的"大跃进"任务。会议初期起草的《庐山会议诸问题的议定记录（草稿）》，基本精神是纠"左"。7 月 14 日，政治局委员、国防部长彭德怀给毛泽东写信陈述意见。他在肯定 1958 年成绩的基础上，着重指出"大跃进"以来工作中存在的一些严重问题及其原因。7 月 16 日，毛泽东批示将彭德怀的信印发与会全体同志。政治局候补委员、外交部副部长张闻天，人民解放军总参谋长黄克诚，湖南省委第一书记周小舟等分别在小组会上发言，明确表示支持彭德怀信中的基本观点。7 月 23 日，毛泽东在大会讲话中对彭德怀等人的不同意见进行了批驳，认为是右倾的表现。于是，会议主题由纠"左"变为反右。8 月 2 日至 16 日，举行党的八届八中全会通过决议，认定彭、黄、张、周犯了"具有反党、反人民、反社会主义性质的右倾机会主义路线的错误"。随即在全党范围内展开大规模的"反右倾"斗争。

"反右倾"斗争造成严重后果，使党内从中央到基层的民主生活遭到严重损害，中断了纠正"左"的错误的进程，使错误延续了更长时间，并造成了更大的危害。[①]"反右倾"和继续"大跃进"给国民经济造成了严重的灾难。由于片面发展重工业，轻工业明显下降，农业遭到严重破坏，工农业比例严重失调。1960 年年中，在北京、天津、辽宁等大城市和工业区的粮食周转库存甚至只能

---

① 张雷声、董正平主编：《中国共产党经济思想史》，河南人民出版社 2006 年版，第 245—246 页。

销售不到 10 天，而上海几乎没有大米库存。过高的积累率，导致积累与消费的比例严重失调，1958—1960 年，积累率分别提高到 33.9％、43.9％和 39.6％，积累总额达 1438 亿元，比"一五"时期全部积累率增加了 44％，严重影响了人民生活。产业间和产业内部的比例失调，导致人、财、物的严重浪费和不平衡，过度铺张的基本建设投资使得国家财政赤字严重。1958 年到 1960 年，国家财政赤字分别为 21.8 亿元、65.8 亿元、81.8 亿元，三年财政赤字共计 169.4 亿元，1961 年仍有财政赤字 10.9 亿元，增发货币弥补赤字的方式，造成了严重的通货膨胀，市场供应紧张，人民生活严重困难，国民经济到了极其脆弱和危险的关头。[①]

三、经济调整的经济思想

1961 年开始，我国进入了经济调整时期。这一时期，中国共产党对中国社会主义经济问题的探索，涉及的范围非常广泛，包括理论、政策、方针、具体措施等的探讨，其间既有一些成功的方面，也有许多值得记取的教训。

（一）"调整、巩固、充实、提高"的方针

1."调整、巩固、充实、提高"方针的提出

在严重困难面前，全党上下决心认真调查研究，纠正错误，调整政策。1960 年 11 月中央发出关于农村人民公社当前政策问题的紧急指示信，要求全党用最大的努力来坚决纠正各种"左"的偏差。1961 年 1 月，中共八届九中全会正式决定对国民经济实行"调整、巩固、充实、提高"的八字方针。这两件事表明：三年来造成严重后果的"大跃进"运动实际上已被停止，国民经济开始转入调整的新轨道。

2."调整、巩固、充实、提高"方针主要举措

中共八届九中全会上，毛泽东强调要恢复实事求是的优良传统，号召大兴

---

① 张雷声、董正平主编：《中国共产党经济思想史》，河南人民出版社 2006 年版，第 247 页。

调查研究之风。会后，毛泽东、刘少奇、周恩来、朱德、邓小平等中央领导人带头深入基层调查研究。在调查过程中，毛泽东发现紧急指示信还没有完全解决人民公社的生产大队内部生产队与生产队之间的平均主义和生产队内部社员与社员之间的平均主义这两个重大问题。1961年3月，毛泽东在广州主持起草《农村人民公社工作条例（草案）》（简称"农业六十条"）。6月，取消了农村部分供给制和公共食堂。9月，将人民公社的基本核算单位下放到相当于原来初级社规模的生产队。

八字方针贯彻之初，工业的调整力度不够。9月，中央作出关于当前工业问题的指示，强调必须当机立断，该退的坚决退下来，把工业生产和基本建设的指标降到确实可靠、留有余地的水平上。同时，中央发布试行《国营工业企业工作条例（草案）》（即"工业七十条"）。这个条例实行后，国营企业一系列规章制度恢复和建立起来，工业调整有了明显的起色。

1962年1月11日至2月7日，党中央在北京召开扩大的工作会议（七千人大会）。刘少奇代表中央向大会提出的书面报告草稿，比较系统地初步总结了"大跃进"以来经济建设工作的基本经验教训，认为产生缺点错误的原因，一方面是由于在建设工作中经验不够，另一方面是几年来党内不少领导同志不够谦虚谨慎，违反党的实事求是和群众路线的传统作风，削弱了民主集中制原则，妨碍了党及时地尽早地发现问题和纠正错误。这些看法，使党朝着勇敢地正视现实，实事求是地认识"大跃进"以来实际工作和指导思想上的错误，又向前迈进了一步。

经过多次的讨论，全党统一了认识，开始全面深入地对国民经济进行调整。一是调整农村生产关系，加强农业战线，恢复和发展农业生产；二是大力缩短基本建设战线，压缩重工业生产；三是坚决对工业企业实行关停并转，精简职工，精简城市人口；四是消灭财政赤字，回笼货币，稳定市场。由于实施措施果断有力，全党全国人民同心同德，艰苦努力，经济调整工作比较迅速地取得了明显的效果。1962年工农业生产开始回升，1964年全面好转，到1965年原定的各项调整任务胜利完成，国民经济出现了新的面貌。

专栏 2-8："八字方针"主要内容及具体方针

"调整、巩固、充实、提高"八字方针主要内容是指：调整国民经济的各种主要比例关系，精简职工和城镇人口，缩短基本建设战线，压缩重工业，加强农业的发展，稳定市场，回笼货币，实行财政平衡；巩固建国以来国民经济已取得的成果，不断加强已有的经济建设基础；充实一些部门的生产，加强现有生产能力的填平补齐工作；提高管理水平，提高劳动生产率，提高产品质量。

中共八届九中全会根据"八字方针"总的精神，确定了一系列具体方针：在工业生产建设方面提出了要先生产，后基建；先采掘，后加工；先维修，后制造；先配套，后主机；先质量品种，后数量，以便在已有数量的基础上，加强薄弱环节，填补缺门，完成配套，维护设备，增加品种，改善质量，降低成本，提高劳动生产率。

（二）农村经济关系的调整及对包产到户认识的分歧

1. 农村经济关系的调整

"八字方针"的贯彻，重点在调整，其任务正如陈云同志指出的，是克服困难，恢复农业，恢复工业，争取财政经济情况的根本好转。因此，国民经济的调整工作首先是从调整农村经济关系开始的。1960 年 8 月，中共中央发出了《关于全党动员，大办农业、大办粮食的指示》。同年 11 月 3 日，针对农村经济出现的严重困难局面，中共中央又发出了《中共中央关于农村人民公社当前政策问题的紧急指示信》，指出人民公社化初期的一平二调"共产风"，大部分地方和社队纠正得不彻底，上年冬天以后又刮了起来，还有一部分地方和社队，"共产风"一直没有认真纠正，继续刮，严重破坏了农业生产力。对于"共产风"，必须坚决反对，彻底纠正。[①]

---

① 张雷声、董正平主编：《中国共产党经济思想史》，河南人民出版社 2006 年版，第 282 页。

人民公社制度的调整，虽然对于纠正"大跃进"的失误和调动农民的积极性起到了一定的作用，促进了农业经济的恢复和发展，但是由于这种调整没有从根本上改变经营管理上的行政命令、生产上的集体劳动和分配上的"大锅饭"，其管理成本仍然很高、经济效益仍然较低。因此，当面对"大跃进"导致的饥饿，部分干部和农民开始在生产队里推行"大跃进"以前曾经行之有效的以"包产到户"为特征的农业生产责任制。在1961年到1962年的农村经济关系调整中，一些地区重新恢复了在1957年和1959年尝试的多种形式的"包产到户"（或称"责任田"），取得了较好的效果，其中尤以受"大跃进"之害最重的安徽省推行最有力度。1961年4月，安徽省委书记曾希圣从实际出发，为恢复生产、渡过难关，经过毛泽东的同意，率先在安徽省推行"包产到田"的责任制并取得明显成效。1962年，安徽省实行"责任田"（社员以户为单位承包生产队的土地，实行超产全奖减产全赔，实际上就是包产到户）的生产队已占生产队总数的90.1%。据估计，当时全国实行包产到户的生产队约占总数的20%。包产到户适应农业生产的特点，调动了农民的生产积极性，提高了农业产量。据1961年10月安徽省36个县的典型调查，实行"责任田"的36个生产队，粮食平均产量比上年增产38.9%；而另外36个条件大体相同、未实行"责任田"的生产队，平均亩产只比上年增产12%。①

2. 对包产到户认识的调整

大规模包产到户从一出现就有争论，并由基层一直争论到中央。刘少奇、邓小平、陈云等都是支持包产到户的。毛泽东在经济严重困难时虽然允许安徽试行"责任田"，但并没有明确表示支持，更没有在全国推广之意。当他主持制定农村人民公社"六十条"时，认为已经解决了农业生产关系问题后，连允许试验的思想也发生了变化，毛泽东认为包产到户最终会瓦解集体经济，产生个体经济。因此，在1962年8月召开的中共中央工作会议和9月召开的中共八届十中全会上，毛泽东一再强调阶级斗争和资本主义复辟的危险性，并对包产到

---

① 张雷声、董正平主编：《中国共产党经济思想史》，河南人民出版社2006年版，第284页。

户提出批评。

　　1962 年前后部分地区试行的"包产到户"，尽管生产经营的规模变小了，但事实证明这种以家庭为经营单位的变动效果较好，有利于农业的恢复和发展。只是由于它削弱了农村人民公社制度，遭到了毛泽东的批评而很快被禁止。

专栏 2-9：《紧急指示信》12 条重大政策

　　（1）三级所有，队为基础，是现阶段人民公社的根本制度，从一九六一年算起，至少七年不变；

　　（2）坚决反对和彻底纠正"一平二调"的错误；

　　（3）加强生产队的基本所有制；

　　（4）坚持生产小队的小部分所有制；

　　（5）允许社员经营少量的自留地和小规模的家庭副业；

　　（6）少扣多分，尽力做到百分之九十的社员增加收入；

　　（7）坚持各尽所能、按劳分配的原则，供给部分和工资部分三七开；

　　（8）从各方面节约劳动力，加强农业生产第一线；

　　（9）安排好粮食，办好公共食堂；

　　（10）有领导有计划地恢复农村集市，活跃农村经济；

　　（11）认真实行劳逸结合；

　　（12）放手发动群众，整风整社。

　　（三）改善农轻重比例关系的理论探索

　　"大跃进"和"以钢为纲"，不仅导致基本建设战线过长和经济过热，而且使脆弱的农业基础不堪重负，与城乡居民联系密切的轻工业发展也受到限制。因此，压缩基本建设战线是国民经济由被动转为主动的关键。陈云在中央财经小组第一次会议上指出，对于计划的调整，实质上是要把工业生产和基本建设的发展放慢一点，以便把重点真正放在农业和市场上。在 1962 年 9 月中共八届十中全会上将"以工业为主导，以农业为基础"作为"总方针"确定下来，从而为国民经济的调整确立了基本方向。

第一个提出以"农、轻、重"为序安排国民经济计划的是毛泽东。他在1959年庐山会议谈到未来四年的任务时，提出要注意农轻重的关系，"过去是重、轻、农、商、交，现在强调把农业搞好，次序改为农、轻、重、交、商"。[①]但是会后开展"反右倾"，此事没有提上议事日程。尽管如此，压缩基本建设规模以及调整农轻重比例关系仍在进行，并取得了一定的效果。1960年基本建设投资额为388.69亿元，1961年削减为127.42亿元，1962年又进一步削减为71.26亿元。经过压缩的基本建设规模已经退到了只能维持简单再生产的水平。1962年全年累计施工大中型项目为1003个，比上年缩减406个。同时，投资构成也进行了调整，用于农业和支农工业投资的比重，由1961年的17.5%上升到23.6%。此外，还严格控制地方和企业用自筹资金搞基本建设，压缩预算外基本建设投资。随着基本建设投资规模的缩小，积累率也相应降低下来。1960年的积累率高达39.6%，1961年下降为19.2%，1962年更下降为10.4%。[②]

表 2-6　1960—1962 年农轻重比例关系变化

	1960 年	1961 年	1962 年
基本建设投资额（亿元）	388.69	127.42	71.26
全年累计施工大中型项目（个）	—	1409	1003
农业和支农工业投资占比（%）		17.5	23.6
积累率（%）	39.6	19.2	10.4

资料来源：根据张雷声、董正平主编：《中国共产党经济思想史》，河南人民出版社2006年版，第287页内容整理。

1963年到1965年，贯彻"调整、巩固、充实、提高"方针取得效果，国民经济主要比例关系基本恢复正常。经过调整，农业所占的比重显著提高，工业的比重相应下降。工业与农业总产值相比，1960年为78.2∶21.8，1965年改

---

① 《毛泽东文集》第八卷，人民出版社1999年版，第77—78页。

② 张雷声、董正平主编：《中国共产党经济思想史》，河南人民出版社2006年版，第287页。

变为 62.7∶37.3；轻工业总产值与重工业总产值占工业总产值的比重从 1960 年的 33.4∶66.6 变为 1965 年的 51.6∶48.4。从历史上看，可以兼顾经济建设和人民生活、保证市场稳定。随着生产的恢复和发展，1963 年积累率开始增加，达到 17.5%，1964 年和 1965 年的积累率分别增加至 22.2% 和 27.1%，大体趋于正常。周恩来在 1964 年第三届全国人民代表大会第一次全体会议所作的《政府工作报告》中指出：经过调整，工业和农业的关系比较协调了，工业内部的关系也比较协调了，工业支援农业的能力进一步加强了，企业内部的生产能力绝大部分已经填平补齐、成龙配套，设备损坏和失修的情况已经改善。他宣布：调整国民经济的任务已经基本完成，工农业生产已经全面高涨，整个国民经济已经全面好转，并且将要进入新的发展时期。[①]

表 2-7　1961—1965 年工业和农业产值比例变化

年份	工农业总产值指数（以上年为 100）		占工农业总产值比例（%）	
	农业总产值	工业总产值	农业总产值	工业总产值
1961 年	97.6	61.8	34.5	65.5
1962 年	106.2	83.4	38.8	61.2
1963 年	111.6	108.5	39.3	60.7
1964 年	113.5	119.6	38.2	61.8
1965 年	108.3	126.4	37.3	62.7

资料来源：《中国统计年鉴》(1983)，中国统计出版社 1983 年版，第 18、20 页。

表 2-8　1961—1965 年轻工业和重工业产值比例变化

年份	轻重工业总产值指数（以上年为 100）		占工业总产值比例（%）	
	轻工业总产值	重工业总产值	轻工业总产值	重工业总产值
1961 年	97.6	61.8	34.5	65.5
1962 年	106.2	83.4	38.8	61.2
1963 年	111.6	108.5	39.3	60.7
1964 年	113.5	119.6	38.2	61.8
1965 年	108.3	126.4	37.3	62.7

资料来源：《中国统计年鉴》(1983)，中国统计出版社 1983 年版，第 18、20 页。

---

① 张雷声、董正平主编：《中国共产党经济思想史》，河南人民出版社 2006 年版，第 287—288 页。

（四）"以阶级斗争为纲"思想的形成与发展

中共八大正确分析了社会主义社会的基本矛盾，提出了把党的工作重心转移到经济建设方面上来的方针。但是，这一正确方针并没有贯彻始终。关于社会主义社会的主要矛盾，中共八大已经正确地指出我国的无产阶级同资产阶级的矛盾已经基本解决，我国的主要矛盾已经是人民对于经济文化迅速发展的需要同当前经济文化不能满足人民需要的状况之间的矛盾。但1957年反右派斗争后，毛泽东对阶级斗争形势的估计过于严重，把大量的人民内部矛盾看成是敌我矛盾，把许多正常的批评和建议，当成是资产阶级向无产阶级的进攻和反党反社会主义的行为。这就逐步背离了中共八大路线，错误地把社会主义社会的主要矛盾看作是无产阶级与资产阶级之间的矛盾。①

在1962年9月的中共八届十中全会上，毛泽东将阶级斗争问题特别严重地提了出来，认为对抗的阶级、阶级斗争，在整个社会主义历史阶段都存在，并且对国家命运产生重大影响。社会主义教育运动提出了"运动的重点是整党内那些走资本主义道路的当权派"，进一步发展了阶级斗争扩大化理论，成为"文化大革命"一系列错误的理论基础。②

第四节 "文化大革命"时期的经济建设思想

1966年至1976年，我国爆发了长达十年的"文化大革命"，国民经济受到严重损失，经济建设的指导思想也偏离正确的轨道，但经济建设就整体上仍在推进，没有停顿下来。在整个十年中，当出现一些机会的时候，经济建设思想的正确、健康的一面也会占主导地位。

---

① 张雷声、董正平主编：《中国共产党经济思想史》，河南人民出版社2006年版，第291—292页。
② 同上书，第293页。

一、"政治挂帅"下的经济思想

"文化大革命"时期经济建设的指导思想是"以阶级斗争为纲""政治挂帅"，因而中国共产党在对政治与经济、革命与生产关系的认识上都带有这样的色彩。

（一）"文化大革命"前夕对政治与经济关系的认识

"文化大革命"前夕，中国共产党内部对政治与经济关系问题的认识分歧越来越大，"左"倾趋势日益加深。1966年年初，《红旗》杂志发表元旦社论《政治是统帅，是灵魂》。该社论指出："政治是经济的集中表现。政治要统帅经济，而不是经济统帅政治。那种所谓'经济好就是政治好'、'生产好就是政治好'的观点是错误的。"[1]

在1966年1—3月召开的全国工交工作会议和全国工交政治工作会议上，邓小平提出政治挂帅一定要落脚生产，而林彪在同年1月全军政治工作会议前后提出"突出政治一通百通"等极左观点。当时党内一些人认为，奖金制度是修正主义的、资本主义的，因而要"只搞精神鼓励，不搞物质刺激"，这实际是以政治思想规律替代经济规律的做法。[2]"文化大革命"前夕中国共产党在政治与经济关系问题上的认识，表明以政治取代经济、取代业务的"左"倾经济思想逐渐盛行起来。[3]

（二）围绕"抓革命，促生产"展开的争论

"文化大革命"全面爆发后"以阶级斗争为纲"便成为中国共产党一切工作的根本指导思想，"抓革命，促生产"则是这种思想在经济领域的具体体现。

---

[1]　陈东林等：《中华人民共和国实录》第三卷，吉林人民出版社1994年版，第6页。

[2]　张雷声、董正平主编：《中国共产党经济思想史》，河南人民出版社2006年版，第299—300页。

[3]　同上书，第300页。

1966 年 9 月 14 日，中共中央发出由周恩来主持制定、毛泽东批准下发的《关于抓革命促生产的通知》(又称 "工业六条") 和《关于县以下农村文化大革命的规定》(又称 "农业五条")，虽然其中提出 "要一手抓革命，一手抓生产，保证文化革命和生产、建设双胜利"，但其具体措施都是为保证生产的正常进行而规定的，这种良好的愿望并未实现。1966 年 11 月 9 日，《人民日报》发表由周恩来主持定稿的社论《再论 "抓革命，促生产"》，以及国务院业务组组织有关部门根据周恩来的指示精神起草的《工业交通企业进行文化大革命的若干规定》(即 "十五条")，都在努力强调 "抓革命，促生产" 的方针，但周恩来的正确主张马上就遭到了来自中央文革小组的攻击。随着《中共中央关于抓革命、促生产的十条规定（草案）》的发布，工人群众也大批加入 "文化大革命" 的运动之中，"左" 倾思想在经济领域完全占据了上风。①

尽管 "文化大革命" 期间经济发展受到挫折，但我国工业发展仍然取得了重大的成效，工业生产仍继续在以平均每年约 10％ 的速度增长，1966 年到 1976 年我国全部工业增加值从 656.3 亿元增长至 1216.7 亿元。从 1952 年

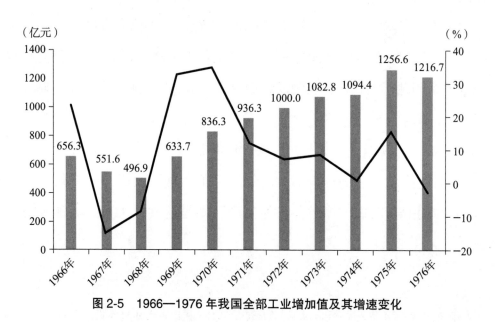

图 2-5　1966—1976 年我国全部工业增加值及其增速变化

① 张雷声、董正平主编：《中国共产党经济思想史》，河南人民出版社 2006 年版，第 303—304 页。

至 20 世纪 70 年代中期，我国钢铁产量从 140 万吨增长到了 3180 万吨；煤炭产量从 6600 万吨增长到了 61700 万吨；水泥产量从 300 万吨增长到了 6500 万吨；木材产量从 1100 万吨增长到了 5100 万吨；电力从 70 亿千瓦 / 小时增长到了 2560 亿千瓦 / 小时；原油产量从根本的空白变成了 10400 万吨；化肥产量从 39000 吨上升到了 869300 吨。到 20 世纪 70 年代中期，中国还在生产大量的喷气式飞机、重型拖拉机、铁路机车和现代海船。中国还成了一个主要的核强国。1967 年生产了第一枚氢弹，1970 年把第一颗卫星发射进了轨道等。

（三）"备战、备荒为人民"的战备经济思想

战备经济思想反映了中国共产党应对复杂严峻的国际局势的战略考虑，对我国后来的产业布局和产业结构产生了深远影响。

1963 年，在即将着手制定"三五"计划时，中共中央根据"二五"计划时期的经验和当时的国际环境，确定把"解决吃穿用，加强基础工业，兼顾国防和突出尖端"作为经济工作的指导原则。然而，当时国际关系已经渐趋紧张，中共中央和毛泽东对国际形势和战争危险的估计过于严重，于是对于"三五"乃至"四五"计划的制定，转向了以积极备战、准备打仗为中心的轨道。①

1966 年 8 月 1 日至 12 日，中共八届十一中全会在北京召开，全会肯定了毛泽东提出的"备战、备荒为人民"的战备经济思想，使之成为中国共产党经济建设工作的基本指导方针，主要表现在三个方面：一是追求"高指标""高速度"的"双高"经济发展模式；二是"优先发展重工业"的产业结构；三是建设"三线"大后方的产业布局。②

---

① 顾龙生主编：《中国共产党经济思想史 1921—2011》增订本（上册），山西经济出版社 2014 年版，第 515—516 页。

② 张雷声、董正平主编：《中国共产党经济思想史》，河南人民出版社 2006 年版，第 305—308 页。

专栏 2-10：改变新中国生产力布局的"三线"建设

"三五"计划和"四五"计划的实施虽然没有取得特别重大的建设成就，但是也有不同于其他经济建设时期的特点，即在这十年里，新中国进行了"大三线"和"小三线"经济建设。

"大三线"和"小三线"经济建设在当时统称为"三线"建设。"三线"就是指按经济相对发达的程度和是否处于国防前线地区而划分的三道地区线。沿边沿海的前线地区属于一线地区；在一线地区与京广铁路之间的几个省属于二线地区；三线地区是指在长城以南、广东韶关以北、京广线以西、甘肃乌鞘岭以东的地区，包括陕西、甘肃、宁夏、青海、四川、重庆、贵州、云南等地以及湖南、湖北、广西、广东、山西、河北、河南等省区的偏僻地区，其中西南地区的云、贵、川三省和西北的陕、甘、宁、青四省区俗称为"大三线"，而一、二线地区的山区腹地俗称为"小三线"。在当时，"三线"建设是为了加强战备，是改变中国工业生产布局的一次由东向西的重大战略调整，建设的重点区域是"大三线"，即中国西南、西北地区除西藏和新疆之外的 7 个省区。

1966 年至 1975 年的"三线"建设时期，当时约有占全国基本建设投资的一小半款项都投到了"大三线"地区；有 400 多万名产业工人、企业干部、专业知识分子、解放军工程建设官兵和民工，来到大西南、大西北的深山峡谷、大漠荒野，用他们宝贵的青春，用他们的血汗乃至生命，在祖国的西部地区建起了 1100 多个重点大中型工矿企业、科研机构以及高等院校。同期，地处一、二线的省份，由各省国防工业办公室领导，均组建了一批"小三线"地方军工企业，生产半自动步枪、手榴弹、迫击炮、重机枪、火箭弹、火箭筒、高射机枪等武器装备。目的是在未来可能发生的反侵略战争中，使各省能够拥有相对独立的自卫反击能力。此外，"三线"建设在新中国的西部地区留下了许多重要的知名企业，其中包括：

中国第二重型机器厂、贺兰山煤炭基地、重庆长安汽车股份有限公司、重庆建设工业有限责任公司、西昌卫星发射中心、酒泉钢铁公司、重庆川维股份集团、攀枝花钢铁集团、酒泉卫星发射中心、重庆川仪股份有限公司、六盘水煤炭工业基地、丹江口水电站、刘家峡水电站、重庆钢铁股份有限公司、洛阳玻璃厂、西北铝加工厂、重庆红岩汽车有限责任公司、中国二汽集团、襄渝铁路、重庆大江工业集团、江汉油田、青藏铁路一期西宁至南山口、重庆珠江光电集团、葛洲坝水利工程、湘黔铁路、重庆望江船舶集团、陕西飞机工业（集团）有限公司、成昆铁路、重庆816核工厂、长庆油田、焦枝铁路等。这些企业在新中国的经济建设中都发挥了各自的重要作用。

二、经济发展问题的争论

这一时期中国共产党对经济发展问题的思考和内部的争论，主要从经济体制改革、经济整顿、对外经济关系等几个方面展开。

（一）以下放权力为中心的经济体制改革思想

1966年3月20日，毛泽东在杭州召开的中共中央政治局扩大会议上提出权力下放思想，成为"文化大革命"期间中国共产党经济体制改革的指导思想。

20世纪60年代末至70年代初，旨在解决中央集权和地方分权的经济体制改革全面展开。主要围绕以下几个方面进行了理论上的探讨。第一，以"下放企业"为中心的工交管理体制改革。1970年3月5日，国务院拟定《关于工业交通各部直属企业下放地方管理的通知（草案）》，要求国务院工交各部的直属企业、事业单位绝大部分下放给地方管理；少数由中央和地方双重领导，以地方为主；极少数大型或骨干企业，由中央和地方双重领导，以中央为主。第二，以"大包干"为中心的财政、物资、基建管理体制改革。"四五"计划纲要在确定中央下放企业的同时，提出了在财政、物资和基本建设管理体制三个方面实行"大包干"的办法，进一步扩大地方相应的权限。第三，以"简化制度、下放权限"为内容的税收、信贷和劳动工资制度改革。在简化税收制度方面，1972年3月30日，以试行"行业税"为基础，国务院颁布《中华人民共和国工商税条例（草案）》，提出了新中国成立后工商税制第三次改革的办法；在简化信贷制度方面，1970年中央决定进一步扩大地方权限时，实行农村信贷包干、一定十年的信贷办法和实行中央统一计划，中央和省、自治区、直辖市分级管理体制；在简化劳动工资制度方面，提出城镇劳动力由国家"统包统配"和单一的固定工资制度。[1]

（二）经济整顿的思想

第一阶段以纠正极左思潮为主题。1971年，周恩来主持中央日常工作时，针对林彪、江青集团极左思潮对实际工作造成的恶劣影响，提出了批判极左思潮的正确主张，并把这一主张贯彻到经济整顿工作中去。1971年年底至1972年5月，周恩来还从产品质量入手，解决企业无人负责、无章可循的混乱局面。1973年根据周恩来的指示精神，国家计委在起草的《关于坚持统一计划，加强经济管理的规定》中，针对经济生活中存在的问题作了十条规定。这一时期，周恩来还对文化、教育、科技、外事等其他领域的极左思潮和做法进行了批判。

第二阶段以"三项指示为纲"为主题。"三项指示"是毛泽东提出的关于"学习理论、防修反修""要安定团结""把国民经济搞上去"的三项要求，比较集中地反映了毛泽东在"文化大革命"后期的思想。1975年5月8日至29日，中共中央在北京召开的全国钢铁工业座谈会上，邓小平在讲话中第一次把"三条重要指示"作为各项工作的"纲"提出，并强调三项指示是相互联系、不可分割的整体。邓小平提出的"三项指示为纲"，并以此统一全党全国的奋斗目标，明确1975年的工作重心。1975年年初至年底，邓小平主持中央日常工作。

---

[1] 张雷声、董正平主编：《中国共产党经济思想史》，河南人民出版社2006年版，第309—311页。

他在"三项指示为纲"思想的指导下，对政治、经济、军事、科学、文化、教育等方面进行了全面整顿，虽然只有八九个月，但成效卓著。[①]

专栏2-11：关于坚持统一计划，加强经济管理的规定

《关于坚持统一计划，加强经济管理的规定》中，针对经济生活中存在的问题作了十条规定：

（1）坚持社会主义经济的统一计划，搞好综合平衡；

（2）基本建设要集中兵力打歼灭战，提高投资效果；

（3）职工总数和工资总额的控制权属于中央，任何地区、部门都无权擅自增加；

（4）财政资金和信贷资金要严格区分、分口管理；

（5）主要物资的分配调度权力，集中在中央和省、自治区、直辖市两级；

（6）所有企业都要有一个集中统一的生产指挥系统，要使企业有章可循，纪律严明；

（7）大中型企业，是国民经济的骨干，中央和省、自治区、直辖市两级要努力把这些重点企业管好，不能层层下放，而地方"五小"企业要整顿；

（8）坚持按劳分配，反对平均主义，实行正常的考试晋升制度，可在少数单位试点计时工资制加奖励和计件工资；

（9）凡是违法乱纪的，都要按照党纪国法给予处分和制裁；

（10）加强党对经济工作的领导，坚持政治和业务的统一。

（三）对外经济思想

商品贸易方面，从1966—1976年期间，我国处于"文化大革命"的不正常时期，经济工作指导思想上过分强调独立自主、自力更生。尽管如此，我国商

[①]　张雷声、董正平主编：《中国共产党经济思想史》，河南人民出版社2006年版，第317—319页。

品进出口的贸易仍然有了一定发展。1966—1971 年期间，我国商品进出口贸易总额持续下降，从 1972 年起，由于大规模地引进成套设备的影响，我国进出口贸易总额才有了较大幅度的增长。1974 年猛增到 290 多亿元，其占同期工农业总产值的比重也达到了 7.3％ 的高峰。[①]

表 2-9　1966—1976 年我国商品进出口总额占工农业总产值的比重

年份	进出口总额（亿元）	工农业总产值（亿元）	比重（％）
1966 年	127.1	2534	5.0
1967 年	112.2	2306	4.9
1968 年	108.5	2213	4.9
1969 年	107.0	2613	4.1
1970 年	112.9	3138	3.6
1971 年	120.9	3482	3.5
1972 年	146.9	3640	4.0
1973 年	220.5	3967	5.6
1974 年	292.2	4007	7.3
1975 年	290.4	4467	6.5
1976 年	264.1	4536	5.8

资料来源：根据《中国统计年鉴》整理和计算。

技术引进方面，我国技术引进曾在"一五"时期形成从苏联、东欧国家引进为主的第一次高潮。从 20 世纪 60 年代初期中苏关系恶化以后，中国从西方国家引进先进技术设备的渠道难以畅通，在长达 10 年的时期内，引进工作完全处于停顿状态。从 20 世纪 70 年代初开始，国际形势发生了有利于中国与西方国家发展经济技术关系的变化。1971 年 10 月，中国恢复了在联合国的合法席位，随后与美国、日本等国经贸关系逐步建立。以 1972 年 8 月国务院批准从联邦德国、日本引进一米七轧机为开端，20 世纪 70 年代中后期成为我国引进大

---

① 顾龙生主编：《中国共产党经济思想史 1921—2011》增订本（上册），山西经济出版社 2014 年版，第 533 页。

型成套设备和先进技术的又一个高峰期。1973 年 1 月，国家计委向国务院提交了《关于增加进口设备、扩大经济交流的报告》，提出从国外进口 43 亿美元的成套设备和单机的方案，由此称为"四三"方案。到 1977 年底，实际对外签约成交达 39.6 亿美元。①

对外援助方面，20 世纪 60 年代中期我国度过了三年困难时期后，开始较大数额地向第三世界国家提供经济援助。1964 年中国对外援助财政拨款为 12.4 亿元，占国家财政支出的比例骤增为 3.1%，1965 年这一比例又上升到 4.5%。"文化大革命"前期中国的对外援助时高时低，然而从 20 世纪 70 年代初期开始，中国的对外援助款项占财政支出的比例又有较大幅度的上升。1973 年和 1974 年，中国外援支出分别为 58 亿元和 51 亿元，占当年财政支出的 7.2% 和 6.3%。从 1966 年到 1976 年，我国对外援助支付的总金额远远超出同期我国得到的外援数额，这样大规模的外援成为我国的沉重负担。②

从新中国成立到 1976 年这一重要历史时期，是新中国在曲折中艰辛探索的时期。③ 为了尽快实现国家现代化，中国共产党领导全国各族人民不断探索新路，不断纠正探索过程中的失误，积累了大量经验，经济建设领域取得了重要成绩，建立起独立的、比较完整的工业体系，发展了国防尖端科技，培养了一大批建设人才，为 1978 年以后的发展奠定了基础。在这一重要历史时期，我国确立了社会主义的基本制度，包括从新民主主义经济制度到以公有制为基础的社会主义基本经济制度的过渡等，为我国社会主义经济建设奠定了重要的制度基础。这一时期，我国国民经济和社会发展也取得了重大成绩，其中 1952 年到 1976 年国内生产总值翻了四番，年均增长率超过 6%；全国职工年均工资由 1952 年的 445 元增长到 1976 年的 575 元，全国社会消费品零售总额由 1952

---

① 顾龙生主编：《中国共产党经济思想史 1921—2011》增订本（上册），山西经济出版社 2014 年版，第 534—535 页。

② 同上书，第 535 页。

③ 当代中国研究所：《中华人民共和国简史（1949—2019）》，当代中国出版社 2019 年版，第 34 页。

年的 276.8 亿元增长到 1976 年的 1339.4 亿元，全国城乡居民储蓄存款余额由 1952 年的 8.6 亿元增长到 1976 年的 159.1 亿元。[1] 这一时期尽管我国经历了 "大跃进" 和 "文化大革命"，但是经济社会发展的速度仍然相对较快。

这一历史时期经济建设过程中，通过对当时经济发展、政治建设、阶级斗争等一系列矛盾问题进行积极和消极因素的分析，形成了重要思想和宝贵经验。[2] 一是认识到社会主义建设要充分发挥人民群众的积极性。新中国成立以后我国迅速开启大规模社会生产活动，除了苏联的援助之外，更重要的是注重发挥群众的积极性，吸收广大劳动群众参与生产、管理、领导等工作。二是充分展示了社会主义规模化建设的优势。毛泽东在读苏联《政治经济学教科书》时，总结了我国在 1959 年冬天组织七千多万人兴修水利的成功经验，认为 "我们要继续搞这样大规模的运动，使我们的水利问题基本上得到解决"[3]，肯定了规模化优势的重要性。三是要充分利用好沿海城市工业的生产力。毛泽东在《论十大关系》中对沿海和内地的关系进行了分析，指出 "沿海的工业基地必须充分利用"，对沿海工业生产力的发挥 "可以使我们更有力量来发展和支持内地工业"。[4] 这一重要论述也为将来改革开放率先在沿海地区开展提供了前期支撑。

---

[1] 国家统计局国民经济综合统计司编：《新中国六十年统计资料汇编》，中国统计出版社 2010 年版。

[2] 王锐：《中国社会主义经济建设的历史进程和基本经验》，中央党校 2019 年博士论文。

[3] 毛泽东：《读苏联〈政治经济学教科书〉的谈话（节选）》，《毛泽东文集》第八卷，人民出版社 1999 年版，第 127 页。

[4] 毛泽东：《论十大关系》，《毛泽东文集》第七卷，人民出版社 1999 年版，第 26 页。

第三章　改革开放和社会主义现代化建设新时期的中国共产党经济建设思想

1976 年粉碎"四人帮"至 1992 年召开中共十四大，是中国开始改革开放，确立以经济建设为中心的发展方略，探索中国特色社会主义市场经济，形成有中国特色社会主义经济建设思想的重要时期。

第一节　在徘徊中前进时期的经济建设思想

一、国民经济的恢复

（一）以学大寨、学大庆促进农业和经济建设的思想

1. 以学大寨促进农业发展

粉碎"四人帮"后，1976 年 12 月党中央召开了第二次全国农业学大寨会议，会上华国锋在报告中提出"深入开展农业学大寨、工业学大庆的群众运动，努力把国民经济搞上去"。

第二次全国农业学大寨会议认为，努力发展社会主义经济，是无产阶级专政的基本任务之一。在坚持社会主义方向，坚持无产阶级政治挂帅的前提下，生产发展得越多越好，越快越好。1977 年 1 月 19 日，国务院又将《关于 1980 年基本上实现农业机械化的报告》转发各地区、各部门。要求到 1980 年全国基

本上实现农业机械化，使农、林、牧、副、渔主要作业的机械化水平达到 70%左右，这显然是无法实现的①，同时也反映了我们党在社会主义经济建设中急于求成的思想又一次得到表现。② 中共中央政治局委员、国务院副总理陈永贵代表党中央作了题为《彻底批判"四人帮"，掀起普及大寨县运动的新高潮》的报告，正式提出"战斗任务"是：1980 年把全国 1/3 以上的县建成大寨县；全国基本上实现农业机械化；以粮为纲，全面发展，粮、棉、油、猪和各项经济作物、林、牧、副、渔各业的生产超过《1976—1985 年发展国民经济十年规划纲要（草案）》制定的计划。③

第二次全国农业学大寨会议还认为，农业的大发展必将带动和推进整个国民经济的新高涨，因此要求"全党大办农业"，从中央到地方，工、农、商、学、兵、政、党七个方面，各部门、各行业，都要进一步采取有力措施，做好普及大寨县的工作。④

2. 以学大庆促进工业发展

在学大寨会议刚结束不久，紧接着中央在 1977 年 1 月发出《关于召开全国工业学大庆会议的通知》（以下简称《通知》）。《通知》指出：大庆是我国工业战线的一面红旗，大庆工人在千里冰封的大草原上，在缺少经验、缺少设备、缺少技术力量、衣食住行都很困难的情况下，同天斗、同地斗、同阶级敌人斗，同修正主义斗，以一不怕苦、二不怕死的英雄气概，革命加拼命，高速度、高质量地拿下了我国第一个大油田，把大庆建设成为多快好省地发展社会主义经济、巩固无产阶级专政的坚强阵地。⑤

1977 年 4 月 20 日，全国工业学大庆会议在大庆油田隆重开幕。李先念致

---

① 曾璧钧、林木西主编：《新中国经济史 1949—1989》，经济日报出版社 1990 年版，第 300 页。

②③ 顾龙生主编：《中国共产党经济思想史 1921—2011》增订本（下册），山西经济出版社 2014 年版，第 552 页。

④ 《人民日报》，1976 年 12 月 24 日。

⑤ 顾龙生主编：《中国共产党经济思想史 1921—2011》增订本（下册），山西经济出版社 2014 年版，第 554 页。

开幕词指出：把工业学大庆的群众运动推向新的阶段，普及大庆式企业，是贯彻落实党中央抓纲治国的战略决策，走向天下大治的重要部署。中共大庆委员会书记宋振明在题为《高举毛主席的伟大旗帜，走我国自己工业发展的道路》的发言中介绍了大庆的成就和基本经验。[1]

全国工业学大庆会议的基本精神，是要努力把我国国民经济搞上去，会议延续了一些"文化大革命"时期的提法、口号，例如以阶级斗争为纲、坚持无产阶级专政下继续革命的理论、坚持党的基本路线等，其提出"为创建十来个大庆油田"而斗争的提法，经实践证明是急于求成的表现。当然，"当时的党中央没能在根本思想上彻底清理'文化大革命'时期和多年来党内的'左'的错误，因而在其后的一系列重大问题上，仍然有'左'的思想的束缚"。[2]

（二）"抓纲治国"，推动国民经济新跃进

在粉碎"四人帮"后不久，党中央即提出抓纲治国的思想，以此来推动国民经济在新形势下的跃进。抓纲治国，当时是指从思想上、政治上将"四人帮"批透批深，把他们颠倒了的东西纠正过来，澄清"路线是非"，划清思想界限，并抓住"无产阶级同资产阶级、社会主义同资本主义的斗争"这个"主要矛盾"，来达到"天下大治"。[3]抓纲治国，推动国民经济的新跃进，必须安排好国民经济的比例关系，突出重点，把国民经济纳入有计划按比例高速度发展的轨道，并要求做好四项工作：一是要真正按照农、轻、重的次序，把农业放在第一位，下大决心，花大力气，尽快把农业搞上去，切实加强工业对农业的支援；二是要千方百计把轻工业市场安排好，把人民生活安排好，认真搞好集体福利事业；三是把燃料、动力和原材料工业抓上去，特别是要把燃料、电力抓上去，把钢铁抓上去；四是下决心集中力量打歼灭战，解决基本建设战线过

---

① 顾龙生主编：《中国共产党经济思想史 1921—2011》增订本（下册），山西经济出版社 2014 年版，第 555 页。

② 胡绳：《中国共产党的七十年》，中共党史出版社 1991 年版，第 483 页。

③ 顾龙生主编：《中国共产党经济思想史 1921—2011》增订本（下册），山西经济出版社 2014 年版，第 557 页。

长的问题。抓纲治国，推动国民经济新跃进的思想，在 1977 年 8 月召开的中共十一大上也作为党中央的战略决策被提了出来。

在抓纲治国、推动国民经济新跃进的思想指导下，党领导全国人民在经济战线上取得了成绩。农业夏粮取得好收成，棉花、油料都比上年有所增产。工业生产，1977 年 6 月创造了历史同期最高水平，1—9 月，工业总产值累计比上年同期增长 12%。铁路平均日装车量，4 月份就超过了历史最高月水平，1—9 月货运量比上年同期有显著增长。财政收入也扭转了连续几年完不成计划的局面，1—9 月比上年同期增长 7.8%。然而，为了加快经济建设速度，在 1977 年 10 月召开的四届全国人大常委会第四次会议上，国务院关于加快速度问题提出了一些举措，但提出的这些措施，无可避免地仍然存在一些急于求成的思想，如在 1980 年基本上实现农业机械化、实现全国 1/3 的大庆式企业和大寨县等。[①]

（三）恢复按劳分配原则

在 1977 年 8 月召开的中共十一大会议上，提出了要贯彻按劳分配的经济政策的思想，其后在一些重要讲话和报告中，也提到了要恢复各尽所能、按劳分配的政策，批判了"干多干少一个样、干难干易一个样、干好干坏一个样、干与不干一个样"的现象。经济学界此时就按劳分配问题也展开了激烈的讨论。同时，国务院政治研究室起草了《贯彻执行按劳分配的社会主义原则》的文章，以特约评论员的名义在 1978 年 5 月 5 日的《人民日报》上发表。文章指出：按劳分配是社会主义的原则；按劳分配的各种劳动报酬形式；实行按劳分配原则应注意坚持无产阶级政治挂帅等几个问题。

邓小平很欣赏这篇文章，专门就此发表谈话。他认为，我们一定要坚持按劳分配的社会主义原则。为了贯彻按劳分配原则，邓小平还提出要恢复奖金制度、稿费制度，搞物质鼓励。邓小平指出，颁发奖牌、奖状是精神鼓励，是一种政治上的荣誉，这是必要的，但物质鼓励也不能缺少，贯彻按劳分配原则，

---

① 顾龙生主编：《中国共产党经济思想史 1921—2011》增订本（下册），山西经济出版社 2014 年版，第 559 页。

"总的是为了一个目的,就是鼓励大家上进"。[①]

二、工作重心转移到现代化建设

在徘徊中前进的两年,发生了急于求成、急躁冒进的情况,但由于宣告"文化大革命"的结束、粉碎了"四人帮",经济工作和其他各项工作还是有所前进的,在经济思想上也有所前进。

(一)恢复经济秩序

在粉碎"四人帮"后,党中央十分重视恢复十年动乱造成的经济混乱情况。首先采取果断措施,解决铁路这根国民经济的大动脉堵塞的问题,这是非常关键的一招棋。接着召开一系列会议,强调进行企业整顿,建立各项规章制度,恢复和发展工农业生产。经过一段时期的整顿,一批趋于瘫痪、半瘫痪的企业状况有所改变,生产上的混乱情况有所好转,国民经济得到较快的恢复。[②]

随着国民经济的恢复,生产得到了发展。农业生产1978年获得大丰收,粮食产量突破3000亿公斤,超过历史最高水平;在工业生产方面成绩也很显著:工业总产值1977年比上年增长14.3%,1978年又在此基础上增长13.5%,虽然这属于恢复经济性质,但增长速度挺高;财政收入1977年比上年增长12.6%,1978年又在此基础上增长28.2%,并都做到收支平衡,略有结余;人民生活水平也有所提高,1977年全国有60%的职工十几年来第一次不同程度地增加了工资,1978年全国城乡居民消费水平比上年提高5.1%。[③]1976—1978年,全国GDP从2988.6亿元增长至3678.7亿元,其中,第一产业增加值从967.1亿元增长至1018.5亿元,第二产业增加值从1346.0亿元增长至1755.1亿元,第三产业增加值从675.6亿元增长至905.1亿元。

---

① 顾龙生主编:《中国共产党经济思想史1921—2011》增订本(下册),山西经济出版社2014年版,第562页。

② 同上书,第566页。

③ 胡绳:《中国共产党的七十年》,中共党史出版社1991年版,第482页。

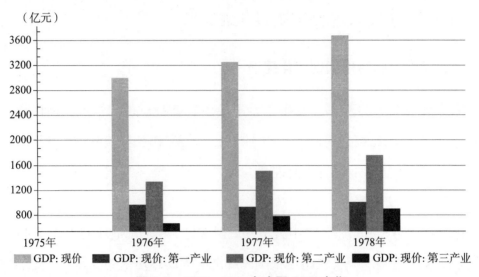

图 3-1　1976—1978 年全国 GDP 变化

在进行的各产业部门一系列学大庆的会议和工作会议上，对恢复生产秩序、发展经济工作都作出了积极的部署。国务院于 1977 年发出的关于在当年七八月间召开全国企业加强经营管理扭亏增盈大会的通知，其指出："发动和依靠群众，大力整顿企业，加强经营管理，扭转企业亏损，提高盈利水平，是当前必须解决的一项紧迫任务。"① 这个通知还澄清了一些被搞乱了的思想认识，例如社会主义企业利润与所谓"利润挂帅"问题。

（二）加快社会主义经济建设

1978 年 2 月召开了第五届全国人民代表大会第一次会议，华国锋作了题为《团结起来，为建设社会主义的现代化强国而奋斗》的政府工作报告，提出了在 20 世纪内把我国建设成为农业、工业、国防和科学技术现代化的伟大的社会主义强国的任务，需要在政治、经济、文化、军事、外交等各个方面，进行紧张的工作和斗争，"而高速度发展社会主义经济，归根到底具有决定性的意义"这个思想，已近似于"以经济建设为中心"。②

① 《人民日报》1978 年 4 月 29 日。
② 顾龙生主编：《中国共产党经济思想史 1921—2011》增订本（下册），山西经济出版社 2014 年版，第 569—570 页。

但是《政府工作报告》对当时国民经济比例失调的情况估计不足，急于求成，提出了一些高指标：第一阶段从 1978 年到 1980 年，目标是基本实现农业现代化，粮食产量达到 3350 亿公斤，钢产量达到 3600 万吨；第二阶段是 1981 年到 1985 年，粮食产量达到 4000 亿公斤，钢产量达到 3000 万吨，各个工业部门的技术程度较高，主要生产环节基本掌握现代科学技术；第三阶段是到 2000 年年底，全面实现四个现代化，粮食产量达到 6750 亿公斤到 7500 亿公斤，钢产量达到 1.3 亿吨到 1.5 亿吨，在主要产品和主要生产工艺上实现现代化，各项经济技术指标分别接近、赶上甚至超过当时的世界先进水平，使我国国民经济走在世界前列。[①] 这个方针忽视了客观经济发展规律，忽视了客观可能性，其执行造成了国家财政困难和国民经济比例更加失调的严重后果。

（三）工作重心转移到经济建设上的思想

1978 年 11 月 10 日到 12 月 13 日，中共中央召开工作会议，就中央政治局根据邓小平建议提出的全党工作重心转移问题，进行了认真切实的讨论，开始将党的工作重心转到实现四个现代化上来，这个根本指导方针在这次工作会议上被确定了下来。邓小平在 12 月 13 日闭幕会上作的题为《解放思想，实事求是，团结一致向前看》的讲话，为随后召开的党的十一届三中全会提出了基本的指导思想，被称为"实际上是三中全会的主题报告"。

邓小平的这个报告讲了四个问题：解放思想是当前的一个重大政治问题；民主是解放思想的重要条件；处理遗留问题为的是向前看；研究新情况，解决新问题。在中共十一届三中全会召开前夕的中央工作会议上，党中央根据邓小平的建议，提出了把党的工作重心转移到现代化经济建设上来的战略决策，使全党的注意力集中到现代化建设上来，对如何搞好现代化经济建设，党也提出了许多正确的思想和认识，为三中全会实现战略转移铺平了道路。[②]

---

① 张雷声、董正平主编：《中国共产党经济思想史》，河南人民出版社 2006 年版，第 326—327 页。

② 顾龙生主编：《中国共产党经济思想史 1921—2011》增订本（下册），山西经济出版社 2014 年版，第 573 页。

专栏 3-1：《解放思想，实事求是，团结一致向前看》主要经济思想

邓小平在 1978 年 12 月 13 日中共中央工作会议闭幕会上作的题为《解放思想，实事求是，团结一致向前看》的报告中，提到的经济思想主要有：

（1）发扬经济民主，应该改变我国经济管理体制权力过于集中的现状，下放经营权力；

（2）扩大工矿企业和生产队的自主权，发挥工矿企业和生产队主动创造精神；

（3）学会用经济方法管理经济，要向懂行的人、向国外学习先进的管理方法；

（4）加强责任制，任何一项任务、一个建设项目，都要实行定任务、定人员、定数量、定质量、定时间等制度；

（5）允许一部分地区和一部分人先富起来，让先富起来的人产生示范效应；

（6）为搞好现代化建设，必须加强对经济学的学习，大多数干部要学习经济学、科学技术和管理。

第二节　全面开创社会主义现代化建设新局面的经济建设思想

一、中共十一届三中全会的伟大转折

1978 年 12 月召开的中共十一届三中全会，是新中国成立以来我党历史上具有深远意义的伟大转折。全会开始全面地认真地纠正"文化大革命"中及其以前的"左"倾错误，从指导思想上进行拨乱反正，重新确立了马克思主义的思想路线、政治路线和组织路线，把党和国家的工作重心转移到经济建设上来，实现了伟大的历史性转折。

（一）以经济建设为中心

中共十一届三中全会作出了把工作重心转移到社会主义现代化建设上来的战略决策，而指导制定这一决策的一个重要思想，就是社会主义必须以经济建设为中心。

会议决定停止使用"以阶级斗争为纲"这个不适合社会主义现代化建设的口号。全会根据马克思主义的阶级学说，对我国的阶级作了科学的分析，认为我国在生产资料私有制的社会主义改造基本完成之后，国内的阶级状况和阶级斗争形势便发生了根本性变化，剥削阶级作为一个阶级已经不存在了，这些阶级中的原有成员已被改造成自食其力的劳动者了。尽管阶级斗争还将在一定范围内长期存在，但已经不是我国社会的主要矛盾了。因此，在这样的形势下推行"以阶级斗争为纲"显然是没有根据的。"以阶级斗争为纲"的推行，对社会主义建设也起到明显的破坏作用。它阻碍了党的工作重心转移，使经济建设服从和服务于阶级斗争；它把阶级斗争当成是推动社会前进的唯一动力，所以，在经济建设上，歪曲经济与政治的关系，以政治，尤其是阶级斗争来代替经济，忽视经济建设的客观性和科学性，使正常的经济建设无法开展。①

强调以经济建设为中心并把它作为党的基本路线的核心内容，是中共十一届三中全会之前所未曾有过的，这虽然是我们党在政治路线上的拨乱反正，但从经济思想发展史的角度看，也有着不容忽视的重要意义：一是以经济建设为中心的思想的确立，不仅纠正了对马克思主义阶级斗争理论的曲解，而且恢复了列宁主义关于社会主义的根本任务是发展生产力这个重要原则，为我们专心致志地从事现代化建设，提供了正确的理论指导；二是以经济建设为中心的思想的确立，为我们党在当前以及今后相当长一段历史时期所必须解决的主要问题或中心任务，奠定了牢固的思想理论基础；三是以经济建设为中心的思想的确立，为我们寻找适合我国国情的社会主义建设道路提供了必要的思想指导。②

---

① 张雷声、董正平主编：《中国共产党经济思想史》，河南人民出版社 2006 年版，第 332 页。

② 顾龙生主编：《中国共产党经济思想史 1921—2011》增订本（下册），山西经济出版社 2014 年版，第 577—579 页。

专栏 3-2：中共十一届三中全会的召开及其重要意义

1978 年 12 月 18 日—22 日，中国共产党第十一届中央委员会第三次全体会议在北京举行。全会的中心议题是讨论把全党的工作重心转移到社会主义现代化建设上来。

这次全会前，召开了历时 36 天的中央工作会议。在中央工作会议上，党的许多老一辈革命家和领导骨干，对"文化大革命"结束后两年来党的领导工作中出现的失误提出了中肯的批评，对党的工作重心转移到经济、政治方面的重大决策，党的优良传统的恢复和发扬等，提出了积极的建议。邓小平在会议闭幕式上作了题为《解放思想，实事求是，团结一致向前看》的重要讲话。这次中央工作会议，为随即召开的中共十一届三中全会作了充分准备。邓小平的讲话实际上成了三中全会的主题报告。

中共十一届三中全会结束了粉碎"四人帮"之后两年中党的工作在徘徊中前进的局面，实现了新中国成立以来党的历史的伟大转折。这个伟大转折，是全局性的、根本性的，集中表现在以下几个主要方面：

（1）全会实现了思想路线的拨乱反正。全会指出："党中央在理论战线上的崇高任务，就是领导、教育全党和全国人民历史地科学地认识毛泽东同志的伟大功绩，完整地、准确地掌握毛泽东思想的科学体系，把马列主义、毛泽东思想的普遍原理同社会主义现代化建设的具体实践结合起来，并在新的历史条件下加以发展。"

（2）全会实现了政治路线的拨乱反正。这是最根本的拨乱反正。三中全会果断地作出把全党工作重心和全国人民的注意力转移到社会主义现代化建设上来的战略决策。这是八大正确路线的恢复和发展，是在新的历史条件下对建设有中国特色社会主义道路的探索。

（3）全会实现了组织路线的拨乱反正。一大批老一辈革命家重新回到党中央的领导岗位，以邓小平为核心的中央领导集体经过三中全会在实际上建立起来，这是最重要的成果。

（4）全会开始了系统地清理重大历史是非的拨乱反正。全会认真地讨论了"文化大革命"中发生的一些重大政治事件，也讨论了"文化大革命"前遗留下来的某些历史问题。

（5）全会恢复了党的民主集中制的传统。全会决定根据党的历史经验，健全党的民主集中制，健全党规党法，严肃党纪；全体党员和党的干部，人人遵守纪律，是恢复党和国家正常政治生活的起码要求；强调党中央和各级党委要加强集体领导。

（6）全会作出了实行改革开放的新决策，启动了农村改革的新进程。全会在讨论1979年、1980年两年的国民经济计划安排时，提出了要注意解决国民经济重大比例失调，搞好综合平衡的要求。全会还讨论了农业问题，认为农业这个国民经济的基础就整体来说还十分薄弱，只有大力恢复和加快发展农业生产，才能提高全国人民的生活水平。全会提出了当前发展农业的一系列政策措施，并同意将《中共中央关于加快农业发展若干问题的决定（草案）》等文件发到各省、自治区、直辖市讨论和试行。这个文件在经过修改和充实之后正式发布，接着一些重要的农业方面的文件相继制定和发布施行，有力地推动了农村改革的进程。

重要意义：中共十一届三中全会所作出的这些在领导工作中具有重大意义的转变，标志着中国共产党从根本上冲破了长期"左"倾错误的严重束缚，端正了党的指导思想，使广大党员、干部和群众从过去盛行的个人崇拜和教条主义束缚中解放出来，在思想上、政治上、组织上全面恢复和确立了马克思主义的正确路线，结束了1976年10月以来党的工作在徘徊中前进的局面，将党领导的社会主义事业引向健康发展的道路。党的十一届三中全会揭开了党和国家历史的新篇章，是新中国成立以来我党历史上具有深远意义的伟大转折。

（二）认真改革经济体制

中共十一届三中全会在决定全党工作重心转移到社会主义现代化建设上来的同时，又提出对我国经济体制进行全面改革。《中共十一届三中全会公报》指出："实现四个现代化，要求大幅度地提高生产力，也就必然要求多方面地改变同生产力发展不适应的生产关系和上层建筑，改变一切不适应的管理方式、活动方式和思想方式。"并指出："对经济管理体制和经营管理方法着手认真的改革。"[1]

中共十一届三中全会关于认真改革经济体制的思想，强调既要突出重点抓住要害，又要注意相互联系的各个环节，就其范围和程度来说，超过了以往任何一次经济体制改革。这次改革，不仅要改变管得过多过死的计划经济体制，而且要转变政府职能、精简经济行政机构；不仅要大胆下放权力，给地方和企业以更多的经济管理自主权，而且实行政企分开，改变政企不分、以政代企的现象；不仅要严格管理权限和责任，而且尊重客观经济规律，重视价值规律的作用；不仅要重视劳动者的物质利益，而且要学会用经济的办法管理经济；等等。尽管这些问题还不像后来那样得到充分的阐述，还只是原则性地提出，但可以肯定，这都是经济体制改革中的重大问题，都是触及到了改革传统体制的深层次的问题，尤其是对于经济体制改革实质和意义的认识。[2]

经济体制改革思想是十一届三中全会后中国共产党的重要经济思想之一，是对社会主义建设理论的发展，丰富了马克思主义的社会主义经济理论。经济体制改革不仅要改革原有的经营管理方式，而且在政府职能、政企关系等相关问题上也要实行改革，农村改革与企业改革同时展开。因而，这次改革涉及国民经济的各主要方面，是解决社会主义社会基本矛盾的有效形式。改革既符合马克思主义历史唯物主义基本原理，又体现了社会主义经济实践的要求。经济体制改革是邓小平建设有中国特色社会主义理论的重要内容，对中国未来的经

① 中共中央文献研究室：《三中全会以来重要文献选编》上，人民出版社1982年版，第4页。
② 顾龙生主编：《中国共产党经济思想史1921—2011》增订本（下册），山西经济出版社2014年版，第583页。

济、社会等方方面面产生了深远影响。[①]

专栏 3-3:《中共十一届三中全会公报》关于经济体制改革的表述

　　《中共十一届三中全会公报》指出，现在我国经济管理体制的一个严重缺点是权力过于集中，应该有领导地大胆下放，让地方和工农业企业在国家统一计划的指导下有更多的经营管理自主权；应该着手大力精简各级经济行政机构，把它们的大部分职权转交给企业性的专业公司或联合公司；应该坚决实行按经济规律办事，重视价值规律的作用，注意把思想政治工作和经济手段结合起来，充分调动干部和劳动者的生产积极性；应该在党的一元化领导之下，认真解决党政企不分、以党代政、以政代企的现象，实行分级分工分人负责，加强管理机构和管理人员的权限和责任，减少会议公文，提高工作效率，认真实行考核、奖惩、升降等制度。采取这些措施，才能充分发挥中央部门、地方、企业和劳动者个人四个方面的主动性、积极性、创造性，使社会主义经济的各个部门各个环节普遍地蓬蓬勃勃地发展起来。

（三）必须集中主要精力把农业尽快搞上去

　　农业合作化以后，我国农业生产力在集体经济的基础上有所提高，但由于人民公社"政社合一"的体制，经营管理过分集中，平均主义十分严重，难以调动农民的生产积极性，到 1978 年全国尚有 1 亿多农民没有解决温饱问题。粉碎"四人帮"到中共十一届三中全会的召开期间，"左"倾错误仍然影响着农业生产，1978—1980 年农业总产值从 1274.5 亿元提升至 1414.4 亿元，平均每年增长 5%，但发展速度仍未恢复到 1957 年以前的水平。[②]

---

① 张雷声、董正平主编:《中国共产党经济思想史》，河南人民出版社 2006 年版，第 336 页。

② 顾龙生主编:《中国共产党经济思想史 1921—2011》增订本（下册），山西经济出版社 2014 年版，第 585 页。

中共十一届三中全会是新中国成立后我党历史上的伟大转折，也是我国农业发展的伟大历史性转折。党中央紧紧抓住农业这个关键环节，正确地总结了正反两方面的经验教训，提出了集中主要精力把农业尽快搞上去的思想。

一是当时农业的基础地位还很薄弱，只有大力恢复和加快发展农业生产，才能保证整个国民经济的迅速发展。中共十一届三中全会制定、1979 年 9 月四中全会通过的《关于加快农业发展若干问题的决定》(以下简称《决定》)指出："摆在我们面前的首要任务，就是要集中精力使目前还很落后的农业尽快得到迅速发展，因为农业是国民经济的基础，农业的高速度发展是保证实现四个现代化的根本条件。"[①]

二是确定农业政策和农村经济政策的首要出发点，是充分发挥社会主义制度的优越性和亿万农民的积极性。为此，党中央采取一系列的政策举措，包括提高粮食统购价格、提高农业投资比重、取消对家庭副业等不合理的限制等，最主要的，是建立和健全农业自主责任制，并以此为中心实行农业体制的改革。

三是勇于探索建设具有中国特色的社会主义现代化农业的道路。1980 年 9 月，中共中央发出《关于进一步加强和完善农业生产责任制的几个问题》，推动"联产承包、统分结合"这种适合当时农业生产特点的发展路径。

四是"多种经营，综合发展"是繁荣农村经济的重要战略。1981 年 3 月，中共中央和国务院转发了国家农委《关于积极发展农村多种经营的报告》，并发出通知，提出要把"多种经营，综合发展"作为我国繁荣农村经济的重要战略，并明确提出："绝不放松粮食生产，积极开展多种经营，这是我们的方针。"[②]

五是走出一条适合我国国情的农业技术改造的道路。《决定》指出："必须从我国人口多、耕地少、底子薄、科学文化水平低，但幅员广阔、自然资源比较丰富、有众多的劳动力等特点出发，认真总结我国自己的经验，虚心学习外国先进经验，尽可能避免技术先进国家曾经出现的弊病，走出一条适合我国情

---

① 中共中央文献研究室：《三中全会以来重要文献选编》上，人民出版社 1982 年版，第 177 页。
② 中共中央文献研究室：《三中全会以来重要文献选编》下，人民出版社 1982 年版，第 743 页。

况的农业现代化的道路。"①

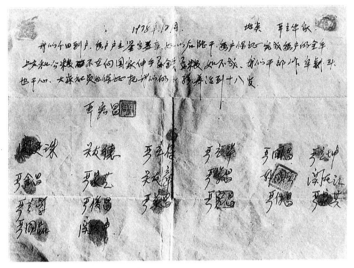

图 3-2　安徽省凤阳县小岗村 18 户农民实行农业"大包干"的"秘密契约"

专栏 3-4：家庭联产承包责任制的初探

　　家庭联产承包责任制是农民以家庭为单位，向集体经济组织（主要是村、组）承包土地等生产资料和生产任务的农业生产责任制形式。

　　1978 年 11 月 24 日晚上，安徽省凤阳县凤梨公社小岗村西头严立华家低矮残破的茅屋里挤满了 18 位农民。关系全村命运的一次秘密会议此刻正在这里召开。这次会议的直接成果是诞生了一份不到百字的包干保证书。其中最主要的内容有三条：一是分田到户；二是不再伸手向国家要钱要粮；三是如果干部坐牢，社员保证把他们的小孩养活到 18 岁。在会上，队长严俊昌特别强调，"我们分田到户，瞒上不瞒下，不准向任何人透露"。1978 年，这个举动是冒天下之大不韪，也是一个勇敢的甚至是伟大的壮举。

---

　　①　中共中央文献研究室：《三中全会以来重要文献选编》上，人民出版社 1982 年版，第 193—194 页。

1978年的家庭联产承包责任制改革，将土地产权分为所有权和经营权。所有权仍归集体所有，经营权则由集体经济组织按户均分包给农户自主经营，集体经济组织负责承包合同履行的监督，公共设施的统一安排、使用和调度，土地调整和分配，从而形成了一套有统有分、统分结合的双层经营体制。家庭联产承包责任制的推行，纠正了长期存在的管理高度集中和经营方式过分单调的弊端，使农民在集体经济中由单纯的劳动者变成既是生产者又是经营者，从而大大调动了农民的生产积极性，较好地发挥了劳动和土地的潜力。

1979年10月，小岗村打谷场上一片金黄，经计量，当年粮食总产量66吨，相当于全队1966年到1970年5年粮食产量的总和。

二、调整国民经济，理顺经济关系

中共十一届三中全会以后，当我们党把工作重心转移到社会主义现代化建设上来的时候，国民经济停滞、倒退的局面虽已扭转，但是大比例关系失调的情况仍然相当严重。这种情况下，党中央果断决定调整国民经济，理顺经济关系，为社会主义现代化建设创造一个良好的新开端。

（一）"调整、改革、整顿、提高"方针的确定

在粉碎"四人帮"后最初两年中，经济工作中"左"的思想致使长期存在的国民经济比例失调的情况又有发展，其主要表现在：工农业比重失调，工业内部比例失调，能源、交通与加工工业比例失调，积累和消费的比例严重失调等，当时国民经济中重大比例失调的情况严重制约着国民经济的发展。《中共十一届三中全会公报》指出："生产、建设、流通、分配中的一些混乱现象没有完全消除，城乡人民生活中多年积累下来的一系列问题必须妥善解决。"① 为了

---

① 中共中央文献研究室：《三中全会以来重要文献选编》上，人民出版社1982年版，第6页。

改变这种情形，1979 年 4 月党中央召开工作会议，制定"调整、改革、整顿、提高"的八字方针，开始对国民经济进行调整。

国民经济调整的思想，最早是陈云在 1979 年 3 月 21 日中共中央政治局会议上提出的。邓小平赞同陈云的观点，3 月 30 日，邓小平在党的理论工作务虚会上的讲话中，在谈到当前的形势和任务时特别对国民经济的调整作了透彻、精辟的分析。概括起来，主要有以下几点：一是没有按比例发展就不可能有稳定的、确实可靠的高速度；二是在经济比例失调的条件下，下决心进行必要的正确的调整，是我们的经济走向正常的、稳定的发展的前提；三是这次调整是前进中的调整，是为了给实现四个现代化打好稳固的基础。[①]

国民经济"调整、改革、整顿、提高"的八字方针，就是坚决地、逐步地把各方面严重失调的比例关系基本上调整过来，使整个国民经济真正纳入按比例协调发展的轨道；积极而又稳妥地改革工业管理和经济管理的体制，充分发挥中央、地方、企业和职工的积极性；继续整顿好现有企业，建立健全良好的生产秩序和工作秩序；通过调整、改革和整顿，大大提高企业的管理水平和科学技术水平。

这次调整，除理顺严重失调的国民经济比例关系外，更着重于纠正经济建设指导思想上"左"的错误，全党对"左"的指导思想和经济体制中的弊端有了更加清醒的认识。在此基础上，国务院提出新的经济发展方针，要求切实改变长期以来在"左"的思想指导下一套老的做法，从我国实际出发，走出一条速度比较实在、经济效益比较好、人民可以得到更多实惠的新路子。这是经济领域拨乱反正的最重要成果。

（二）立足基本国情，按照客观经济规律办事

1. 中国式的现代化，必须从中国的特点出发

针对我国的现代化建设将怎样起步、要沿什么样的路迈进等问题，1979 年

---

① 《邓小平文选》第二卷，人民出版社 1994 年版，第 161 页。

3月30日邓小平给予了明确的回答。他指出："过去搞民主革命，要适合中国情况，走毛泽东同志开辟的农村包围城市的道路。现在搞建设，也要适合中国情况，走出一条中国式的现代化道路。"又指出："中国式的现代化，必须从中国的特点出发。"①

从中国的特点出发，建设中国式的现代化，也就是说，我国要实现社会主义现代化，必须根据我国国情来制定有关的路线、方针和政策。中国特色社会主义经济建设的道路，至少要注意以下几个方面：一是必须把发展生产力作为社会主义的根本任务，集中力量，加速现代化建设；二是必须充分认识我国人口众多这一特殊国情，不论规划经济和社会发展，还是考虑人民生活的安排，都要足够估量对我国人口的重大影响；三是必须充分认识我国幅员辽阔，自然资源和矿产资源丰富，但人均占有量相对不足，人口多、耕地少的矛盾尤为突出；四是必须充分认识我国国民经济虽然有了很大发展，奠定了相当的物质技术基础，但是鉴于产业结构不合理、地区发展不平衡、经济效益差的状况，必须认真调整产业结构，提高经济效益。

2. 经济建设必须按照客观经济规律办事

在1979年4月召开的中央工作会议上，党中央指出经济建设必须适合我国国情，符合经济规律和自然规律。"要从实际出发，坚持实事求是的原则，真正按客观经济规律办事。"②其在1981年6月中共十一届六中全会通过的《关于建国以来党的若干历史问题的决议》(以下简称《决议》)中，得到了进一步发挥。

《决议》指出："我们过去在经济工作中长期存在的'左'倾错误的主要表现，就是离开了我国国情，超越了实际的可能性，忽视了生产建设、经营管理的经济效果和各项经济计划、经济政策、经济措施的科学论证，从而造成大量的浪费和损失。我们必须采取科学态度，深入了解和分析情况，认真听取各方

---

① 《邓小平文选》第二卷，人民出版社1994年版，第163—164页。

② 中共中央文献研究室：《三中全会以来重要文献选编》上，人民出版社1982年版，第121页。

面干部、群众和专家的意见，努力按照客观经济规律和自然规律办事。"①

这个时期我们党提出必须按照客观经济规律办事的思想，至少有以下几点值得重视：一是社会主义制度不仅有可能而且有必要按照客观经济规律办事；二是实现社会主义现代化与承认社会主义经济规律的客观性，按照社会主义经济规律办事，有着极为密切的联系；三是按照经济规律办事，就要认真遵守客观存在的各种社会主义经济规律。②

以上有关尊重并利用价值规律和认真贯彻按劳分配原则的思想，在中共十二大特别是中共十二届三中全会通过的《中共中央关于经济体制改革的决定》中得到了进一步肯定和发挥。中共十二大报告指出：无论是实行指令性计划还是指导性计划，都要力求符合客观实际、经常研究市场供需状况的变化，自觉利用价值规律，运用价格、税收、信贷等经济杠杆引导企业实现国家计划的要求，给企业以不同程度的机动权，这样才能使计划在执行中及时得到必要的补充和完善。③

（三）与人民生活的改善相结合的生产力发展

使生产的发展同人民生活的改善密切结合，是指导整个国民经济调整工作的重要方针之一。这一方针体现了中共十一届三中全会关于"城乡人民的生活必须在生产发展的基础上逐步改善"的思想。1979 年 3 月 30 日，邓小平在党的理论工作务虚会上指出："在社会主义制度之下，个人利益要服从集体利益，局部利益要服从整体利益，暂时利益要服从长远利益，或者叫做小局服从大局，小道理服从大道理。我们提倡和实行这些原则，决不是说可以不注意个人利益，不注意局部利益，不注意暂时利益，而是因为在社会主义制度之下，归根结底，

---

① 中共中央文献研究室：《三中全会以来重要文献选编》下，人民出版社 1982 年版，第 840—841 页。

② 顾龙生主编：《中国共产党经济思想史 1921—2011》增订本（下册），山西经济出版社 2014 年版，第 603—606 页。

③ 同上书，第 607 页。

个人利益和集体利益是统一的，局部利益和整体利益是统一的，暂时利益和长远利益是统一的。我们必须按照统筹兼顾的原则来调节各种利益的相互关系。"①

中共十一届三中全会以来，在工农业生产发展的基础上，党和政府采取了一系列改善人民生活的政策和措施，使全国人民的生活有了明显的改善，极大地调动了广大劳动群众的社会主义积极性。②

三、农村改革的突破性进展

调整国民经济的过程，也是推进经济体制改革的过程，经济体制的改革，首先在农村取得突破性的进展。

（一）建立和健全农业生产责任制

中共十一届三中全会作为草案提出来的《关于加快农业发展若干问题的决定》（以下简称《决定》）强调指出：各级行政机关的意见，"除有法律规定者外，不得用行政命令的方法强制社、队执行，应该允许他们在国家统一计划的指导下因时因地制宜，保障他们在这方面的自主权，发挥他们的主动性"。《决定》指出：社队可以按定额记工分，可以按时记工分，也可以包工到作业组，联系产量计算劳动报酬，实行超产奖励。同时，肯定了联产到组这种形式。群众的拥护，党和政府的支持，使联产到组这种责任制形式迅速发展。1979 年初夏，广东省实行这种形式的队，已占生产队总数的 41.7％。1979 年冬，实行这种责任制的范围进一步扩展，安徽省达 61.6％，四川省达 57.6％，贵州省达 52％，北京郊区约占 1/4。③

联产到组责任制在解决作业组之间分配上的平均主义问题中起了重要作用，但难以解决组内社员之间分配上的平均主义，于是许多地方又逐步将联产到组

---

① 《邓小平文选》第二卷，人民出版社 1994 年版，第 175 页。

② 顾龙生主编：《中国共产党经济思想史 1921—2011》增订本（下册），山西经济出版社 2014 年版，第 611 页。

③ 同上书，第 612 页。

发展到联产到人，并进一步发展到包产到户、包干到户。包产到户责任制形式利益更直接，在社员户承包的劳动成果中，"保证国家的，留足集体的，剩下都是自己的"，因而受到农民的热烈欢迎。到 1980 年底，全国实行包产到户和包干到户的生产队，从年初仅占生产队总数的 1.1% 上升到 14.9%。然而，当时对包产到户责任制的认识比较局限，党内外不少干部还存在很大的疑虑，担心这种做法是否符合社会主义方向。1980 年 5 月，邓小平针对包产到户会不会影响集体经济的问题给予了明确回答，认为这种担心是不必要的。他指出：关键是发展生产力，要在这方面为集体化的进一步发展创造条件。[1]

1980 年 9 月，中共中央下发《关于进一步加强和完善农业生产责任制的几个问题》，强调要进一步搞好集体经济，同时也指出："就全国而论，在社会主义工业、社会主义商业和集体农业占绝对优势的情况下，在生产队领导下实行的包产到户是依存于社会主义经济，而不会脱离社会主义轨道的，没有什么复辟资本主义的危险。"[2] 这一重要论断，打碎了 20 多年来强套在"包产到户"头上的枷锁。1982 年 1 月 1 日，中共中央批转《全国农村工作会议纪要》，系统阐述了包括包产到户、包干到户在内的各种责任制的有关问题。1982 年 12 月 31 日，中共中央政治局讨论通过了《当前农村经济政策若干问题》（1983 年 4 月 10 日公布），明确指出：这种联产承包制是社会主义集体所有制经济中"分散经营和统一经营相结合的经营方式"，联产承包制"具有广泛的适应性，既可适应当前手工劳动为主的状况和农业生产的特点，又能适应农业现代化进程中生产力发展的需要"。[3] 在中共中央的支持和推动下，到 1983 年初，全国农村实行包产到户、包干到户的生产队进一步发展到占生产队总数的 93%，其中绝大多数实行的是包干到户。[4]

---

[1]　顾龙生主编：《中国共产党经济思想史 1921—2011》增订本（下册），山西经济出版社 2014 年版，第 613 页。

[2]　中共中央文献研究室：《三中全会以来重要文献选编》（上），人民出版社 1982 年版，第 547 页。

[3]　中共中央文献研究室：《十二大以来重要文献选编》（下），人民出版社 1986 年版，第 253 页。

[4]　顾龙生主编：《中国共产党经济思想史 1921—2011》增订本（下册），山西经济出版社 2014 年版，第 617 页。

专栏 3-5：《全国农村工作会议纪要》（简称《纪要》）主要内容

《纪要》首先对全国农村已有90%以上的生产队建立了不同形式的农业生产责任制作了初步总结，其指出：大规模的变动已经过去，现在已转入总结、完善、稳定阶段。建立农业生产责任制的工作，获得如此迅速的进展，反映了亿万农民要求按照中国农村实际状况来发展社会主义农业的强烈愿望。生产责任制的建立，不但克服了集体经济中长期存在的吃"大锅饭"的弊端，而且通过劳动组织、计酬方法等环节的改进，带动了生产关系的部分调整，纠正了长期存在的管理过分集中、经营方式过于单一的缺点，使之更加适合于我国农村的经济状况。

《纪要》第一次明确阐释了各种形式的农业生产责任制的性质，从而使以"双包"为主要形式的生产经营责任制理论获得了突破性进展。《纪要》指出："目前实行的各种责任制，包括小段包工定额计酬，专业承包联产计酬，联产劳动，包产到户、到组，包干到户、到组，等等，都是社会主义集体经济的生产责任制。不论采取什么形式，只要群众不要求改变，就不要变动。"

《纪要》强调要继续坚持因地制宜分类指导的原则，其指出：联产承包制之所以能普遍应用并受到群众的热烈欢迎，是因为它恰当地协调了集体与个人利益，并使集体统一经营和劳动者自主经营两个积极性同时得到发挥。目前存在于不同地区的名目众多而又各具特色的责任制形式，是群众根据当地不同生产条件灵活运用承包形式的结果。各级领导干部在指导群众确定生产责任制形式时，一定要下苦功夫向实践学习，向群众学习，尊重群众的创造精神，真正做到因地制宜。

（二）农村流通体制的初步改革

20世纪80年代初，家庭联产承包责任制的普遍推行，促进了我国农村商品经济的迅速发展。为了适应这一新形势，我们党着手进行了农村流通体制的初步改革。

1983 年 1 月 2 日，中共中央印发了《当前农村经济政策的若干问题》，初次系统阐述了流通体制改革的指导思想和调整购销政策的具体措施。该文件指出，为了搞活商品流通，促进商品生产的发展，要坚持计划经济为主，市场调节为辅的方针，调整购销政策，改革国营商业体制，放手发展合作商业，适当发展个体商业。[①]

1983 年 2 月，国家经济体制改革委员会、商业部制定了《关于改革农村商品流通体制若干问题的试行规定》，其指出：凡属国家统派统购的农副产品和国家统购统销、计划收购的工业品，一切国营商业企业和供销合作社都必须保证按质、按量、按时完成国家计划任务；纳入国家计划的品种，应当随着经济形势的发展和商品供求关系的变化而逐步减少，扩大议购议销商品的范围；完成国家计划任务后的农副产品（不包括棉花）和工业消费品（不包括烟酒专卖），以及国家计划没有规定任务的一切商品，允许国营、集体、个体商业通过各种流通渠道，采取各种方式经营。这个改革方案经国务院批准后，在全国范围内试行，并逐步加以改进。农村供销社的改革进展较快，据 1983 年底的统计，在全国 35000 个基层社中，已有 95% 进行了初步改革，恢复了合作商业性质，入股社员户已占个全国农户总数的 80%；全国 2100 个县供销社中，80% 以上的县建立了县联社。[②]

1984 年 1 月 1 日，中共中央印发出了《关于 1984 年农村工作的通知》，继续对改革农村商品流通体制进行部署和提出要求，指出流通是商品生产过程中不可缺少的环节，抓生产必须抓流通，并提出了若干具体措施。

以上关于农村流通体制初步改革政策与措施的制定，适应了当时农村商品

---

①　张雷声、董正平主编：《中国共产党经济思想史》，河南人民出版社 2006 年版，第 350 页。

②　顾龙生主编：《中国共产党经济思想史 1921—2011》增订本（下册），山西经济出版社 2014 年版，第 619 页。

生产和商品交换发展的要求，并为 1985 年初中共中央和国务院决定取消农副产品统购派购制度，实行流通体制的重大改革，奠定了坚实的基础。

（三）人民公社管理体制的瓦解

家庭联产承包责任制的普遍推行和多种经济联合的发展，酝酿着农村人民公社管理体制的变革，也就是，多年来我国农村"政社合一"和"三级所有、队为基础"的人民公社管理体制也开始实行改革。

中共十一届三中全会以后，家庭联产承包责任制的普遍推行，严重冲击人民公社的传统管理体制。1983 年 10 月中共中央、国务院发出《关于实行政社分开建立乡政府的通知》，规定建立乡（镇）政府作为基层政权，同时普遍成立村民委员会作为群众性自治组织。1984 年 1 月 1 日，中共中央在《关于 1984 年农村工作的通知》中指出：政社分设以后，农村经济组织应根据生产发展的需要，在群众自愿的基础上设置，形式与规模可以多种多样，不要自上而下强制推行某一种模式。为了完善统一经营和分散经营相结合的体制，一般应设置以土地公有为基础的地区性合作经济组织。

人民公社传统管理体制的改革，极大地调动了农民社会主义生产的积极性，推动了我国农业的迅速发展。因而，这一改革受到了农村广大群众的热烈欢迎。到 1984 年底，全国各地基本完成了政社分设，建立了 9.1 万个乡（镇）政府，92.6 万个村民委员会。至此，农村人民公社"政社合一"和"三级所有、队为基础"体制实际上已经不复存在了。[1]

四、全面开创社会主义现代化建设新局面纲领的制定

中共十二大是在我国社会主义现代化事业发展的重要时刻召开的。这次代表大会最大的历史功绩在于，为全面开创社会主义现代化建设的新局面制定了一个完整的纲领。中共十二大提出了我们党在新的历史时期的总任务，并根据

---

[1] 顾龙生主编：《中国共产党经济思想史 1921—2011》增订本（下册），山西经济出版社 2014 年版，第 621 页。

总任务的要求，在经济方面，规定了从 1981 年到 20 世纪末的 20 年的经济建设的战略目标，为此又正确地规定了战略重点和战略步骤，以及一系列有关的方针、政策，从而构成了一个完整的经济纲领。围绕这一完整的经济纲领，我们党对十一届三中全会以来所形成的经济思想作了充实和发展。

（一）建设有中国特色社会主义思想的提出

邓小平在中共十二大的开幕词中强调指出："我们的现代化建设，必须从中国的实际出发，把马克思主义的普遍真理同我国的具体实际结合起来，走自己的道路，建设有中国特色的社会主义，这就是我们总结长期历史经验得出的基本结论。"[1] 邓小平提出的建设有中国特色的社会主义的思想，是我国整个新的历史时期改革开放和现代化建设的指导思想。

在"建设有中国特色的社会主义"这个科学命题中，"中国特色"与"社会主义"二者紧密相连。中国的特色没有脱离社会主义的轨道，社会主义的道路又呈现出中国的特色。邓小平指出："什么叫社会主义，什么叫马克思主义？我们过去对这个问题的认识不是完全清醒的。马克思主义最注重发展生产力。我们讲社会主义是共产主义初级阶段，共产主义的高级阶段要实行各尽所能，按需分配，这就要求社会生产力高度发展，社会物质财富极大丰富。所以社会主义阶段的最根本任务就是发展生产力，社会主义的优越性归根到底要体现在它的生产力比资本主义发展得更快一些、更高一些……社会主义要消灭贫穷。"[2] 那么，在中国现在落后的状态下，怎样发展生产力，怎样改善人民生活，这就直接涉及是坚持社会主义还是走资本主义道路的问题。如果走资本主义道路，可以使中国百分之几的人富裕起来，但是绝对解决不了百分之九十几的人的生活富裕问题。但如果按社会主义的分配原则，就可以使全国人民普遍处于小康状态。所以，我们要坚持社会主义。[3]

---

[1] 《邓小平文选》第三卷，人民出版社 1993 年版，第 2—3 页。

[2] 同上书，第 63—64 页。

[3] 顾龙生主编：《中国共产党经济思想史 1921—2011》增订本（下册），山西经济出版社 2014 年版，第 629 页。

（二）经济发展战略部署的确定

中共十一届三中全会以后，随着我们党工作重心转移到社会主义现代化建设上来，制定经济发展战略部署的问题就提上了日程。中共十二大明确了我国经济建设总的奋斗目标，即国民生产总值由 1980 年的 7100 亿元增加到 2000 年的 28000 亿元左右，并进一步规划了今后 20 年经济发展的战略重点和战略步骤。中共十二大报告提出：为了实现 20 年的奋斗目标，在战略部署上要分两步走：前 10 年主要打好基础，积蓄力量，创造条件，后 10 年要进入一个新的经济振兴时期。报告提出："在今后 20 年内，一定要牢牢抓住农业、能源和交通、教育和科学这几个根本环节，把它们作为经济发展的战略重点，在综合平衡的基础上，把这些方面的问题解决好了，就可以促进消费品生产的较快增长，带动整个工业和其他各项生产建设事业的发展，保障人民生活的改善。"[①]

中共十二大确定的经济发展战略重点，即农业、能源和交通、教育和科学，其中农业居于首要地位。这是从我国经济的现状出发而选择的，符合客观经济规律。农业、能源和交通、教育和科学上去了，就能带动整个国民经济的发展，实现中共十二大确定的 20 年经济发展战略。可见，中共十二大选择这三方面作为新时期经济发展战略的重点，是我们党的经济战略思想日趋成熟的表现。

1987 年 10 月，中国共产党第十三次全国代表大会根据我国经济发展的实际进展，对我国经济发展的战略作了进一步的概括。中共十三大报告指出：我国的经济建设，肩负着既要着重推进传统产业革命，又要迎头赶上世界新技术革命的双重任务。完成这个任务，必须经过长期的有步骤分阶段的努力奋斗。中共十一届三中全会以后，我国经济建设的战略部署大体分三步走。第一步，到 1990 年实现国民生产总值比 1980 年翻一番，解决人民的温饱问题。这个任务已经基本实现。第二步，到 20 世纪末，使国民生产总值再增长一倍，人民生活达到小康水平。第三步，到 21 世纪中叶，人均国民生产总值达到中等

---

① 顾龙生主编：《中国共产党经济思想史 1921—2011》增订本（下册），山西经济出版社 2014 年版，第 630—631 页。

发达国家水平，人民生活比较富裕，基本实现现代化。然后，在这个基础上继续前进。这一战略部署，明确规定了我国实现现代化的三个发展阶段的战略目标。[①]

邓小平提出的并为全党全国人民所接受的我国社会主义现代化建设"三步走"的发展战略，使我国的经济建设在更加科学、更加可靠和扎实的基础上获得稳定增长，逐渐满足人民日益增长的物质文化需要，从以往片面追求工业特别是重工业的产值产量的增长，转变到以提高经济效益为中心的轨道上来，使我们各项经济工作有了明确的方向，从而保证避免过去那种长时期反复出现的大起大落，促使社会主义现代化建设沿着持续稳定协调发展的轨道前进。

（三）坚持以提高经济效益为中心

中共十二大确定了我国在 20 世纪内经济建设的战略目标、战略重点、战略步骤和一系列正确方针。实现这一战略目标，必须有一条发展经济的正确路子。这条路子，经过中共十一届三中全会以来反复摸索已经明确起来了，并为中共十二大所确认，这就是：把全部经济工作转到以提高经济效益为中心的轨道上来。

所谓经济效益，就是要以尽量少的活劳动和物化劳动的消耗，生产出更符合社会需要的产品。中共十二大提出必须在不断提高经济效益的前提下，实现经济建设的战略目标，有着十分重要的现实意义。新中国成立以后很长时期，我们的经济工作由于受"左"的错误指导思想的影响，为生产而生产，片面追求"高指标"和"高速度"，不顾经济效益的积习很深，以致当时还大量出现"工业报喜、商业报忧、仓库积压、财政虚收"的荒谬现象。例如，全社会劳动生产率，1979 年和 1980 年两年平均增长率为 4.7％，而"一五"期间平均增长率则为 6.3％，如果只按工业来说，1979 年、1980 年每个工业劳动者所创造的净产值平均每年只提高 3％，而"一五"期间平均每年提高则为 16.9％。经济效益低是我国经济

[①] 顾龙生主编：《中国共产党经济思想史 1921—2011》增订本（下册），山西经济出版社 2014 年版，第 633—634 页。

生活中的一个突出问题，因此，我们考虑一切经济建设问题，必须以提高经济效益为中心，在这样的前提下，推动经济建设健康发展。[①]1978 年至 1992 年，我国 GDP 总量由 3678.7 亿元增长至 27194.5 亿元，增长了 6.4 倍。

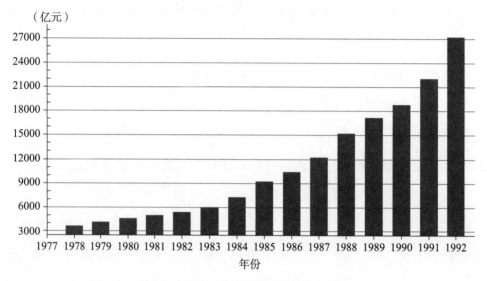

图 3-3　1978—1992 年我国 GDP 变化

中共十一届三中全会以来，经过中共十二大到十三大，我们党深刻认识到经济效益的确是我们一切经济活动的中心。我们把全部经济工作转到以提高经济效益为中心的轨道上来，就是要从过去多投资、多新建、单纯以扩大生产规模求速度的、不讲效益的路子，转到讲究经营管理、搞好技术改造、以内涵扩大再生产为主求速度的路子。实践证明，把全部经济工作转到以提高经济效益为中心的轨道上来，是实现全面开创社会主义现代化建设新局面这一历史性转变所必须采取的经济建设战略措施的转变。[②]

（四）计划经济为主、市场调节为辅

中共十二大报告明确提出了"计划经济为主，市场调节为辅"的原则。该报告认为，有计划的生产和流通，是我国国民经济的主体。同时，允许对于部

[①]　顾龙生主编：《中国共产党经济思想史 1921—2011》增订本（下册），山西经济出版社 2014 年版，第 635—636 页。

[②]　同上书，第 640 页。

分产品的生产和流通不作计划，由市场来调节，也就是根据不同时期的具体情况，由国家统一计划划出一定的范围，由价值规律自发地起调节作用。这一部分是有计划生产和流通的补充，是从属的、次要的，但又是必需的、有益的。国家通过经济计划的综合平衡和市场调节的辅助作用，保证国民经济按比例地协调发展。

中共十二大确认的"计划经济为主、市场调节为辅"的原则和方针，载入了 1982 年 12 月 4 日在五届全国人大五次会议通过的《中华人民共和国宪法》（以下简称《宪法》）。《宪法》指出：国家在社会主义公有制基础上实行计划经济。国家通过经济计划的综合平衡和市场调节的辅助作用，保证国民经济按比例地协调发展。1984 年 5 月全国六届人大二次会议的政府工作报告，根据"计划经济为主、市场调节为辅"的原则，提出了改革流通体制的大体设想。该报告指出：我们必须按照"计划经济为主、市场调节为辅"的原则，适应大力发展社会主义商品生产和商品交换的要求，本着促进生产、服务人民的精神，把原有的按行政区划，行政层次统一收购和供应商品的流通体制，改变为开放式、多渠道、少环节的流通体制，形成城乡畅通、地区交流、纵横交错、四通八达的流通网络，发展社会主义的统一市场。①

第三节　深化改革、扩大开放的经济建设思想

一、农村深化改革

中共十二大以后，我国经济体制改革在全国范围内迅速展开。率先进行的农村改革在不断巩固的基础上进一步深入。其主要任务和特点是：稳定和完善家庭联产承包责任制；推进统分结合、双层经营；完善社会化服务体系；大力

---

① 顾龙生主编：《中国共产党经济思想史 1921—2011》增订本（下册），山西经济出版社 2014 年版，第 642 页。

发展乡镇企业；推动农业的科技进步。随着农村经济改革的深入，我们党关于农村经济若干重大问题的思想也在不断地深化。

（一）稳定和完善家庭联产承包责任制

1983 年 1 月 2 日，中共中央印发《当前农村经济政策的若干问题》，明确指出："稳定和完善农业生产责任制，仍然是当前农村工作的主要任务。"其特别强调多年来流行的一些"左"的错误观念已被实践冲破了。1984 年 1 月 1 日，中共中央《关于 1984 年农村工作的通知》再次强调继续稳定和完善家庭联产承包制，其指出："继续稳定和完善联产承包责任制，帮助农民在家庭经营的基础上扩大生产规模，提高经济效益。"1985 年 1 月 1 日，中共中央、国务院《关于进一步活跃农村经济的十项政策》强调："联产承包责任制和农户家庭经营长期不变。要继续完善土地承包办法和林业、牧业、水产业、乡镇企业的责任制。"1987 年 1 月 22 日中共中央政治局通过《把农村改革引向深入》的通知，对稳定和完善家庭联产承包制作了较前更为明确的政策规定：完善双层经营，稳定家庭联产承包制。由此可见，我们党在家庭联产承包责任制问题上，坚决主张这种经营形式要长期不变。①

随着家庭联产承包责任制的稳定与完善，农民生产的积极性不断被激发，我国农业得到了很大的发展。农业增加值从 1978 年的 1018.5 亿元增长到 1992 年的 5800.3 亿元，14 年内增长近 5 倍。

表 3-1　1978—1992 年我国农业增加值变化　　　　单位：亿元

年　份	农业增加值	年　份	农业增加值
1978 年	1018.5	1982 年	1761.7
1979 年	1259.0	1983 年	1960.9
1980 年	1359.5	1984 年	2295.6
1981 年	1545.7	1985 年	2541.7

---

① 顾龙生主编：《中国共产党经济思想史 1921—2011》增订本（下册），山西经济出版社 2014 年版，第 646—648 页。

（续表）

年　份	农业增加值	年　份	农业增加值
1986 年	2764.1	1990 年	5017.2
1987 年	3204.5	1991 年	5288.8
1988 年	3831.2	1992 年	5800.3
1989 年	4228.2		

注：农业增加值数据为现价。

资料来源：wind 数据库。

专栏 3-6：《关于 1984 年农村工作的通知》主要政策措施

延长土地承包期，鼓励农民增加投资，培养地力，实行集约经营。土地承包期一般应在 15 年以上。生产周期长的和开发性的项目，如果树、林木、荒山、荒地等，承包期应当更长一些。在延长承包期以前，群众有调整土地要求的，可以本着"大稳定，小调整"的原则，经过充分商量，由集体统一调整。

鼓励土地逐步向种田能手集中。社员在承包期内，因无力耕种或转营他业而要求不包或少包土地的，可以将土地交给集体统一安排，也可以经集体同意，由社员自找对象协商转包，但不能擅自改变向集体承包合同的内容。转包条件可以根据当地情况，由双方商定在目前实行粮食统购统销制度的条件下，可以允许转入户为转出户提供一定数量的平价口粮。

对农民向土地的投资应予合理补偿。可以通过社员民主协商制定一些具体办法，例如给土地定等定级或定等估价，作为土地使用权转移时实行投资补偿的参考。对因掠夺经营而降低地力的，也应规定合理的赔偿办法。荒芜、弃耕的土地，集体应及时收回。自留地、承包地均不准买卖，不准出租，不准转作宅基地和其他非农业用地。

（二）调整农业产业结构

中共十一届三中全会以前，我国农村基本上还保持着农业等于种植业、种植业等于粮食生产的单一产业结构，农业资源得不到合理利用，农村各个产业不能协调发展。1978 年以后，我们党实行了一系列符合中国农村实际的政策和措施，特别是以家庭联产承包责任制为开端的农村经济体制改革，突破了单一种植业的格局，促进了农村专业化、商品化和社会化程度的提高，有力地推动了农村产业结构的变化。①

1979 年以来，《关于加快农业发展若干问题的决定》《关于积极发展农村多种经营的报告》《当前农村经济政策的若干问题》等政策文件，多次强调产业调整问题。经过几年调整，农村产业结构发生了重大的变化。从种植业内部的结构来看，粮食作物、经济作物和其他作物的播种面积比例由 1978 年的 80.3∶9.6∶10.1 调整到 1984 年的 78.3∶13.4∶8.3。从大农业结构的调整来看，原来"短腿"的林牧副渔也得到充分发展，1984 年林牧副渔业合计所占的产值比重，由 1978 年的 23.3% 上升到 31.7%。在农村产业结构中，农业比重下降，农村工业、建筑业、运输业、商业比重逐步提高，为最终改变我国的二元经济结构打下了基础。②

表 3-2　1978—1984 年我国农业结构变化　　　　单位：%

年　份	种植业产值占比	林牧副渔业产值占比	种植业内部播种面积占比		
			粮食作物	经济作物	其他作物
1978 年	76.7	23.3	80.3	9.6	10.1
1984 年	68.3	31.7	78.3	13.4	8.3

资料来源：根据张雷声、董正平主编：《中国共产党经济思想史》，河南人民出版社 2006 年版，第 356 页数据整理绘制。

从 1985 年起，农村进入深化改革时期，调整产业结构，促进农村经济向

① 张雷声、董正平主编：《中国共产党经济思想史》，河南人民出版社 2006 年版，第 355 页。
② 同上书，第 356 页。

专业化、商品化、现代化更快地转变，是这一时期的主要任务之一。根据改革的新进展，1985 年 1 月，中共中央在《关于进一步活跃农村经济的十项政策》中，提出了在新时期大力帮助农村调整产业结构的政策。1987 年 1 月的《把农村改革引向深入》回顾了产业调整取得的成果，强调要继续调整产业结构，促进农业劳动力转移。[①]

在农业生产取得巨大成就的同时，农业基础脆弱，后劲不足的问题也暴露出来。1989 年，中共中央提出全党全国动员起来，集中力量办好农业的方针政策。1991 年 4 月通过的《国民经济和社会发展十年规划和第八个五年计划》，进一步提出要积极调整农业产业结构的思想。农业的发展要综合安排粮、棉、油、菜、糖、果、肉、禽、蛋、奶、鱼，但重点是粮食和棉花。同时，进一步发展林业、畜牧业、水产业。继续引导和促进农村乡镇企业健康发展，全面振兴农村经济。[②]

（三）促进农村商品经济发展

家庭联产承包制的普遍实行和诸多政策的根本调整，极大地促进了农业生产的发展，进而引导出农村分工分业和发展商品生产的趋向。中共中央《关于1984 年农村工作的通知》指出："农业生产责任制的普遍实行，带来了生产力的解放和商品生产的发展，由自给半自给经济向较大规模商品生产转化，是发展我国社会主义农村经济不可逾越的必然过程。只有发展商品生产，才能进一步促进社会分工，把生产力提高到一个新的水平，才能使农村繁荣富裕起来，才能使我们的干部学会利用商品货币关系，利用价值规律，为计划经济服务，才能加速实现我国社会主义农业的现代化。"[③]

为了推动农村商品经济的发展，我们党决定改革农产品统派购制度。中共十二届三中全会指出："目前农村的改革还在继续发展，农村经济开始向专业

---

① 张雷声、董正平主编：《中国共产党经济思想史》，河南人民出版社 2006 年版，第 357 页。
② 同上书，第 358 页。
③ 中共中央文献研究室：《十二大以来重要文献选编》（上），人民出版社 1986 年版，第 425 页。

化、商品化、现代化转变，这种形势迫切要求疏通城乡流通渠道，为日益增多的农产品开拓市场，同时满足农民对工业品、科学技术和文化教育的不断增长的需求。"[①] 两个多月后，中共中央、国务院制定的《关于进一步活跃农村经济的十项政策》，再次指出农村商品流通阻塞的问题，并制定了改革农产品统派购制度的举措。1987 年 1 月，中共中央提出继续改革统派购制度，扩大商品市场，明确指出，"逐步改革农产品统派购制度，建立并完善农产品市场体系，是农村第二步改革的中心任务"，并提出了一系列举措和措施。[②] 此外，中共中央还提出了搞活农村金融、开拓生产要素市场的一些举措。在上述方针、政策指导下，我国农村商品经济有了较快的发展。

（四）大力发展乡镇企业

在农村产业结构调整中，乡镇企业异军突起，打破了农业经济发展的传统格局。它不仅成为农村经济的重要支柱，而且是整个国民经济的一个重要组成部分。

1979 年 7 月 3 日，国务院颁发了《关于发展社队企业若干问题的规定（试行草案）》，新中国成立以来第一次在发展方针、经营范围、所有制等方面对社队企业作出了明确的规定。为促进社队企业有一个更大发展，1979 年 9 月 28 日，中共中央《关于加快农业发展若干问题的决定》提出，凡是符合经济合理的原则，宜于农村加工的农副产品，要逐步由社队企业加工。到 1980 年，全国社队企业有 143 万个，总收入 614 亿元，社队企业收入在公社三级经济收入中的比重上升到 34%。[③]

1984 年 3 月，根据农村社队企业发展的新形势及中国农业现代化建设的需要，中共中央和国务院批准农牧渔业部《关于开创社队企业新局面的报告》，并发出通知，同意农牧渔业部提出的将"社队企业"改称"乡镇企业"。1985 年 5

---

① 中共中央文献研究室：《十二大以来重要文献选编》(中)，人民出版社 1986 年版，第 559 页。
② 中共中央文献研究室：《十二大以来重要文献选编》(下)，人民出版社 1986 年版，第 1229 页。
③ 张雷声、董正平主编：《中国共产党经济思想史》，河南人民出版社 2006 年版，第 359 页。

月，中共中央、国务院批准国家科委的"星火计划"，决定从技术、管理、人才等各方面大力支持乡镇企业的发展。1985 年 9 月 23 日，中共中央发布的《关于制定国民经济和社会发展第七个五年计划的建议》，不仅为乡镇企业的发展确定了基本方针，而且为乡镇企业的发展制定了比较具体的发展原则。[①]

国家的经济、技术及产业政策的扶持与引导，大大推动了乡镇企业的发展，使 1985—1988 年成为乡镇企业高速发展的时期，乡办企业增加了 2 万多个，个体和联户办企业增加了近 1600 万个，出现了苏南、温州等典型的乡镇工业、家庭工业集聚地。但同时也出现了一些值得注意的问题，如产业结构不尽合理、经济效益下降等。针对这些问题，从 1988 年 10 月开始，国务院对乡镇企业提出"调整、整顿、改造、提高"的八字方针，对乡镇企业实行"双紧"政策，严格控制对乡镇企业的财政拨款和信贷规模，并加强了对乡镇企业的税收征管政策。

在党的正确思想指导下，乡镇企业的调整取得了比较明显的效果，过快的增长速度得到控制，产业结构得到初步调整，企业经济效益不断提高，对乡镇企业的宏观管理也逐步走上正规化的轨道。1992 年 10 月，中共十四大对十几年来乡镇企业的发展作出了高度评价。乡镇企业是我国农民继家庭承包责任制后的又一伟大创造，是我国农民冲破城乡二元壁垒、谋求剩余劳动力出路和农村致富的一个创举。[②]

专栏 3-7：乡镇企业发展的典型模式：苏南模式、温州模式

苏南模式：

苏南模式通常是指苏南的苏州、无锡、常州和南通等地通过发展乡镇企业实现非农化发展的方式。其主要特征是：农民依靠自己的力量发展乡

---

① 张雷声、董正平主编：《中国共产党经济思想史》，河南人民出版社 2006 年版，第 360—361 页。
② 同上书，第 362 页。

镇企业；乡镇企业的所有制结构以集体经济为主；乡镇政府主导乡镇企业的发展；市场调节为主要手段。它是中国县域经济发展的主要经验模式之一。1983年，费孝通教授在其《小城镇·再探索》中首先提出了"苏南模式"这一概念，"苏、锡、常、通这几个地方乡镇工业的来历和发展机遇类似"。"苏、锡、常、通的乡镇企业发展模式是大体相同的，我称之为苏南模式。""苏南模式"，即指苏州、无锡、常州、南通等地大体相同的经济发展背景和现实发展路子。

发展历程：早在1958年人民公社化时期，苏南各地在集体副业基础上办起了一批社队企业，主要为本地农民提供简单的生产资料和生活资料。到20世纪70年代，这些小型社队企业逐渐发展成为农机具厂，为集体制造一些农机具。中共十一届三中全会对社队企业发展的明确支持，促使社队企业步入了一个大发展的阶段。它们利用这一地区工业基础比较薄弱的特点，抓住市场空隙，迅速壮大起来。到80年代初江苏农村实行家庭联产承包责任制的时候，苏南的农民没有把社队企业分掉。在改制过程中，乡镇政府和村级自治组织替代先前的人民公社和生产队管理这份集体经济，通过工业保存下了集体经济实体，又借助上海经济技术的辐射和扩散，以乡镇企业为名而继续发展。至1989年，苏南乡镇企业创造的价值在农村社会总产值中已经占到了60%。

组织方式："苏南模式"以乡镇政府为主组织资源方式。政府出面组织土地、资本和劳动力等生产资料，出资办企业，并由乡镇政府指派所谓的能人来担任企业负责人。这种组织方式将能人（企业家）和社会闲散资本结合起来，很快跨越资本原始积累阶段，实现了苏南乡镇企业在全国的领先发展。不可否认，在计划经济向市场经济转轨初期，乡镇政府直接干涉企业，动员和组织生产活动，具有速度快、成本低等优势，因而成为首选形式。

温州模式：

温州模式是指浙江省东南部的温州地区以家庭工业和专业化市场的方式发展非农产业，从而形成小商品、大市场的发展格局，由中国社会学家费孝通先生于20世纪80年代中期率先提出。其主要特征是：经济形式家庭化，小商品大都是以家庭为单位进行的；经营方式专业化，有家庭生产过程的工艺分工、产品的门类分工和区域分工；专业生产系列化；生产要素市场化，按市场的供需要求组织生产与流通，资金、技术、劳动力等生产要素，均可自由流动；服务环节社会化。

发展历程：1982年，温州出现创业小高潮，当地个体工商企业超过10万户，约占全国总数的1/10；30万经销员奔波于各地，成为让国营企业头疼不已的"蝗虫大军"。之后通过不断地发展完善，成为城市或区域经济发展的重要支撑。

发展方式：以小企业、小家庭作坊为主，当地政府在经济发展的过程之中，扮演了"无为"者的角色，更多的时候，当地政府对民间的经济行为采取"睁一只眼，闭一只眼"的态度。在当时的政治经济环境下，让那些不符合主流的事情和现象存在和发展，而非压制和取缔，当地政府及其官员为此冒着极大的政治风险。直到20世纪90年代初，当地政府仍然需要面对外界对温州私营经济比重过高的指责。

二、以城市为重点的经济体制改革

1984年10月，我们党适应改革从农村向城市发展新形势的要求，在中共十二届三中全会上通过了《关于经济体制改革的决定》(以下简称《决定》)，从此揭开了我国以城市为重点的整个经济体制改革的序幕。《决定》提出我国社会主义经济是公有制基础上的有计划商品经济，突破了把计划经济同商品经济对立起来的传统观念，是对马克思主义政治经济学的新发展，为全面经济体制改革提供了新的理论指导。

（一）社会主义有计划商品经济理论的提出

中共十一届三中全会以来，我国经济学界经过广泛深入的讨论，许多同志认为：在社会主义制度下，不但消费品是商品，生产资料也是商品；全民所有制内部流通的生产资料同样是商品；社会主义的商品生产和商品交换同资本主义的商品生产和商品交换有着本质的区别；价值规律不仅在流通领域起调节作用，而且在生产领域也起调节作用等等。[①]

中共十一届三中全会通过的《中共中央关于经济体制改革的决定》（以下简称《决定》），根据马克思主义基本原理同中国实际相结合的原则，对社会主义商品经济理论作了重大创新。主要表现在：一是确认社会主义经济是在公有制基础上的有计划的商品经济，从而突破了以往把计划经济同商品经济对立起来的传统观念；二是商品经济的充分发展，是社会经济发展的不可逾越的阶段，只有充分发展商品经济，才能把经济真正搞活，促使各个企业提高效率；三是社会主义计划经济必须自觉依据和运用价值规律，在商品经济和价值规律问题上，社会主义经济同资本主义经济存在区别在于所有制不同，在于剥削阶级是否存在，在于劳动人民是否当家做主，在于为什么样的生产目的服务；四是社会主义企业是相对独立的经济实体，是自主经营、自负盈亏的社会主义商品生产者和经营者，具有自我改造和自我发展的能力，是有一定权利和义务的法人，因此所有企业之间交换的产品都是商品。

（二）以增强企业活力为中心的经济体制改革

党的十二届三中全会《决定》鲜明地提出增强企业活力是经济体制改革的中心环节，并充分估量了城市企业在我国经济建设中所具有的重要地位与作用，其指出："城市企业是工业生产、建设和商品流通的主要的直接承担者，是社会

---

① 顾龙生主编：《中国共产党经济思想史 1921—2011》增订本（下册），山西经济出版社 2014 年版，第 665 页。

生产力发展和经济技术进步的主导力量。所以，城市企业生产和经营的积极性、主动性、创造性能否充分发挥，对于我国经济的全局以及党的十二大提出的到20世纪末工农业年总产值翻两番的奋斗目标的实现，是一个关键问题。"为此，《决定》提出了以下几点重要思想：一是具有中国特色的社会主义，首先应该是企业有充分活力的社会主义；二是所有权同经营权可以适当分开；三是企业活力的源泉，在于脑力劳动者和体力劳动者的积极性、智慧和创造力。①

1986年12月5日，国务院发布了《关于深化企业改革增强企业活力的若干规定》(以下简称《规定》)，其指出：近年来，党中央、国务院先后颁发了关于扩大企业自主权，增强企业活力的一系列重要文件。凡文件规定的放给企业的权利被中间环节截留的，要坚决放给企业。各部门、各地区要认真清理各自下发的文件，对不符合党中央、国务院关于搞活企业规定精神的，应予废止或纠正。今后，要把扩大企业自主权的落实情况，作为考核、评价各级政府部门和领导人工作的一项重要内容。

1987年3月25日，在实行上述政策措施、总结经验的基础上，六届全国人大五次会议的《政府工作报告》，进一步提出我国经济体制改革的方向和总体部署以及1987年经济体制改革的主要任务。1988年4月，七届全国人大一次会议通过《中华人民共和国全民所有制工业企业法》(以下简称《企业法》)，明确了全民所有制企业的法律地位，确立了现阶段具有中国特色的社会主义企业制度。1992年7月，国务院颁布《全民所有制工业企业转换经营机制条例》，这是《企业法》进一步实施的条例，以加速企业经营机制的转换，增强企业活力，把企业推向市场。在保障国家对企业财产所有权的前提下，围绕企业经营自主权，规定了企业享有生产经营决策权、产品和劳务定价权、产品销售权、物资采购权、进出口权、投资决策权、留用资金支配权、资产处置权、联营兼并权、劳动用工权、人事管理权、工资及奖金分配权、内部机构设置权、拒绝

---

① 顾龙生主编：《中国共产党经济思想史1921—2011》增订本（下册），山西经济出版社2014年版，第666页。

摊派权十四项经营权，而且对每一项权力都有详细规定。[①]

专栏 3-8:《关于深化企业改革增强企业活力的若干规定》具体要点

（1）推行多种形式的经营承包责任制，给经营者以充分的经济自主权。

（2）加快企业领导体制的改革。

（3）进一步增强企业自我改造，自我发展的能力。

（4）改进企业的工资、奖金分配制度。

（5）继续缩减对企业下达的指令性计划。

（6）限期清理、撤销行政性公司。

（7）鼓励发展企业集团。

（三）以公有制为主体、多种经济成分共同发展

中共十一届三中全会以后，中国共产党运用社会基本矛盾的方法处理社会主义初级阶段所有制的结构问题，提出了实行以社会主义公有制为主体，个体经济、私营经济、外资经济为补充，多种经济成分长期并存、共同发展的所有制改革目标，顺利地解决了长期困扰和束缚我们的难题，为经济体制改革的深化开辟了道路。[②]

1982 年 9 月，中共十二大报告明确提出建立多种经济形式同时并存的所有制结构，对非公有制经济认识也进一步加深。该报告首先指明了社会主义公有制的主体地位，其次对非公有制经济的积极作用充分肯定，并指出只有多种经济形式合理配置和发展，才能繁荣城乡经济，方便人民生活。1984 年 10 月，中共十二届三中全会提出，社会主义经济是建立在公有制基础上的有计划商品经济。在经济建设中，实行国家、集体、个人一起上的方针，坚持发展多种经

---

① 顾龙生主编：《中国共产党经济思想史 1921—2011》增订本（下册），山西经济出版社 2014 年版，第 672 页。

② 张雷声、董正平主编：《中国共产党经济思想史》，河南人民出版社 2006 年版，第 394 页。

济形式和多种经营方式，在独立自主、自力更生、平等互利、互守信用的基础上，积极发展对外经济合作和技术交流。[1]1987年10月，中共十三大报告阐明了社会主义初级阶段理论，在总结改革经验的基础上进一步提出，我们已经进行的改革，包括以公有制为主体发展多种所有制经济。在对公有制的认识上，突破了公有制必须是纯而又纯的传统观念，提出公有制经济本身也有多种形式，除了全民所有制、集体所有制以外，还应发展全民所有制和集体所有制联合建立的公有制企业，以及各地区、部门、企业互相参股等形式的公有制企业。[2]江泽民在庆祝中国共产党成立70周年讲话中指出：必须坚持以生产资料社会主义公有制为主体，允许和鼓励其他经济成分的适当发展，既不能脱离生产力发展水平搞单一的公有制，又不能动摇公有制经济的主体地位，不能搞私有化。[3]

由此可见，在不断探索和总结经验中，我们党对有中国特色社会主义的所有制结构的认识更加深刻、更加科学。我们党经过多种探索形成的这个共识，蕴涵着丰富的内容：一是不能脱离生产力发展水平搞单一的公有制；二是不能动摇公有制经济的主体地位，不能搞私有化；三是非公有制经济的积极发展具有重要的作用。[4]

（四）以按劳分配为主体、多种分配方式并存

中共十一届三中全会以来，中国共产党从基本国情出发，在深刻总结经验教训的基础上，创造性地提出"按劳分配为主体，多种分配形式并存"和"允许和鼓励一部分人先富起来"的思想，极大地丰富了马克思主义的按劳分配理论。[5]

在社会主义改革实践中，中国共产党逐步摒弃了片面追求"一大、二公、

---

[1]　张雷声、董正平主编：《中国共产党经济思想史》，河南人民出版社2006年版，第394—395页。
[2]　同上书，第395页。
[3]　顾龙生主编：《中国共产党经济思想史1921—2011》增订本（下册），山西经济出版社2014年版，第680页。
[4]　同上书，第680—681页。
[5]　张雷声、董正平主编：《中国共产党经济思想史》，河南人民出版社2006年版，第398页。

三纯"公有制的做法，提出了多种经济形式并存的思想。多种所有制形式的存在，决定了分配方式并存的客观必然性。1987 年，中共十三大报告明确提出，我们必须坚持的原则是，以按劳分配为主体，其他分配方式为补充。1990 年 12 月，中共十二届七中全会通过的《中共中央关于制定国民经济和社会发展十年规划和"八五"计划的建议》明确指出：在分配领域，要实行以按劳分配为主体、其他分配方式为补充的分配制度，继续执行允许和支持一部分人、一部分地区通过诚实劳动和合法经营先富裕起来的政策，鼓励先富起来的帮助未富起来的，以利于全体人民和各个地区逐步实现共同富裕。既要克服工资分配上的平均主义，又要消除工资以外差距悬殊的现象。对合法收入要予以保护；对过高收入要通过税收等形式加以调节；对非法收入要依法坚决取缔。①

允许和鼓励一部分人、一部分地区先富起来的政策，从理论上坚持了按劳分配的原则，解决了社会主义条件下个人消费品的分配问题，避免了平均主义；在实践上，指出了全国和全体人民迈向共同富裕的正确道路，提出了逐步实现共同富裕的途径和步骤，是对马克思主义关于社会主义社会分配理论的坚持、丰富和发展。②

三、改革的加快和深化

1987 年 10 月，中共十三大比较系统地论述了我国社会主义初级阶段的理论，明确概括和全面阐述了党的"一个中心，两个基本点"的基本路线。大会高度评价中共十一届三中全会以来开始探索建设有中国特色社会主义道路的伟大意义，强调指出：这是马克思主义与中国实践相结合的过程中，继找到中国新民主主义革命道路、实现第一次历史性飞跃之后的第二次历史性飞跃。

（一）社会主义初级阶段理论的形成

中共十一届三中全会以后，中国共产党在新的历史条件下开始了对中国特

①② 顾龙生主编：《中国共产党经济思想史 1921—2011》增订本（下册），山西经济出版社 2014 年版，第 685 页。

色社会主义建设道路的再探索。社会主义初级阶段的科学论断，就是我们党在正确分析当代中国基本国情和探索中国现代化道路的基础上逐步提出和确立起来的。

1981 年 6 月，中共十一届六中全会通过的《关于建国以来党的若干历史问题的决议》，第一次明确提出了社会主义初级阶段的概念，并指出："尽管我们的社会主义制度还是处于初级阶段，但是毫无疑问，我们已经建立了社会主义制度。"①1982 年召开的中共十二大，进一步确认了我国的社会主义社会现在正处在初级发展阶段，并指出这个阶段的重要特征是"物质文明不发达"，强调"要按生产力的实际水平和发展要求，逐步完善社会主义的生产关系"。中共十二大以后，中国共产党继续探索社会主义初级阶段理论，1986 年中共十二届六中全会通过的《关于社会主义精神文明建设指导方针的决议》，进一步阐述了社会主义初级阶段的一些重要特征，并明确提出要从社会主义初级阶段的实际出发来加强精神文明建设。②

1987 年中共十三大的报告，根据邓小平对社会主义阶段问题的探索和阐述，对社会主义初级阶段进行了比较系统的论述，阐明了社会主义初级阶段的科学含义、客观依据、历史地位、主要矛盾和中心任务等重大问题，这标志着社会主义初级阶段理论的确立。中国正处在社会主义的初级阶段的科学论断，从总体上说，包括两层含义：第一，我国已经是社会主义社会，我们必须坚持而不能离开社会主义；第二，我国的社会主义社会还处在初级阶段。③社会主义初级阶段是中国现阶段最基本的国情，是制定一切路线、方针、政策的基本出发点。中共十三大报告正是基于中国处于社会主义初级阶段这一基本国情，提出了社会主义初级阶段的基本路线："领导和团结全国各族人民，以经济建设为中心，坚持四项基本原则，坚持改革开放，自力更生，艰苦奋斗，为把我国

---

① 《三中全会以来重要文献选编》(下)，人民出版社 1982 年版，第 838 页。

②③ 张雷声、董正平主编：《中国共产党经济思想史》，河南人民出版社 2006 年版，第 389—391 页。

建设成为富强、民主、文明的社会主义现代化强国而奋斗。"[①]

社会主义初级阶段理论有着极其重要的历史与现实意义。这一理论丰富和发展了科学社会主义的理论宝库，对我们社会主义建设的各项事业有着巨大的理论和实际指导作用，为中国社会主义现代化建设提供了重要的理论依据。

专栏 3-9：一个中心，两个基本点

党在社会主义初级阶段基本路线的内容可以概括为"一个中心，两个基本点"。

"一个中心"也就是以经济建设为中心；"两个基本点"是指坚持四项基本原则，坚持改革开放。"两个基本点"相互贯通，相互依存，统一于建设有中国特色的社会主义实践，服务于"一个中心"。

经济建设之所以成为中心任务，这是因为社会主义的优越性，从根本上来说就是它具有比资本主义更高的劳动生产率，因而生产力更先进，更发达。只有大力发展生产力，改变经济落后面貌，才能为社会主义的进一步发展创造条件。改革开放是强国之路，因为只有这样才能解放和发展生产力。坚持社会主义道路，坚持人民民主专政，坚持中国共产党领导，坚持马克思列宁主义毛泽东思想这四项基本原则，是立国之本。在当代的中国，只有坚持这四项基本原则，才能保证生产力的发展，实现民族独立、国家富强。

（二）社会主义有计划商品经济新体制

中共十二届三中全会通过的《中共中央关于经济体制改革的决定》（以下简称《决定》）指出：社会主义的计划体制，应该是统一性同灵活性相结合的体

[①]《十三大以来重要文献选编》（上），人民出版社 1991 年版，第 15 页。

制。① 为了改革传统的计划体制，《决定》指出：首先要突破把计划经济同商品经济对立起来的传统观念，明确认识社会主义计划经济必须自觉依据和运用价值规律。同中共十二大报告相比，《决定》在计划与市场问题上最大的理论进步，就是承认社会主义经济是商品经济，实行计划经济和发展商品经济是统一的，改变了"计划经济为主，市场调节为辅"的提法。

1985 年 9 月，《中共中央关于制定国民经济和社会发展第七个五年计划的建议》（以下简称《建议》）首次将经济体制改革的任务归结为企业、市场、宏观调控三位一体的改革。1987 年 10 月，中共十三大报告在关于经济体制改革的问题中明确提出：社会主义有计划商品经济的体制，应该是计划与市场内在统一的体制。1990 年 12 月 30 日，中共十三届七中全会通过了《中共中央关于制定国民经济和社会发展十年规划和"八五"计划的建议》，对计划经济与市场调节相结合的内容作了进一步的规定，强调国家经济管理的主要任务是宏观调控。

1991 年 7 月 1 日，江泽民在庆祝中国共产党成立 70 周年大会上的讲话中，对计划经济与市场调节相结合的经济体制和运行机制作了进一步阐述。他指出："计划与市场，作为调节经济的手段，是建立在社会化大生产基础上的商品经济发展所客观需要的，因此在一定范围内运用这些手段，不是区别社会主义经济和资本主义经济的标志。"②

专栏 3-10：党的十三大报告关于社会主义有计划商品经济新体制的思想

　　中共十三大报告把我们关于社会主义的新经济体制的认识推进到了一个新阶段，其主要表现在以下几点：

　　（1）中共十三大对我国的基本国情作了前所未有的既全面又深刻的科

---

①　顾龙生主编：《中国共产党经济思想史 1921—2011》增订本（下册），山西经济出版社 2014 年版，第 672 页。

②　同上书，第 674—675 页。

学概括，提出了社会主义初级阶段的崭新论断，并将我们所要建立的社会主义经济的新体制建立在对这一基本国情正确认识的基础之上，这就使得社会主义有计划商品经济的新体制有了现实可靠的物质基础。

（2）中共十三大对计划与市场关系的认识大大超过了以往，它不是把这两者看作此消彼长的关系，更不是互相排斥的关系，而是归结为内在统一的关系，并且将这种关系简单地表述为"国家调节市场，市场引导企业"，使市场在这种运行机制模式中居于关键环节的地位。

（3）中共十三大关于有计划商品经济新体制的基本思想，是在计划与市场都是调节经济运行的形式和手段这一新的理论指导下提出的，因而具有了全新的意义。

中共十三大提出的逐步建立起有计划商品经济新体制基本框架的重要原则和方针、政策：

（1）按照所有权经营权分离的原则，搞活全民所有制企业；

（2）促进横向经济联合的进一步发展；

（3）加快建立和培育社会主义市场体系；

（4）逐步健全以间接管理为主的宏观经济调节体系；

（5）在公有制为主体的前提下继续发展多种所有制经济；

（6）实行以按劳分配为主体的多种分配方式和正确的分配政策。

（三）进一步扩大对外经济技术交流

中共十一届三中全会作出对外开放的决策，由此打破了我国长期闭关锁国的局面。在改革开放的实践中，中国共产党一再强调要扩大对外开放，并把对外开放确立为一项长期的基本国策。1981年11月全国五届人大四次会议提出，实行对外开放，加强经济技术交流，是我们坚定不移的方针，在对外开放中，我们要利用国内、国际两种资源，开拓国内、国际两个市场，学会管理国内经济、开展对外经济贸易两套本领。这是我们党第一次系统阐述我国对外开放的政策和观点。中共十二大提出，实行对外开放，按照平等互利的原则扩大对外经济技术交流，是我国坚定不移的战略方针，对外开放与我国的改革具有同等重要的意义。1984年通过的《中共中央关于经济体制改革的决定》，明确提出对外开放是我国的基本国策的思想。[①]

把对外开放政策作为我国一项长期的基本国策，是中国共产党高瞻远瞩的战略构想，绝不是暂时的、局部的战术方针，更不是一时的权宜之计。邓小平多次指出，对内经济搞活，对外经济开放，这不是短期的政策，是个长期的政策，最少五十年到七十年不会变。

随着改革的推进，对外开放开始有重大突破。创办经济特区为实行对外开放提供了一个新的思路。在1979年4月中央工作会议期间，邓小平听取了广东省委负责人关于在毗邻港澳的深圳、珠海和侨乡汕头开办出口加工区的建议，当即表示："还是办特区好，过去陕甘宁就是特区嘛，中央没有钱，你们自己去搞，杀出一条血路来！"中央工作会议讨论决定，在深圳、珠海、汕头和厦门划出一定的地区单独进行管理，作为华侨和港澳商人的投资场所。两个多月后，中央和国务院决定对广东、福建两省的对外经济活动给予更多的自主权，扩大对外贸易，同时决定在深圳、珠海划出部分地区试办出口特区。1980年，将"出口特区"改名为"经济特区"，决定在深圳、珠海、汕头和厦门设置经济特区。在来自全国各地的建设大军的艰苦努力下，深圳、珠海这样往日落后的边陲小镇、荒滩渔村，不过四年工夫，就变成了高楼矗立、初具规模的现代化城市，成为引进外资和先进技术的前沿地区。[②]

---

①　顾龙生主编：《中国共产党经济思想史1921—2011》增订本（下册），山西经济出版社2014年版，第386页。

②《中国共产党简史》——第八章　十一届三中全会开辟社会主义事业发展新时期，中国共产党新闻网，http://cpc.people.com.cn/GB/64184/64190/65724/4444935.html。

专栏 3-11：深圳经济特区

深圳经济特区于 1980 年 8 月正式成立，是中国最早实行对外开放的四个经济特区之一。深圳经济特区位于深圳市南部，东起大鹏湾，西至珠江口，北靠梧桐山、羊台山脉，南邻香港，以深圳河为界，总面积 327.5 平方公里（补充调查数据为 395.992 平方公里），实际可开发面积 110 平方公里，经济特区范围包括罗湖区、福田区、南山区和盐田区。

深圳经济特区前身为原宝安县的县城，1978 年全县工业总产值仅有 6000 万元。1979 年，交通部香港招商局率先在蛇口开发了一平方公里的荒坡建立工业区，兴办了 23 家工厂，开通了国际微波和直通香港的货运码头。之后又吸引外资兴办企业，在较短的时间内建成了初具规模的现代化的工业小城。1980 年 8 月，广东省经济特区管理委员会利用 3000 万元的银行贷款与部分地方财政，参照"蛇口模式"在罗湖区 0.8 平方公里的区域兴建金融、商业、旅游住宅设施提供给外商，利用从中赚到的利润继续进行工业园区的基础建设。这种利用银行贷款"滚雪球"式的发展为珠海、汕头的起步建设提供了经验。

根据《广东省经济特区条例》，深圳市制定了一系列吸引外资的优惠政策，包括企业经营自主权、税收、土地使用、外汇管理、产品销售、出入境管理等。通过来料加工、补偿贸易、合资经营、合作经营、独资经营和租赁的形式，吸引了大量外资，加速了经济特区的迅猛发展。自 1979 年创建经济特区开始，吸引外商投资的规模不断加大，1979—1989 年 10 年间，深圳与世界 30 多个国家和地区的客商签订协议 6890 多项，实际利用外资 27 亿美元。1984 年 1 月 24 日至 26 日，邓小平第一次视察深圳，为深圳题词："深圳的发展和经验证明，我们建立经济特区的政策是正确的。"

深圳经济特区的建立和发展发挥了对内地示范、辐射作用，为全国改革开放和现代化建设积累了宝贵经验，为探索中国特色社会主义道路作出了重要贡献。经济特区不仅为全国经济体制改革探索了道路、提供了经验，输出了技术、资金、人才和管理经验，成为内地许多省份走向国际经济舞台的"桥头堡"，也成为国际资本、技术、信息走向内地的桥梁，直接带动了内地经济的发展。

　　四个经济特区创建后，经受各种考验，取得显著成就，为进一步扩大开放积累了经验。1984年1月24日至2月15日，邓小平视察深圳、珠海、厦门三个经济特区和上海宝山钢铁总厂，先后题词肯定了建立经济特区的政策和经济特区建设的成就。他提出：经济特区是技术的窗口、管理的窗口、知识的窗口，也是对外政策的窗口。同年5月，党中央和国务院决定，再开放大连、秦皇岛、天津、烟台、青岛、连云港、南通、上海、宁波、温州、福州、广州、湛江、北海14个沿海港口城市，逐步兴办经济技术开发区，加快利用外资、引进先进技术的步伐。从1985年起，又相继在长江三角洲、珠江三角洲、闽东南地区和环渤海地区开辟经济开放区，批准海南建省并成为经济特区。这些地区为外商投资者提供优惠，充分利用国外资金、技术、管理经验和本地的优势，兴办中外合资、中外合作和外商独资企业，扩大对外贸易，加速经济发展。这样，沿海地区形成了包括约两亿人口的对外开放前沿地带，并进而形成了经济特区—沿海开放城市—沿海经济开放区—内地这样一个多层次、有重点、点面结合的对外开放格局。其中，走在前面的仍是经济特区。截至1989年底，五个经济特区实际利用外资41亿美元，占全国25%以上；外贸出口达38.5亿美元，占全国出口总额的近10%；工业总产值接近300亿元，是中国经济实力增长最快的地区。沿海地区的经济技术开发区经过艰苦创业，逐步发展壮大，工业产值从1986年的3亿元增加到1988年的42亿元。天津、大连等几个较大工业城市的新增工业产值，几乎一半是由开发区创造的。①

　　①《中国共产党简史》——第九章　走自己的路，建设有中国特色的社会主义，中国共产党新闻网，http://cpc.people.com.cn/GB/64184/64190/65724/4444938.html。

图 3-4　1984 年深圳经济特区"时间就是金钱，效率就是生命"的口号

开放地域的扩大为进一步发展经济创造了条件。1988 年 1 月，邓小平提出：沿海地区的对外开放和经济发展要放胆地干，加快步伐，千万不要贻误时机。随后，国务院开始实施沿海地区发展外向型经济战略，即利用沿海地区劳动力资源丰富而且素质较好的优势，以"来料加工"等形式引进外资、先进技术和必要的原材料，大力发展劳动密集型以及劳动密集型与知识密集型相结合的产业，把加工的产品打入国际市场。这个发展战略的实施，使我国引进外资的规模迅速扩大，水平不断提高，为改革开放和整个国民经济的加速发展起到了推动作用。沿海地区外向型经济的迅速发展，使我国进出口总额大幅度增加，在世界所占位次明显提前。中国的社会主义经济更加发展壮大。①

随着对外开放方针的逐步确立，我国进出口总额的增长逐步加速。1978 年我国进出口总额为 355 亿元；1984 年开始进出口总额增长大幅加快，1984 年进出口总额为 1201 亿元；到 1992 年，我国进出口总额增长至 9120 亿元，1978—1992 年间进出口总额平均增速高达 26.97%。

---

① 《中国共产党简史》——第九章　走自己的路，建设有中国特色的社会主义，中国共产党新闻网，http://cpc.people.com.cn/GB/64184/64190/65724/4444938.html。

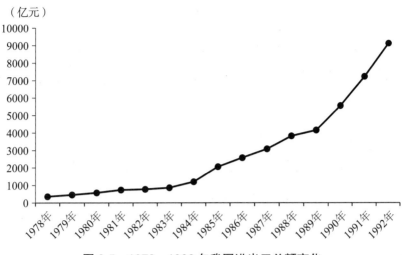

图 3-5　1978—1992 年我国进出口总额变化

社会主义经济建设必须从国情出发，通过与马克思主义基本原理相结合，形成重要的马克思主义中国化理论成果，在这一过程中，也体现了党的经济建设思想的逐步深化。1978 年中共十一届三中全会作出将工作重心转移到经济建设上来、实行改革开放的重要战略决策；中共十三大，根据我国处于社会主义初级阶段基本国情，制定了"一个中心、两个基本点"的基本路线，我国社会主义经济建设步入快车道，也凸显出充分掌握和利用好我国基本国情的深刻意义，为充分发挥对经济建设的指导作用提供了重要的现实支撑。

从这一时期经济建设的重要内容来看，改革开放是推动社会主义建设的重要推动力，也形成了中国特色社会主义经济建设的重要思想。中共十三大报告总结提出了"六个必须"作为具有长远意义的指导方针，并将改革确定为"推进一切工作的动力"。[1] 中共中央在《关于制定国民经济和社会发展十年规划和"八五"计划的建议》中提出把改革开放作为落实政策和方针的关键，并将改革开放确定为我国的"强国之路"，进一步体现了改革作为社会发展动力的重要性。

对外开放是带动国民经济快速发展的重要途径。中共十二大报告用"绝不

---

[1] 《十三大以来重要文献选编》（上），人民出版社 1991 年版，第 13 页。

能动摇"肯定了自力更生的必要性，同时也指出了扩大开放的目的是"增强自力更生的能力"；中共十三大报告更加注重和强调了通过扩大对外开放改变落后的基础面貌，体现了努力吸收世界文明成果、逐步缩小同发达国家差距的紧迫感。

围绕以经济建设为中心，中共中央还提出了以"用发展的办法解决前进中的问题"[1] "认真考虑和兼顾不同阶层、不同方面群众的利益"[2] 来正确处理日益多样化的利益关系，以及通过"抓紧制订与完善保障改革开放、加强宏观经济管理、规范微观经济行为的法律和法规"[3] 来满足社会主义市场经济体制的迫切要求，为我国社会主义经济建设奠定了深厚的理论基础[4]。

---

[1] 江泽民：《全面建设小康社会，开创中国特色社会主义事业新局面》，《江泽民文选》第三卷，人民出版社 2006 年版，第 533 页。

[2] 江泽民：《在庆祝中国共产党成立八十周年大会上的讲话》，《江泽民文选》第三卷，人民出版社 2006 年版，第 279 页。

[3] 江泽民：《加快改革开放和现代化建设步伐，夺取有中国特色社会主义事业的更大胜利》，《江泽民文选》第一卷，人民出版社 2006 年版，第 235 页。

[4] 王锐：《中国社会主义经济建设的历史进程和基本经验》，中央党校 2019 年博士论文。

第四章　中国特色社会主义经济建设思想的丰富与发展

1992—2012 年是中国特色社会主义经济建设的重要时期。在这一历史发展阶段，我国明确提出了以公有制为主体、多种所有制共同发展的基本经济制度，建立并不断完善了社会主义市场经济体制，提出全面建设小康社会宏伟目标，推动国民经济持续健康发展。这一时期，我国经济建设取得了巨大成绩，也形成了若干十分重要的思想理论，对于指导我国经济社会发展、实现中华民族伟大复兴有着重要意义。

第一节　中国特色社会主义经济建设思想产生的背景

1978 年，中共十一届三中全会提出要"把工作重心转移到经济建设上来"，从此中国走上了改革开放的道路。1979 年 11 月，邓小平在会见美国和加拿大客人时提出："社会主义为什么不可以搞市场经济，这个不能说是资本主义。"尽管当时并不具备实行市场经济的条件，但是市场调节的作用已经在国民经济运行中发挥作用。党领导制定和实施的一些经济改革方针政策的实践，也包括一些以市场经济为取向的改革。1981 年 6 月，中共十一届六中全会通过的《关于建国以来党的若干历史问题的决议》提出了"必须在公有制基础上实行计划经济，同时发挥市场调节的辅助作用"的重大表述。按照尊重和利用价值规律的要求来进行经济活动已开始成为人们的共识，现实经济活动也逐步纳入了真正意义上的商品经济发展轨道。^①1982 年，中共十二大正式提出经济建设要以计划经济为主、市场经济为辅，经济体制改革迅速地在全国展开，其中农村改革逐步深入、城市改革也逐渐铺开。1984 年 10 月，中共十二届三中全会通过的《中共中央关于经济体制改革的决定》，认为必须将马克思主义基本原理同我国实际相结合，建设有中国特色的社会主义，指出社会主义是在公有制基础上的有计划的商品经济，这一文件标志着关于我国计划与市场关系的探索取得实质性进展。1987 年 10 月，中共十三大报告提出了社会主义有计划商品经济的体制，认为这是"计划与市场内在统一的体制"，反映了党中央对市场经济认识的逐步深入。

然而在 1989 年以后，受国内国外两方面因素的影响，对于计划和市场的问题争论突然增多。这其中，一方面是在对经济进行治理整顿的过程中，国民经济的计划性增强、市场化减弱，导致价格机制建设停顿，对于改革的方向问题存在争议，从而影响了改革开放的进程；另一方面，随着东欧国家的剧变、苏联的解体，国际社会主义运动出现了低潮，世界形势发生了重大变化，相当一部分干部和群众的思想受到了影响，一些人对社会主义前途缺乏信心，对党的基本路线产生了动摇。

在这样的关键时期，邓小平同志视察南方，发表了重要的南方谈话。1992 年 1 月 18 日至 2 月 21 日，邓小平视察了武昌、深圳、珠海、上海等地，沿途多次发表了重要谈话，有力地推动了我国改革开放事业和社会主义市场经济建设的不断深入。邓小平在谈话中明确指出，党的基本路线要管一百年，动摇不得。改革开放胆子要大一些，敢于试验，计划多一点还是市场多一点，不是社会主义与资本主义的本质区别。他明确指出，社会主义的本质是解放生产力、

---

① 曹新：《中国特色社会主义经济建设的理论与实践》，《行政管理改革》2018 年第 9 期。

发展生产力；提出了衡量改革开放的三个"有利于"，即是否有利于发展社会主义社会的生产力、是否有利于增强社会主义国家的综合国力、是否有利于提高人民的生活水平。中国的事情能不能办好，从一定意义上说，关键是人，说到底，关键是我们共产党内部要搞好。社会主义经历一个长过程发展后必然代替资本主义，这是社会历史发展不可逆转的总趋势。一些国家出现严重曲折，社会主义好像被削弱了，但人民经受锻炼，吸取教训，将促使社会主义向着更加健康的方向发展。我们搞社会主义才几十年，还处在初级阶段。巩固和发展社会主义，需要几代人、十几代人，甚至几十代人坚持不懈地努力奋斗。从现在起到下世纪中叶，将是很要紧的时期，我们要埋头苦干。

邓小平南方谈话科学地总结了中共十一届三中全会以来我们党带领全国人民进行社会主义现代化建设的基本实践和基本经验，从理论上进一步深入地回答了长期以来困扰和束缚人们思想的众多重大认识问题，深刻回答了什么是社会主义和怎样建设社会主义这一重大问题，有力地鼓舞了全党和全国各族人民的精神和干劲，为中国改革开放注入了新的生机和活力。

邓小平南方谈话正式传达之后，立即在党内外、国内外引起了强烈反响和巨大震动，很快就在全党形成了共识。1992 年 6 月 9 日，江泽民在中央党校省部级干部进修班上发表重要讲话，进一步阐明了邓小平南方谈话精神，提出社会主义市场经济这一概念，从思想上和理论上为中共十四大确立社会主义市场经济体制作了准备。

第二节　中国特色社会主义经济建设的指导思想

中国共产党的指导思想是指导中国共产党全部活动的理论体系，也是中国共产党经济建设的理论基础。改革开放以来，随着党和国家的工作重心转移到经济建设上来，在建设有中国特色的社会主义伟大征程中，我党形成了邓小平理论、"三个代表"重要思想、科学发展观等重要的指导思想，指明了我国社会主义经济建设的发展道路，不断推动着我国社会主义现代化事业的前进步伐。本节将主要回顾 1992—2012 年期间中国特色社会主义经济建设的指导思想及其产生依据，以及在指导思想指引下我国社会主义经济建设的发展实践。

一、中国特色社会主义经济建设的指导思想

（一）邓小平理论

邓小平作为中国改革开放的总设计师，创立了中国特色社会主义理论，这一理论是指导中国人民胜利实现社会主义现代化的重要法宝。在这一科学理论体系当中，社会主义市场经济理论是极具创新意义、极具重大作用的重要部分。

明确回答了社会主义的本质问题。困扰国人的姓"社"姓"资"问题导致国内不少人在改革开放中不敢创、不敢试，针对这一问题，邓小平在南方谈话中明确提出："要害是姓'资'还是姓'社'的问题。判断的标准，应该主要看是否有利于发展社会主义社会的生产力，是否有利于增强社会主义国家的综合国力，是否有利于提高人民的生活水平。"[①] 在"三个有利于"标准的基础上，邓小平指出："社会主义的本质是解放生产力、发展生产力，消灭剥削，消除两极分化，最终达到共同富裕。"[②] 关于社会主义本质问题的论述回答了"什么是社会主义、怎样建设社会主义"的问题。

创造性地提出了社会主义市场经济理论。社会主义能不能搞市场经济？这不仅是一个重要的理论问题，更是我国改革开放过程中关于发展道路选择的一个实际问题。长期以来，普遍的观点认为，市场经济是资本主义特有的经济发展模式，而计划经济则与社会主义等同。1979 年 11 月 26 日，邓小平在会见美国和加拿大客人时就提出："社会主义为什么不可以搞市场经济，这个不能说是

---

① 《邓小平文选》第三卷，人民出版社 1993 年版，第 372 页。
② 同上书，第 373 页。

资本主义。"①1992 年初,邓小平在南方谈话中明确指出:"计划多一点还是市场多一点,不是社会主义与资本主义的本质区别。计划经济不等于社会主义,资本主义也有计划,市场经济不等于资本主义,社会主义也有市场。计划和市场都是经济手段。"② 这一论断为我们党实行社会主义市场经济奠定了重要的理论基础。

提出了科学技术是生产力的新观点。邓小平指出,"科学技术是第一生产力""经济发展得快一点,必须依靠科技和教育"。③ 这一命题的提出从哲学的高度论述了科学进步与经济发展之间的辩证关系,指出了我国的经济发展道路上应当提高科学技术的含量,走依靠科技促进生产力进步的道路。在这一观点和思想的影响下,我国进一步确立并实施了科教兴国战略、创新驱动战略。

（二）"三个代表"重要思想

以江泽民同志为核心的党的第三代中央领导集体提出"三个代表"重要思想,明确指出中国共产党始终代表中国先进生产力的发展要求、中国先进文化的前进方向、中国最广大人民的根本利益。这一理论体系蕴涵着党领导社会主义现代化建设的原则问题,系统回答了"建设一个什么样的党、怎样建设党"这一重大问题,同时也是指导包括经济工作在内的各项工作的指针和衡量标准。

丰富和发展了社会主义经济理论。对于社会主义经济建设而言,人民群众的根本利益是目标和归宿。江泽民同志明确指出:"我们要在党的基本理论、基本路线、基本纲领指引下,继续坚持和完善公有制为主体、多种所有制经济共同发展的基本经济制度,坚持和完善社会主义市场经济体制,坚持和完善按劳分配为主体的多种分配方式,坚持和完善对外开放。"④ 生产力和生产关系、上层建筑和经济基础之间的矛盾构成了社会的基本矛盾。在我国社会主义初级阶

---

① 《邓小平文选》第二卷,人民出版社 1994 年版,第 236 页。

② 《邓小平文选》第三卷,人民出版社 1993 年版,第 373 页。

③ 同上书,第 377 页。

④ 《江泽民文选》第三卷,人民出版社 2006 年版,第 275—276 页。

段，基本经济制度的确立、社会主义市场经济体制以及分配制度的不断完善是社会主义生产关系适应生产力的发展要求的重要途径，更是党代表最广大人民根本利益的重要体现，也是解放和发展生产力的必然要求，还是社会主义制度优越性的重要体现。

明确提出党要始终代表中国先进生产力的发展要求。"先进生产力"理论是"科学技术是第一生产力"的重要延伸，突出了生产力在我国经济社会发展中的重要作用，也体现了生产力发展在党的建设中的重要性。江泽民同志在庆祝中国共产党成立 80 周年大会上的讲话中指出："我们党要始终代表中国先进生产力的发展要求，就是党的理论、路线、纲领、方针、政策和各项工作，必须努力符合生产力发展的规律，体现不断推动社会生产力的解放和发展的要求，尤其要体现推动先进生产力发展的要求，通过发展生产力不断提高人民群众的生活水平。"① 生产力作为最活跃、最革命的因素，先进生产力总是替代落后的生产力，进而带动上层生产关系的不断进步，从而推动整个社会的进步和变革。面对 21 世纪科学技术的飞速进步和经济全球化带来的知识扩散，生产关系应当适应生产力的发展水平，并随着生产力的发展不断进行挑战，以此巩固和完善上层建筑。

探索和建立了政府宏观调控体系。1992 年 10 月，江泽民同志在中共十四大报告中指出："我们要建立的社会主义市场经济体制，就是要使市场在社会主义国家宏观调控下对资源配置起基础性作用"；"同时也要看到市场有其自身的弱点和消极方面，必须加强和改善国家对经济的宏观调控。"② 1997 年 9 月，江泽民同志在中共十五大报告中指出："坚持和完善社会主义市场经济体制，使市场在国家宏观调控下对资源配置起基础性作用。"③ 2002 年 11 月，江泽民同志在中共十六大报告中，第一次系统完整地阐述了我国宏观调控政策体系的目

① 《江泽民文选》第三卷，人民出版社 2006 年版，第 272—273 页。
② 《江泽民文选》第一卷，人民出版社 2006 年版，第 226—227 页。
③ 《江泽民文选》第二卷，人民出版社 2006 年版，第 17 页。

标和基本框架，明确指出要把促进经济增长、增加就业、稳定物价、保持国际收支平衡作为宏观调控的主要目标。这个目标和基本框架的提出，是党在社会主义市场经济体制建立和完善过程中的经验总结，也是对市场经济发展的深刻认识。在十四大之后的十年间，党中央、国务院根据经济形势的变化，灵活运用财政、货币等宏观调控政策，成功地抑制了通货膨胀，克服了通货紧缩，抵御了亚洲金融危机的冲击，保持了国民经济的平稳运行和持续快速健康发展。

（三）科学发展观

以胡锦涛同志为总书记的党中央根据新的形势需要和发展要求，明确提出了坚持以人为本，树立全面、协调、可持续的发展观。科学发展观总结了我国改革开放和现代化建设的成功经验，解释了经济社会发展的客观规律，对新形势下我国经济社会的发展方向进行了系统论述，反映了我们党对发展问题的新认识，深刻认识和回答了新形势下"实现什么样的发展、怎样发展"等重大问题。

进一步深化了发展的内涵。发展是我们党执政兴国的第一要务，也是科学发展观的第一要义。胡锦涛同志指出："必须坚持全面协调可持续发展。"[1]这一发展要求的提出是对发展内涵的极大深化。全面发展是实现社会主义现代化建设各个方面的全面建设和整体进步；协调发展是指经济、政治、文化、社会等各方面之间，以及城乡之间、区域之间、经济增长与资源环境之间等的相互配合和相互促进；可持续发展是指人类与自然和谐共存、当代人的发展不以牺牲后代人的发展计划为代价的发展，也是世界各国普遍认同的发展理念。长期以来，我国在经济社会建设过程中，存在经济增长的资源环境代价过大以及城乡、区域、经济社会发展不平衡等问题。坚持全面协调可持续的发展理念，就是全面推进经济、政治、社会、文化等各个方面的建设工作，实现经济发展速度与

---

[1] 《胡锦涛文选》第二卷，人民出版社 2016 年版，第 17 页。

结构质量相统一、经济效益与环境资源相协调的发展格局，推动经济社会可持续发展。

明确提出了以人为本的发展理念。胡锦涛同志指出，科学发展观的核心是以人为本。这一发展理念是对马克思主义基本观点的继承和创新。马克思、恩格斯在《共产党宣言》中指出："代替那存在着阶级和阶级对立的资产阶级旧社会的，将是这样一个联合体，在那里，每个人的自由发展是一切人的自由发展的条件。"从根本上来说，人是社会发展的主体，以人为本的发展理念就是实现人的自由全面发展，经济社会发展应当与人的发展相互促进。同时以人为本的发展理念蕴含着新形势下党对我国经济发展问题的思考，以及对人的发展理论的新认识。随着时代的进步，国与国之间的竞争更多地表现为人才的竞争，在全球化背景下，解决好人的问题是提高生产力的重要途径，以人为本的发展理念体现了中国人民在社会主义现代化建设当中的作用和地位以及发展的方向。

提出了实现科学发展的根本方法。科学发展观把统筹兼顾作为根本方法，体现了马克思主义的方法论。解决我国社会主义现代化建设过程中出现的不平衡发展问题，关键是要做到统筹全局、协调各方，正确处理发展过程中出现的各类问题。中共十六届三中全会提出"统筹城乡发展、统筹区域发展、统筹经济社会发展、统筹人与自然和谐发展、统筹国内发展和对外开放"新要求，不仅体现了科学发展的根本要求，还是不断深化改革、持续扩大开放的战略方针，也是我国经济社会发展工作的基本政策取向。"五个统筹"坚持目标与方法的统一、全面与重点的协调、人与自然的和谐，是全面协调可持续发展观念的具体表述，体现了马克思主义哲学辩证地认识问题和解决问题的方法。

二、中国特色社会主义经济建设指导思想提出的主要依据

社会实践是一个无限发展和变动的过程，党的经济建设理论和指导思想的确立不是一蹴而就，也不是一劳永逸的，同样也在不断进步和深化，以适应新

的形势变化需要。经济建设理论和指导思想是否与客观实际相符合，是否反映了社会发展的本质和规律，体现着一个政党指导思想的科学性和生命力。这一方面是生产关系适应生产力发展的需要，同时也体现出生产关系反作用于生产力。中国特色社会主义经济建设的指导思想不是凭空得来的，是党运用马克思主义方法在解决中国实际问题的过程中形成的，因此是具有强大生命力的。

（一）马克思主义中国化的伟大飞跃

中国共产党是马克思主义武装起来的政党，运用马克思主义方法认识和改造世界是中国共产党的重要途径。然而马克思主义不是现成的教条，而是一套方法，马克思主义不能、也绝不可能解决人类发展文明中所遇到的具体问题，而应当将马克思主义同本国的具体国情相结合，才能在实践中不断丰富和完善理论，更好地发挥马克思主义对实践的指导作用。

马克思主义中国化就是将马克思主义基本原理同中国具体实际相结合、不断形成具有中国特色的马克思主义理论成果的过程。一方面，马克思主义在指导中国革命、现代化建设过程中发挥了重要的指导作用，马克思劳动价值论、生产力与生产关系的辩证统一、马克思市场经济理论等理论是我国经济建设的重要理论基础，对我国实现公有制与市场机制的有机结合提供了理论指导；另一方面，中国的实践经验也上升为马克思主义理论，丰富了马克思主义理论的内涵，体现了与时俱进的特点，从而不断赋予马克思主义鲜活力量。

中国特色社会主义经济建设的指导思想是中国特色社会主义理论体系的重要组成部分，是在马克思主义基础上，通过与中国实际相结合而实现的伟大飞跃，是对马克思主义、毛泽东思想的进一步丰富和发展。作为一脉相承的马克思主义理论，邓小平理论、"三个代表"重要思想、科学发展观科学地运用马克思主义理论方法，站在新的历史方位上，立足我国发展中的实际问题和国际形势变化，系统总结了我们党领导社会主义建设过程中的经验教训，系统回答了"什么是社会主义、怎样建设社会主义"。"建设一个什么样的党、怎样建设党"。

"实现什么样的发展、怎样发展"等一系列重大发展问题，深化了人类对马克思主义理论的认识，明确了我国经济建设的目标、归宿、途径、手段、要求，从而实现了马克思主义中国化的伟大飞跃。

（二）对中国基本国情的深刻认识

我国将长期处于社会主义初级阶段是我国基本国情的高度概括，同时在初级阶段的各个历史时期，由于发展面临的基础不同、问题不同、形势和环境变化不同，使得经济建设的指导思想也在与时俱进。改革开放初期，走中国特色社会主义道路、建设社会主义市场经济体制，是邓小平基于我国基本国情的现实考虑。邓小平指出，要使中国实现四个现代化，至少有两个重要特点是必须看到的：一个是底子薄，第二条是人口多，耕地少。[①] 这一重要判断深刻揭示出我国在改革开放初期的发展基础十分薄弱，社会生产力水平低，对社会主义本质的阐述则是基于改变中国落后发展面貌的重要理论回答。中国要在这样特殊的国情中去实现工业化和经济的社会化、市场化、现代化，必须充分利用市场这个手段和市场经济这种形式来大力发展经济。这是中国历史发展进程的一个必然选择。

在人类社会进入 21 世纪的时候，经过改革开放二十多年的发展，我国经济建设取得了历史性突破，我们党也不断加深了对"什么是社会主义、怎样建设社会主义""建设什么样的党、怎样建设党"的认识。20 世纪 90 年代以来，国际形势发生了重大变化，经济全球化日益加速，科学技术发展突飞猛进，国与国之间的竞争越来越激烈，同时跨国合作也越来越广泛；而在国内，我国社会主义初级阶段的基本国情没有改变，但是经济社会生活发生了深刻变化，21 世纪面临更加繁重的发展任务。"三个代表"重要思想的提出是在对党的历史方位和我国现实发展状况科学判断的基础上形成的，反映了党对国内外形势变化以及自身建设问题的全面思考。

[①] 《邓小平文选》第二卷，人民出版社 1994 年版，第 163—164 页。

如何实现科学发展是我们党长期以来思考和重视的重要问题。在全面建设小康社会过程中，尤其是 2003 年"非典"以后，我们党对这一问题的思考更加深入。改革开放以来，我国工作重心逐步转移到经济建设中来，取得了举世瞩目的伟大成绩。然而在经济社会实际发展过程中，也存在一些突出问题和矛盾，发展不够全面，也不够协调，持续发展能力较弱，例如城乡差距拉大、就业压力增加、区域差距扩大、资源短缺和生态环境遭到破坏、社会的发展明显滞后于经济的发展等等，这些在社会主义初级阶段出现的新问题、新矛盾影响着我国全面建设小康社会的进程。科学发展观的提出针对这些发展中遇到的问题和矛盾，有针对性地对发展的方向问题进行了回答，推动了经济建设的不断深化。

（三）社会主义建设正反经验教训的系统总结

新中国成立以后的一个较长时期，我国先后完成了社会主义改造、建立了社会主义制度，在开展经济建设方面取得很大成就。然而，我国社会主义制度优越性没有得到应有的发挥，一个重要原因就是形成了一种同社会生产力发展要求不相适应的计划经济体制，严重束缚和影响了广大企业和人民群众的积极性、主动性和创造性，对经济建设产生了一些不利影响。邓小平指出："不改革就没有出路，旧的那一套经过几十年的实践证明是不成功的。"[①] 实行改革开放以后，我国市场作用范围逐步扩大，市场主体的活力也不断增强，市场作用发挥比较充分的地方，经济活力就比较强，发展态势也比较好。正是多年经济体制改革的进展和成效，为中国实行社会主义市场经济提供了实践基础，也更加验证了中国特色社会主义道路的正确性。[②]

正反两方面的经验教训表明，对社会发展规律的正确认识和把握是指导思想的生命力和创造力之所在。20 世纪 80 年代末 90 年代初期，世界形势风云变

---

① 《邓小平文选》第三卷，人民出版社 1993 年版，第 237 页。

② 魏礼群：《邓小平社会主义市场经济理论的丰富内涵及重大贡献》，《国家行政学院学报》2014 年第 5 期。

幻。2000年6月，江泽民同志在中央思想政治工作会议上的讲话指出，"东欧剧变、苏联解体，是世界社会主义遭受的巨大挫折"。提出"为什么苏联这样一个发展了七十多年的社会主义国家还会解体呢？"这一问题，并进一步指出需要"认真总结苏联解体、东欧剧变的教训，以及我们发生'文化大革命'这一严重曲折的教训，深刻分析它们的原因"。[①] "三个代表"重要思想的提出就是在重大变革发生之时，是对社会主义和资本主义发展历程的不断认识、对党的建设的理解不断深化、对社会主义改革实践过程中人们思想变化的正向影响。

在新中国成立的几十年里，尤其是改革开放之后的多年发展过程中，我们党有一些比较成功的经验和做法，例如推进农业改革、加强农村义务教育、加快国有企业改革等，然而改革的进程并不协调，相对于我国经济高速发展的水平，社会领域的发展明显滞后，不能适应经济发展的要求，更不能满足人民对物质文化生活的需求。同时，过去由于过多地注重经济增长的速度，造成资源大量消耗、环境严重污染、生态进一步恶化，经济社会发展付出了很大代价。因此党在总结历史的经验教训后，提出要树立和落实科学发展观，这是我们党在总结了过去各种经验教训后作出的一项重大战略决策。按照全面、协调、可持续的发展观的要求，我们党提出要实现"两个战略转变"，一个是经济增长方式从粗放型向集约型转变，一个是经济体制从计划经济体制向社会主义市场经济体制转变。从发展的实践来看，科学发展观的提出具有鲜明的时代特征，是在总结历史经验教训之后，对中国如何更好地发展这一问题的重要回答，推动了我国社会主义经济建设由以往重数量到重质量的转变。

（四）对国际有益做法的充分吸收

中国特色社会主义经济建设的指导思想也是对国际有益做法的充分吸收。自亚当·斯密的《国民财富的性质和原因的研究》出版以来，西方资本主义国

---

① 《江泽民文选》第三卷，人民出版社2006年版，第78页。

家市场经济的发展已有几百年历史，一些西方国家通过实行市场经济实现了现代化，创造和积累了大量物质财富。实践证明，市场经济是进行资源配置的有效方式。西方资本主义国家主流经济学的相关理论尽管存在一定的局限性，但是对市场经济的运行机制方面进行了大量的探索，取得了丰富经验。因此，邓小平提出："必须大胆吸收和借鉴人类社会创造的一切文明成果，吸收和借鉴当今世界各国包括资本主义发达国家的一切反映现代社会化生产规律的先进经营方式和管理方法。"[①] 这其中就是大胆吸收和借鉴利用市场经济加快我国发展。

再如宏观调控方面，社会主义市场经济体制的发展和完善离不开宏观调控体制。我国宏观调控体系和框架的设置也在一定程度上吸收和借鉴了西方凯恩斯理论的有关内容。凯恩斯主张从宏观上干预经济，采取不同的财政政策、货币政策、汇率政策等手段对经济运行进行有效管理。再例如可持续发展理念的提出，是世界范围内普遍形成的共识。这一理念的提出最早出现在 1980 年由国际自然保护联盟制定的《世界自然保护大纲》中，最初用于生态学领域，之后这一理念被广泛接受和传播，并应用于经济学和社会学范畴，同时也加入了一些新的内涵。

然而，这一吸收和借鉴是针对我国经济发展的实际情况批判地进行的。西方经济学以"理性人"假设为总前提，假设每个人都是理性的，这一理性主要体现在以追求效用最大化为目标，强调利己主义，其理论是对资产阶级利益的维护。中国共产党作为人民民主专政的无产阶级政党，始终代表最广大人民的根本利益，坚持以人为本，始终站在人民大众的立场上，一切为了人民、一切相信人民、一切依靠人民，诚心诚意为人民谋利益，这也是中国共产党经济建设的指导思想与西方经济学理论的最大不同。

---

① 《邓小平文选》第三卷，人民出版社 1993 年版，第 373 页。

第三节 社会主义基本经济制度和分配制度的形成与发展

社会主义经济制度是社会主义经济关系的总和。1992 年至 2012 年期间，在党的指导思想的指引下，我国逐步形成了以公有制为主体、多种所有制经济共同发展的基本经济制度；以按劳分配为主体、多种分配方式并存的分配制度；建立社会主义市场经济体制。《中华人民共和国宪法》第六条规定：中华人民共和国的社会主义经济制度的基础是生产资料的社会主义公有制，即全民所有制和劳动群众集体所有制。社会主义公有制消灭人剥削人的制度，实行各尽所能、按劳分配的原则。国家在社会主义初级阶段，坚持公有制为主体、多种所有制经济共同发展的基本经济制度，坚持按劳分配为主体、多种分配方式并存的分配制度。《宪法》第十五条规定：国家实行社会主义市场经济。

一、坚持和完善社会主义基本经济制度

社会主义基本经济制度、分配制度、经济体制是社会主义经济制度的重要组成部分，三者是在生产、交换、分配和消费等社会再生产过程中形成的，对生产力发展具有重要影响。其中基本经济制度是一定社会占统治地位的生产关系的总和，经济体制是基本经济制度的具体表现形式；基本经济制度是内容，经济体制是形式，内容决定形式；基本经济制度决定了经济体制的性质和发展方向，并把经济体制看作表明社会制度性质的范畴。在社会主义初级阶段，只有坚持和完善社会主义基本经济制度，才能发挥出中国特色社会主义经济建设发展的制度优势，从而推动中国经济建设持续健康发展。

（一）公有制为主体，多种所有制共同发展

改革开放以后，我国对所有制结构方面进行了大胆改革。随着城镇个体经济的不断发展，1987 年中共十三大对私营经济的地位和作用进行了说明，指出

私营经济是公有制经济的必要和有益补充。这一说法的提出使得我国出现了公有制为主体、多种所有制共同发展的局面，然而这个时期同样出现了经济过热现象，引发了经济领域的一系列治理整顿，个体和私营经济发展受到严重影响。1992年，邓小平在南方谈话中明确提出社会主义的本质和"三个有利于"判断标准，批评了"多一分外资，就多一分资本主义"的错误思想，对困扰国人的姓"社"姓"资"问题进行了明确的回答。这一鲜明观点引发了个体、私营、外资等非公有制经济的大力发展。

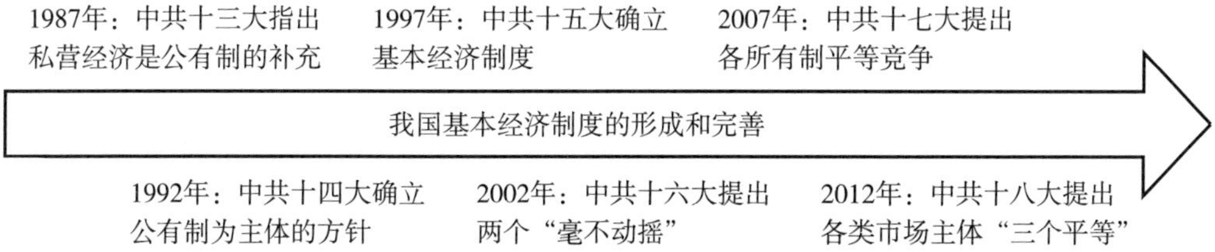

1987年：中共十三大指出 1997年：中共十五大确立 2007年：中共十七大提出
私营经济是公有制的补充 基本经济制度 各所有制平等竞争

我国基本经济制度的形成和完善

1992年：中共十四大确立 2002年：中共十六大提出 2012年：中共十八大提出
公有制为主体的方针 两个"毫不动摇" 各类市场主体"三个平等"

图 4-1　我国基本经济制度的形成和完善过程

图 4-1 简要描述了我国基本经济制度的形成和完善过程。1992年10月中共十四大确立了以公有制为主体、多种经济成分共同发展的方针。1992年11月中共十四届三中全会对这一方针又进行了进一步的明确。1997年9月中共十五大明确指出，公有制为主体、多种所有制经济共同发展，是我国社会主义初级阶段的一项基本经济制度；并对非公有制经济的地位进行了说明，指出非公有制经济是我国社会主义市场经济的重要组成部分。在1999年3月九届全国人大二次会议通过的《中华人民共和国宪法修正案》中，用国家根本大法的形式将基本经济制度确定了下来，标志着我国社会主义初级阶段基本经济制度的确立。

2002年11月中共十六大提出要根据解放和发展生产力的要求，坚持和完善基本经济制度，并提出两个"毫不动摇"，指出必须毫不动摇地巩固和发展公有制经济；必须毫不动摇地鼓励、支持和引导非公有制经济发展。还指出要把坚持公有制为主体和促进非公有制经济发展，统一于社会主义现代化建设的过程中，不能把两者对立起来。2003年10月中共十六届三中全会从理论和实践上对所有制问题又作出了重大突破和创新，提出要积极推行公有制的多种有效实现形式，大力发展国有资本、集体资本和非公有资本等参股的混合所有制经济，使股份制成为公有制的主要实现形式；发展多种形式的集体经济；扩大非公有制经济的进入领域；建立健全现代产权制度，促进非公有制经济发展。2007 年 10 月中共十七大在两个"毫不动摇"的基础上进一步提出要"坚持平等保护物权，形成各种所有制经济平等竞争、相互促进新格局"。2012 年 11 月中共十八大又进一步发展了所有制经济理论，提出不同市场主体竞争要实现"三个平等"：平等使用生产要素、公平参与市场竞争、同等受到法律保护。

专栏 4-1：党的重要会议关于基本经济制度的重要表述

中共十四大报告：在所有制结构上，以公有制包括全民所有制和集体所有制经济为主体，个体经济、私营经济、外资经济为补充，多种经济成分长期共同发展，不同经济成分还可以自愿实行多种形式的联合经营。

中共十四届三中全会：《中共中央关于建立社会主义市场经济体制若干问题的决定》中明确提出，必须坚持以公有制为主体，多种经济成分共同发展的方针。

中共十五大报告：公有制为主体、多种所有制经济共同发展，是我国社会主义初级阶段的一项基本经济制度。这一制度的确立，是由社会主义性质和初级阶段国情决定的：第一，我国是社会主义国家，必须坚持公有制作为社会主义经济制度的基础；第二，我国处在社会主义初级阶段，需要在公有制为主体的条件下发展多种所有制经济；第三，一切符合"三个有利于"的所有制形式都可以而且应该用来为社会主义服务。

中共十六大报告：第一，必须毫不动摇地巩固和发展公有制经济。第二，必须毫不动摇地鼓励、支持和引导非公有制经济发展。第三，坚持公有制为主体，促进非公有制经济发展，统一于社会主义现代化建设的进程中，不能把这两者对立起来。各种所有制经济完全可以在市场竞争中发挥各自优势，相互促进，共同发展。

中共十六届三中全会：讨论通过的《中共中央关于完善社会主义市场经济体制若干问题的决定》中明确提出，积极推行公有制的多种有效实现形式，加快调整国有经济布局和结构。进一步增强公有制经济的活力，大力发展国有资本、集体资本和非公有资本等参股的混合所有制经济，实现投资主体多元化，使股份制成为公有制的主要实现形式。放宽市场准入，允许非公有资本进入法律法规未禁入的基础设施、公用事业及其他行业和领域。非公有制企业在投融资、税收、土地使用和对外贸易等方面，与其他企业享受同等待遇。

中共十七大报告：坚持和完善公有制为主体、多种所有制经济共同发展的基本经济制度，毫不动摇地巩固和发展公有制经济，毫不动摇地鼓励、支持、引导非公有制经济发展，坚持平等保护物权，形成各种所有制经济平等竞争、相互促进新格局。

我国社会主义初级阶段基本经济制度的确立和完善对经济建设和社会发展起到了巨大的推动作用，同时生产力的快速发展也不断促进着我国基本经济制度的发展和完善，体现了生产力与生产关系相互适应的发展规律。

（二）促进非公有制经济发展的政策演进

1992年邓小平南方谈话和中共十四大的胜利召开推动我国改革开放事业迎来新高潮。中共十四大以后，国家统计局和国家工商行政管理局发布的《关于经济类型划分的暂行规定》，将我国经济分为以下九种类型：国有经济，集体经济，私营经济，个体经济，联营经济，股份制经济，外商投资经济，港、澳、台投资经济，其他经济。1993年4月，国家工商行政管理局出台《关于促进个体私营经济发展的若干意见》，具体包括：第一，允许体制内离职退休人员遵照程序进入个体私营经济领域。《意见》明确指出，党政机关、企事业单位在转变职能、转换经营机制过程中分离出来的富余人员，在办理脱钩手续后，持原单位证明，可以申请从事个体经营或开办私营企业；党政机关离退休人员，可以申请从事个体经营或开办私营企业。第二，简化登记审批程序。《意见》指出，申请者持本人身份、职业状况等有关证明，可以直接向经营所在地工商行政管理机关申请登记注册；边远贫困地区申请从事个体经营的，可以在备案后允许其从事经营活动。第三，明确经营范围，放宽对经营方式的限制。《意见》指出，除国家法律、法规明令禁止个体工商户、私营企业经营的行业和商品外，其他行业和商品都允许经营。凡是允许经营的商品，除国家有专项规定的外，经营方式全部放开。《意见》还提出了对个体私营经济发展环境的优化以及组织领导方面的具体意见。1993 年 6 月国家科委、国家体改委发布的《关于大力发展民营科技型企业若干问题的决定》在改革开放后首次提出"民营企业"。1995 年 5 月在《中共中央、国务院关于加速科学技术进步的决定》中正式使用了民营企业的概念。中共十四届三中全会通过《关于建立社会主义市场经济体制若干问题的决定》之后，各地、各部门开始研究出台相关促进非公有制经济发展的金融、财税政策；国家层面也出台《劳动法》，对相关经营行为进行规范。

中共十五大报告将非公有制经济纳入基本经济制度中。1998 年 9 月，国家统计局制定了《关于统计上划分经济成分的规定》，将我国经济成分划分为两大类别，共五种成分类型，其中第一大类为公有经济，包括国有经济和集体经济两种成分类型；第二大类为非公有经济，包括私有经济、港澳台经济、外商经济三种成分类型。1998 年 10 月，对外贸易经济合作部出台了《关于赋予私营生产企业和科研院所自营进出口权的暂行规定》，对具备条件的私营企业进行自主进出口经营进行了规定。1999 年 3 月通过的《中华人民共和国宪法修正案》将基本经济制度写入宪法，并规定：在法律规定范围内的个体经济、私营经济等非公有制经济，是社会主义市场经济的重要组成部分。1999 年 8 月九届全国人大常委会第十一次会议通过《中华人民共和国个人独资企业法》，对个人独资企业的权利和义务进行了明确规定，加强了对企业财产的保护。1999 年 11 月，中国人民银行发布了《关于加强和改进对中小企业金融服务的指导意见》，要求各级银行要改进小企业信贷工作方法，对不同类型的小企业提高分类支持政策。2001 年 12 月，国家计委发布了《国家计委关于促进和引导民间投资的若干意见》，鼓励民间投资参与到相关的建设项目中来。2002 年 6 月九届全国人大常委会第二十八次会议通过《中华人民共和国中小企业法》，专门加强以个体私营企业为主的中小企业的保护。在鼓励和支持个体私营经济发展的同时，国家还加大了对个体私营经济的管理力度。1998 年 6 月国家税务总局发布《关于做好商业个体经营者增值税征收率调整工作的通知》，在降低个体经营者增值税征收率的同时强化其纳税意识。1999 年 8 月国家工商行政管理局出台《关于加强个体私营经济登记和监督管理的若干意见》，指出要清理"名为集体、实为个体私营"的企业。

中共十六大报告和十六届三中全会通过的《中共中央关于完善社会主义市场经济体制若干重要问题的决定》，明确提出针对基本经济制度的两个"毫不动摇"。2004 年 3 月通过的《宪法修正案》从根本大法层面上确认了两个"毫不动摇"，还明确规定要"保护合法的私有财产"，即保护个体工商户、私营企业主通过自己的合法经营和正当途径创造和获得的私人财产。针对民营经济面临的各种市场准入障碍问题，2005 年 2 月国务院颁布了《关于鼓励支持和引导个体私营等非公有制经济发展的若干意见》，提出要贯彻平等准入、公平待遇原则，放宽非公有制经济市场准入。2005 年 4 月国务院出台了《关于治理向个体私营等非公有制企业乱收费、乱罚款和各种摊派等问题的通知》，要求取消针对非公有制企业的歧视行为。2007 年 3 月通过的《中华人民共和国物权法》，第一次以国家法律的形式明确规定对公有财产和私有财产给予平等保护，这成为民营经济发展的法律基础和制度保障。其他的一系列政策包括为个体户减税减负、完善个体户养老保险政策以及监督管理办法等。

中共十七大报告在坚持两个"毫不动摇"基本方针的基础上，进一步提出"坚持平等保护物权，形成各种所有制经济平等竞争、相互促进新格局"。2008

年《政府工作报告》在部署个体私营经济工作中指出，要"借鉴市场准入和融资支持等方面的问题"；2009 年则强调非公有制经济在扩大市场准入领域、发挥吸收就业等方面的作用；2010 年至 2012 年则在进一步强调扩大非公有制经济进入领域的同时，强调个体私营经济发展要实现转型升级，还要加强监督管理，规范融资行为。从 2008 年开始，国家还颁布实施了一系列法律来促进非公有制经济的发展，包括《就业促进法》《企业所得税法》《个体工商户名称登记管理办法》《个体工商户条例》《个人所得税法》等一系列法律，以及一系列鼓励民营经济投资、促进中小企业发展、强化科技型中小企业创新的指导意见文件，从法律和制度层面上来促进非公有制经济的发展。

（三）非公有制经济取得了巨大发展

个体和私营企业数量持续上升，增长速度存在差异。表 4-1 和图 4-2 均显示了 1992 年至 2012 年期间我国个体户、私营企业数量以及就业人数的变化情况。从表 4-1 来看，2012 年我国私营企业和个体户分别达到 1085.72 万户和 4059.27 万户，分别是 1992 年的 77.8 倍和 2.65 倍；就业人数方面，2012 年我国私营企业和个体就业人数分别是 1992 年的 48.7 倍和 3.5 倍，在数量层面上均显示了增长；然而个体户和私营企业的发展状况存在显著差异，私营企业数据和就业人数的增加幅度远大于个体户。

从图 4-2 的变化趋势来看，1992 年至 2012 年期间我国私营企业数量和就业人数呈现显著的增长态势，而 2001 年之后，受国家发展形势的影响，私营企业的增长速度超过 1992 年至 2001 年期间的增速，这主要是受国家相关政策的影响，在国家一系列促进政策的引导下，大量资金投入私营企业的开办以及以往未开放的领域，使得民间投资数量显著增多，企业数量也随着增长。而对于个体户的变化趋势而言，其发展存在阶段性特征：一是在 1999 年之前呈现明显上升趋势；二是在 1999 年至 2004 年期间出现明显下降；三是在 2005 年之后开始企稳回升。出现这一阶段性特征的原因在于，中共十四大之后国家对发展非公有制经济放松了一系列限制条件，加上农村和国企改革的不断推进，使得农

表 4-1　1992—2012 年我国个体私营企业和就业情况变化

年份	私营企业户数（万户）	私营企业就业人数（万人）	个体户数（万户）	个体就业人数（万人）
1992	13.96	231.8	1533.91	2467.7
1993	23.79	372.6	1766.87	2939.3
1994	43.2	648.3	2186.6	3775.9
1995	65.5	956	2528.5	4613.6
1996	81.9	1171.1	2703.7	5017.1
1997	96.1	1349.3	2850.9	5441.9
1998	120.1	1709.1	3120.2	6114.4
1999	150.89	2021.5	3160.06	6240.9
2000	176.2	2406.5	2571.4	5070
2001	202.9	2713.9	2433	4760.3
2002	243.5	3409.3	2377.5	4742.9
2003	300.55	4299.1	2353.19	4636.5
2004	365.07	5017.3	2350.49	4587.1
2005	430.09	5824.1	2463.89	4900.5
2006	498.08	6586.3	2595.61	5159.7
2007	551.31	7253.1	2741.53	5496.2
2008	657.42	7904	2917.33	5776.4
2009	740.15	8607	3197.37	6585.4
2010	845.52	9417.6	3452.89	7007.6
2011	967.68	10353.6	3756.47	7945.3
2012	1085.72	11296.1	4059.27	8628.3

资料来源：国家统计局。

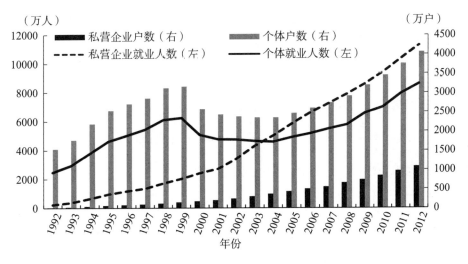

资料来源：国家统计局。

图 4-2　1992—2012 年我国个体私营企业和就业变化情况

村剩余劳动力和下岗职工为谋生存，从而选择进入个体经营领域，使得个体户数量大幅增长。之后，由于个体经营存在一定风险、需要一定的启动维护资金和经营场所，使得一些实力不足的个体户不得不退出个体经营领域，同时国家为加强管理，对"死户"进行了清理；再加上城市建设中通过拆迁使得部分个体户因失去经营场所而注销，也有一些个体户经营良好转型发展为私营企业，诸多原因导致了个体户数量在这一时期出现较大下降。2005 年之后，随着个体户数量逐渐减少引起国家、社会的多方面关注，国家出台了一系列新的政策文件，从制度保障、税收优惠、扩大投资领域等多个方面对个体户权利进行了保障，这一时期的个体户数量呈现平稳增长趋势。

个体私营经济吸纳就业的能力逐渐体现。个体户和私营企业的经营范围大都属于第二产业和第三产业，具有较高的吸纳就业的能力。表 4-2 和图 4-3 均显示了 1992 年至 2012 年我国个体私营经济在吸纳就业方面的变化情况，无论是在城镇还是在乡村，个体私营就业人数占总就业人数的比重基本上均呈明显的上升趋势，对于减轻就业压力、维护社会稳定、带动农村经济发展具有十分重要的作用。从表 4-2 来看，2012 年个体私营城镇就业人数占比和个体私营就业人数占比分别是 1992 年的 7.6 倍和 4.4 倍。这一快速发展对于我国优化经济结构、推进城镇化进程有着很大的促进作用，尤其是对于农村地区而言，推动了农民从第一产业向二、三产业的转移，在推动城镇化进程的同时有助于提高农民收入水平。

图 4-3 将个体私营经济的就业人数占比变化进行了可视化展示，在个体私营经济吸纳就业总体上涨的同时，在 1999—2001 年期间也出现了下降的趋势，这一现象出现的原因主要与个体户数量的下降有关。

私营经济对国民经济的贡献越来越大。以私营工业企业为例，由于缺少1992—1997 年我国私营工业企业的相关数据，因此表 4-3 展示了 1998 年至2012 年期间我国私营工业企业的发展情况，从中可以看出，我国私营工业企业发展势头总体良好。其中，2012 年私营工业企业单位数和利润总额分别是 1998

表 4-2　1992—2012 年我国个体私营经济吸纳就业变化情况　　　单位：%

年份	个体私营城镇就业占比	个体私营乡村就业占比
1992	4.69	3.85
1993	6.11	4.52
1994	8.35	5.87
1995	10.74	7.19
1996	11.69	7.87
1997	12.84	8.41
1998	14.95	9.37
1999	15.47	9.79
2000	14.70	8.32
2001	15.16	7.84
2002	16.96	8.07
2003	18.76	8.45
2004	20.21	8.71
2005	21.97	9.70
2006	23.51	10.54
2007	25.49	10.95
2008	27.20	11.38
2009	29.38	12.71
2010	30.38	14.21
2011	33.80	15.21
2012	35.58	16.98

资料来源：国家统计局。

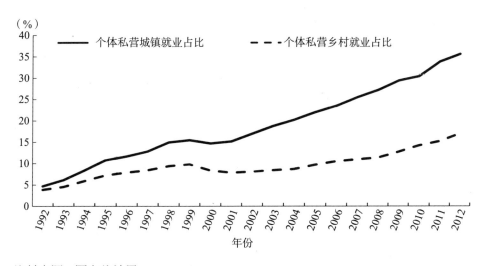

资料来源：国家统计局。

图 4-3　1992—2012 年我国个体私营经济吸纳就业的变化情况

年的 17.7 倍和 300 倍，2012 年私营工业企业应交所得税是 2000 年的 66 倍。私营工业企业的大发展是党和国家推出一系列政策保障措施的结果，政策方面的红利、我国富余劳动力红利、国家持续开放推动的大好局面、营商环境的不断改善、投资领域的不断放宽、融资渠道放宽等等，都提升了私营企业主的创业信心和创业激情，也对企业的发展绩效产生了影响，逐步提高了我国企业的抗风险能力和市场竞争力。一系列数据表明，以私营经济为主要代表的我国非公有制经济已经成为国民经济的重要组成部分，也充分证明了我国社会主义基本经济制度符合我国生产力的发展需要，是我国在社会主义初级阶段的必然选择。

图 4-4 对 1998—2012 年我国私营工业企业的数量变化趋势、利润变化趋势以及所得税变化趋势进行了可视化描述。从中可以看出，三种指标的变化趋势并不完全统一，其中私营工业企业单位数出现一定的波动情况，呈现出"先增加、后下降"的趋势，私营工业企业数量在 2010 年之前一直呈现增长态势，并在 2010 年达到顶峰，然而之后两年出现大幅下降，这一原因的出现一方面与国内政策的扶持力度有关，另一方面也受 2008 年爆发的国际金融危机的影响，导致部分以出口为主的私营工业企业受外部市场需求影响较大，企业产业和服务出口大幅减少，企业经营面临困难，甚至出现停产倒闭。同时，私营工业企业利润总额和应交所得税在 1998—2012 年期间保持平稳增长态势，企业利润总额在 2006 年之后更是出现大幅增长，这表明我国私营工业企业的主体是具有较强生命力和竞争力的，能够在面对较复杂经济发展形势下实现快速增长，从而成为我国国民经济的重要补充。

图 4.5 描述了 1998—2012 年我国私营工业企业数量占比、利润总额占比以及应交所得税占比，能够在一定程度上反映出私营经济在国民经济中的贡献变化。从图中可以看出，在 1998—2012 年期间，我国私营工业企业数量占比尽管在 2010 年后出现一定的下降，但是基本呈现上升趋势，利润总额占比和应交所得税占比也都呈现上升趋势，反映出私营企业盈利能力在不断增强，对国民经济的发展贡献也越来越大，从而逐步推动我国经济结构转型升级。

表 4-3　1998—2012 年我国私营工业企业的发展情况

年份	私营工业企业单位数（个）	私营工业企业利润总额（亿元）	私营工业企业数量占比（%）	私营工业企业利润总额占比（%）	私营工业企业应交所得税占比（%）
1998	10667	67.25	6.46	4.61	
1999	14601		9.01		
2000	22128	189.68	13.59	4.32	4.62
2001	36218	312.56	21.18	6.60	7.04
2002	49176	490.23	27.02	8.47	8.55
2003	67607	859.64	34.49	10.31	11.30
2004	119357	1429.74	43.17	11.99	13.15
2005	123820	2120.65	45.55	14.33	14.64
2006	149736	3191.05	49.59	16.36	17.30
2007	177080	5053.74	52.58	18.61	19.06
2008	245850	8302.06	57.70	27.16	24.28
2009	256031	9677.69	58.94	28.02	24.82
2010	273259	15102.5	60.34	28.47	24.80
2011	180612	18155.52	55.47	29.57	24.36
2012	189289	20191.9	55.06	32.61	26.72

资料来源：国家统计局。

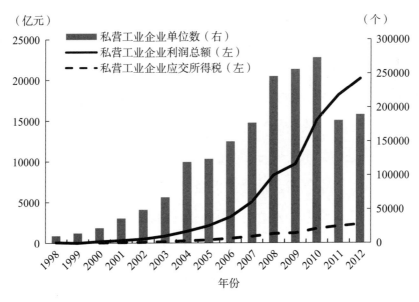

资料来源：国家统计局。

图 4-4　1998—2012 年我国私营工业企业发展情况

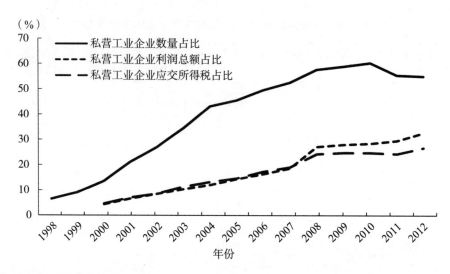

资料来源：国家统计局。

图 4-5　1998—2012 年我国私营工业企业占比变化情况

二、建立和完善社会主义市场经济体制

（一）社会主义市场经济体制的探索过程

社会主义市场经济体制的建立是改革开放的必然结果，也是我们党一次真正的理论创新，是前无古人的伟大创举，是马克思主义中国化的一个重要成果，是我国社会主义经济体制改革史上的一次重大变革，是中国特色社会主义建设事业中的一个伟大实践，体现了我们党坚持理论创新、与时俱进的巨大勇气。计划经济体制向社会主义市场经济体制的转变，也实现了改革开放新的历史性突破，打开了我国经济、政治和文化发展的崭新局面。社会主义市场经济体制的建立和逐步完善是中共十一届三中全会以来党的理论探索和改革开放事业不断实践的重要成果，是中国特色社会主义经济建设取得伟大成就的重要基础。我国社会主义市场经济体制的建立并不是一蹴而就的，而是我们党在不断的实践探索和理论研究中逐步形成的，是马克思主义同中国实际相结合的重要产物。

1992 年初邓小平南方谈话系统总结了中共十一届三中全会以来改革开放的基本经验，对改革开放事业中困扰和束缚人们思想的重大理论问题和认识问题进行了集中回答，更加旗帜鲜明地提出中国特色社会主义道路，对未来我国社会主义事业的前进方向和发展路径进行了准确的描绘。

1992 年 10 月 12 日，中共十四大报告正式提出："我国经济体制改革的目标是建立社会主义市场经济体制，以利于进一步解放思想和发展生产力。"明确指出，"我们要建立的社会主义市场经济体制，就是要使市场在社会主义国家宏观调控下对资源配置起基础性作用，使经济活动遵循价值规律的要求，适应供求关系的变化"，从此中国经济体制改革进入了一个新的发展阶段。1993 年 11 月中共十四届三中全会通过了《中共中央关于建立社会主义市场经济体制若干问题的决定》，这一文件对我国经济体制改革面临的形势与任务进行了系统总结，并对我国社会主义市场经济体制的基本框架进行了具体说明，对中共十四大提出的经济体制改革目标和基本原则进行了具体化的描述，确立了社会主义市场经济体制改革的各项任务，从而成为 90 年代我国经济体制改革的重要行动纲领。

1997 年中共十五大报告指出要继续"坚持和完善社会主义市场经济体制，使市场在国家宏观调控下对资源配置起基础性作用"；2002 年中共十六大报告指出两个"毫不动摇"，指出要"不断完善社会主义市场经济体制"。2003 年 10 月中共十六届三中全会通过《中共中央关于完善社会主义市场经济体制若干问题的决定》，《决定》对中共十六大报告中提出的不断完善社会主义市场经济体制进行了战略部署，深刻描述了我国深化经济体制改革的重要性和紧迫性，对完善社会主义市场经济体制的目标和任务进行了设置，提出以"五大统筹"来发挥市场在资源配置中的基础性作用。其中明确指出，完善社会主义市场经济体制的任务是：完善公有制为主体、多种所有制经济共同发展的基本经济制度；建立有利于逐步改变城乡二元经济结构的体制；形成促进区域经济协调发展的机制；建设统一开放竞争有序的现代市场体系；完善宏观调控体系、行政管理体制和经济法律制度；健全就业、收入分配和社会保障制度；建立促进经济社会可持续发展的机制。

2007 年中共十七大报告中指出，要深化对社会主义市场经济规律的认识，从制度上更好发挥市场在资源配置中的基础性作用，形成有利于科学发展的宏观调控体系。2012 年中共十八大报告指出要全面深化经济体制改革，深化改革是加快转变经济发展方式的关键，经济体制改革的核心问题是处理好政府和市场的关系，必须更加尊重市场规律，更好发挥政府作用。这一重要表述对我国社会主义市场经济体制建设的核心内涵进行了集中概括，为进一步完善社会主义市场经济体制指明了方向和目标。经过十年的改革发展实践，我国初步建立起了社会主义市场经济体制。

社会主义市场经济体制的建立伴随着一系列重大国家发展战略的出台和实施，从而不断加速了我国市场化改革的进程，包括国有企业改革、财税制度改革、汇率制度改革、外贸体制改革、宏观调控体系、科教兴国战略等一系列重大举措，对于建设现代市场体系发挥了重要作用。社会主义市场经济是与社会主义基本经济制度结合在一起，市场在国家宏观调控下对资源配置起决定性作用的经济，既可以实现资源的优化配置，又可以发挥社会主义制度的优越性。社会主义市场经济体制的提出，是中国共产党一次真正重大的理论突破，是在党的经济建设指导思想下的伟大实践，是我国经济体制改革和中国特色社会主义发展道路探索的必然选择，对我国生产力发展起到了极大的促进作用。

（二）社会主义市场经济体制下的经济建设成就

1992 年中共十四大提出建立社会主义市场经济体制以来，中国的经济实力、综合国力、人民生活水平实现了翻天覆地的变化，中国的经济发展面貌发生了历史性变化，基本完成了从计划经济体制到社会主义市场经济体制的伟大历史转折。二十年间，中国的经济规模从全球第十位上升到第二位，经济增速连年处于全球第一的位置，是世界上经济发展速度最快的国家；创造了人类历史上最大规模的减贫奇迹；产业发展、进出口贸易、外汇储备、市场规模等不断扩大，且均位于世界前列；人民生活水平不断提高，平均生活水平达到小康状态。

推动了经济持续快速发展。社会主义市场经济体制的确立极大地解放和发展了生产力，促进了我国经济社会的全面发展，我国综合国力不断增强、人民生活水平日益提高。从表4-4中可以看出，1992—2012年期间，中国的国内生产总值从2.72万亿元增长至53.7万亿元；年平均实际增长速度高达16%，是同期世界上最快的增长速度，国内生产总值总量分别在2006年和2010年超过英国和日本，世界排名从第十位上升到第二位。人均量方面同样实现了快速发展，如图4-6所示，2012年人均国内生产总值是1992年的17倍，1993年中国跨入中等偏下收入国家行列，继而在2009年跨入中等偏上收入国家行列，谱写了世界经济发展史上的奇迹。①

表4-4　1992—2012年我国经济总量的增长情况　　　　单位：亿元

年份	国民总收入	国内生产总值	第一产业	第二产业	第三产业
1992	27208.2	27194.5	5800.3	11725	9669.2
1993	35599.2	35673.2	6887.6	16472.7	12313
1994	48548.2	48637.5	9471.8	22452.5	16713.1
1995	60356.6	61339.9	12020.5	28676.7	20642.7
1996	70779.6	71813.6	13878.3	33827.3	24108
1997	78802.9	79715	14265.2	37545	27904.8
1998	83817.6	85195.5	14618.7	39017.5	31559.3
1999	89366.5	90564.4	14549	41079.9	34935.5
2000	99066.1	100280.1	14717.4	45663.7	39899.1
2001	109276.2	110863.1	15502.5	49659.4	45701.2
2002	120480.4	121717.4	16190.2	54104.1	51423.1
2003	136576.3	137422	16970.2	62695.8	57756
2004	161415.4	161840.2	20904.3	74285	66650.9
2005	185998.9	187318.9	21806.7	88082.2	77430
2006	219028.5	219438.5	23317	104359.2	91762.2
2007	270704	270092.3	27674.1	126630.5	115787.7
2008	321229.5	319244.6	32464.1	149952.9	136827.5
2009	347934.9	348517.7	33583.8	160168.8	154765.1
2010	410354.1	412119.3	38430.8	191626.5	182061.9
2011	483392.8	487940.2	44781.5	227035.1	216123.6
2012	537329	538580	49084.6	244639.1	244856.2

资料来源：国家统计局。

---

① 蔡昉：《新中国70年经济发展成就、经验与展望》，《中国党政干部论坛》2019年第8期。

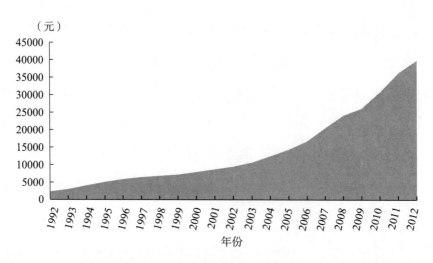

资料来源：国家统计局。

图 4-6　1992—2012 年我国人均 GDP 的增长变化

市场化水平越来越高。市场化水平是衡量市场经济体制建设和完善进程的重要指标。对中国经济市场化程度的分析有利于了解我国市场化进程的变化趋势和变化规律，从而更好地从改革实际出发来完善我国社会主义市场经济体制。然而，市场化水平并没有官方的统计数据，目前的研究大多是学者根据市场化的内涵自行采取相关经济指标来进行测度，这一测度是一项较为复杂的系统工程，它涉及不同的指标选择、不同的年份比较、不同的测度方法等，本部分主要采用当前国内相关研究的成果，对我国市场化水平的变化趋势进行分析。

表 4-5 为国内学者测算的我国 1992 年至 2008 年市场化指数及其分项指标的具体情况。图 4-7 是对表 4-5 的可视化描绘。从表 4-5 的最后一列百分制标准得分中可以看出，1992—2008 年期间我国市场化指数呈逐年上升趋势，表明我国市场化发展进程在不断加深，发展水平不断提高。在 1992 年至 2001 年期间，我国市场化程度提高了 38.22％，中国的经济市场化改革取得了巨大的进步。在相关研究中，60％是预设的市场经济临界标准，这一数据也反映出我国社会主义市场经济体制在 2000 年左右初步建立起来。2001—2008 年期间，我国市场化程度进一步提高，尽管提升幅度只有 12.14％，然而也表明我国市场化进程在不断进入渐进式、统筹式的完善发展阶段，正在由初步建立起的充满活力的社

表 4-5　1992—2008 年我国市场化指数变化情况

年份	政府行为规范化	经济主体自由化	生产要素市场化	贸易环境公平化	金融参数合理化	按 5 分制标准得分	按百分制标准得分
1992	3.25	4.50	3.67	4.00	4.38	3.96	26.04
1993	2.58	4.23	3.33	3.78	4.25	3.64	34.11
1994	2.75	3.90	3.00	3.56	4.25	3.49	37.72
1995	2.58	3.53	3.00	3.56	4.21	3.38	40.60
1996	3.08	3.37	2.83	3.22	4.21	3.34	41.43
1997	2.58	3.00	2.83	2.56	4.04	3.00	49.93
1998	2.33	3.00	2.50	2.44	3.63	2.78	55.49
1999	2.58	2.73	2.83	2.33	3.46	2.79	55.29
2000	2.58	2.57	2.67	2.22	2.83	2.57	60.64
2001	2.58	2.30	2.33	2.06	2.88	2.43	64.26
2002	2.58	2.37	2.33	2.06	2.71	2.41	64.76
2003	2.50	1.93	2.33	1.78	3.04	2.32	67.07
2004	2.50	1.87	2.33	1.78	2.42	2.18	70.53
2005	2.50	1.60	1.83	1.44	2.42	1.96	76.03
2006	2.50	1.60	1.83	1.61	2.42	1.99	75.19
2007	2.50	1.57	1.67	1.61	2.42	1.95	76.19
2008	2.50	1.57	1.50	1.44	2.71	1.94	76.40

资料来源：曾学文、施发启、赵少钦、董晓宇：《中国市场化指数的测度与评价：1978—2008》，《中国延安干部学院学报》2010 年第 4 期。

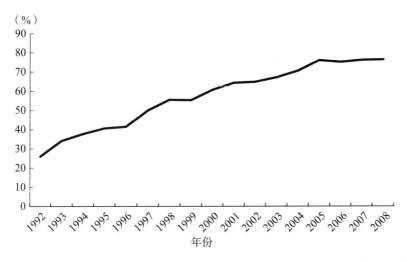

资料来源：曾学文、施发启、赵少钦、董晓宇：《中国市场化指数的测度与评价：1978—2008》，《中国延安干部学院学报》2010 年第 4 期。

图 4-7　1992—2008 年我国市场化指数变化情况

会主义市场经济体制逐渐向成熟的社会主义市场经济体制转变。

相关研究在 5 分制与百分制的转换中，5 分制的数值越高则对应的百分制的数值越低，因此从分项来看，我国市场化进程中政府行为规范化、经济主体自由化、生产要素市场化、贸易环境公平化、金融参数合理化等指标也均实现较大改善。从表 4-5 中可以看出，经济主体自由化和贸易环境公平化的市场化进展最快，这主要与我国社会主义市场化进程中国有企业改革以及非公有制经济发展有关，同时 2001 年中国加入世界贸易组织也使得我国涉外经济体制改革迅速推进，实现了以开放倒逼改革。尽管其他分项在市场化进程中出现反复，但总体趋势都朝着更加完善的方向变动，表明我国社会主义市场经济体制的建立和完善是全面的。

市场规模越来越大。图 4-8 描述了 1992—2012 年我国社会消费品零售总额的变化情况，从中可以看出，这一时间内我国社会消费品零售总额出现较大增长，其中在 2004 年之后实现了更加快速的增长，由于这一指标能够在一定程度上反映我国市场规模的变化情况，因此从图中也可以看出随着我国社会主义市场经济体制的建立和完善，我国市场规模也在不断扩大，市场规模的扩大反映市场需求的增加，从而能够推动我国经济规模的不断扩大。

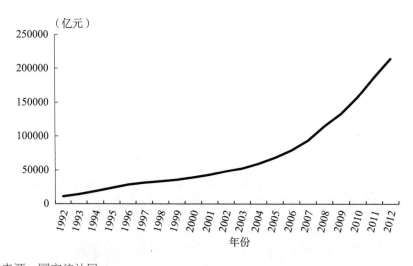

资料来源：国家统计局。

图 4-8   1992—2012 年我国社会消费品零售总额变化情况

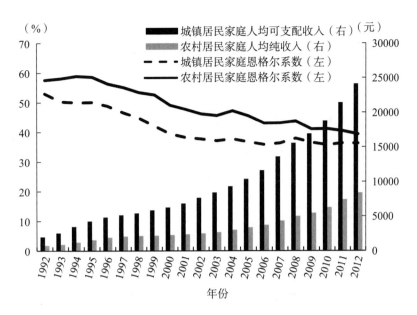

资料来源：国家统计局：《中国统计年鉴 2013 年》。

图 4-9 1992—2012 年我国居民收入和恩格尔系数变化情况

居民收入越来越高，消费结构越来越合理。图 4-9 描述了 1992—2012 年期间我国居民收入和恩格尔系数的变化情况，其中柱状图分别是城镇居民家庭人均可支配收入和农村居民家庭人均可支配收入，从中可以看出两者在这 20 年间均实现了大幅度的增长，其中城镇居民家庭的人均可支配收入显著高于农村居民家庭的人均可支配收入。恩格尔系数表示食品支出总额占个人消费支出总额的比重，是一个家庭富裕程度的衡量标准之一，其系数越低表示居民把收入用于食品支出的份额越少。有研究指出，恩格尔系数达 59% 以上为贫困，50%～59% 为温饱，40%～50% 为小康，30%～40% 为富裕，低于 30% 为最富裕。[1] 从图 4-10 中可以看出，我国城镇居民和农村居民的恩格尔系数在 1992—2012 年期间均呈现下降趋势，表示居民生活水平在不断提高，平均生活水平基本达到小康状态。

---

[1] 张祖群：《从恩格尔系数到旅游恩格尔系数：述评与应用》，《中国软科学》2011 年第 2 期。

三、1992 年至 2012 年收入分配制度的建设历程

（一）以按劳分配为主体，多种分配制度并存

1987 年中共十三大中提出"按劳分配为主体，其他分配方式为补充"的分配方式，然而这一时期由于我国市场机制还未建立，计划经济还处于主要位置，因此这一时期的收入分配制度主要是对政府调节方式的补充和调整，但是这一说法的提出对之后的分配制度形成和完善起到了铺垫作用。1992 年邓小平南方谈话明确了我国要进行市场化改革的总方向，回答了社会主义的本质这一核心问题，提出"实现共同富裕"的发展目标。同年中共十四大召开，提出建立社会主义市场经济体制的改革目标，并对之前的单一公有制经济制度进行了调整，提出"以公有制包括全民所有制和集体所有制经济为主体，个体经济、私营经济、外资经济为补充，多种经济成分长期共同发展"的重要经济方针，这一经济方针在 1997 年中共十五大上被确立为我国社会主义初级阶段的基本经济制度。随着市场化改革的启动，我国收入分配制度也随之进行了重要探索，1993 年中共十四届三中全会通过《中共中央关于建立社会主义市场经济体制若干问题的决定》中指出，要"建立以按劳分配为主体，效率有限、兼顾公平的收入分配制度"，具体而言，"个人收入分配要坚持以按劳分配为主体、多种分配方式并存的制度，体现效率优先、兼顾公平的原则"。这一提法一方面将中共十三大报告中的"其他分配方式为补充"上升到"多种分配方式并存"的地位；另一方面提出效率优先、兼顾公平的主要原则，同时还强调注重劳动力市场的供需关系对劳动报酬的调节。

这一分配制度的提出顺应了我国社会主义市场经济建设中的生产力发展需要，从制度上将我国收入分配从单一劳动领域扩展到非劳动要素领域，然而对"多种分配方式"的具体要素形式等没有进行明确，要素收益仍然被看作是一种剥削收入。1997 年中共十五大对我国的收入分配制度进行了更大的完善和创造性的发展。首次提出把按劳分配和按生产要素分配结合起来的收入分配制度，

允许和鼓励资本、技术等生产要素参与到收益分配中来，拓展了剩余索取权的权利范畴，过去被看作是剥削收入的要素收入具有了合法地位。

2002 年中共十六大进一步提出要"完善按劳分配为主体、多种分配方式并存的分配制度"，提出了"确立劳动、资本、技术和管理等生产要素按贡献参与分配的原则"。这一提法扩展了生产要素的内容，将参与分配的要素扩展到资本、技术、管理等方面，并明确了"按贡献进行分配"这一生产要素分配的原则；同时，还提出"初次分配要注重效率、再分配要注重公平"这一表述，对于我国初次分配和再分配制度的完善提供了重要依据。

2007 年中共十七大报告进一步将"确立劳动、资本、技术和管理等生产要素按贡献参与分配的原则"上升为"健全劳动、资本、技术、管理等生产要素按贡献参与分配的制度"；并提出在初次分配阶段也要处理好效率和公平的关系，实现了效率与公平在各个阶段的有机统一，反映出国家对收入分配差距扩大问题的认识。中共十七大报告还首次提出"创造条件让更多群众拥有财产性收入"，财产性收入的提出是我国收入分配制度变迁史上的一个重要里程碑，不断推动着国民收入格局的变化。

专栏 4-2：1992 年至 2012 年党的重要文件对收入分配制度的有关表述

中共十四大报告：在分配制度上，以按劳分配为主体，其他分配方式为补充，兼顾效率与公平。运用包括市场在内的各种调节手段，既鼓励先进，促进效率，合理拉开收入差距，又防止两极分化，逐步实现共同富裕。

《中共中央关于建立社会主义市场经济体制若干问题的决定》：个人收入分配要坚持以按劳分配为主体、多种分配方式并存的制度，体现效率优先、兼顾公平的原则。劳动者的个人劳动报酬要引入竞争机制，打破平均主义，实行多劳多得，合理拉开差距。坚持鼓励一部分地区一部分人通过诚实劳动和合法经营先富起来的政策，提倡先富带动和帮助后富，逐步实现共同富裕。

中共十五大报告：坚持按劳分配为主体、多种分配方式并存的制度。

把按劳分配和按生产要素分配结合起来，坚持效率优先、兼顾公平，有利于优化资源配置，促进经济发展，保持社会稳定。依法保护合法收入，允许和鼓励一部分人通过诚实劳动和合法经营先富起来，允许和鼓励资本、技术等生产要素参与收益分配。取缔非法收入，对侵吞公有财产和用偷税逃税、权钱交易等非法手段牟取利益的，坚决依法惩处。整顿不合理收入，对凭借行业垄断和某些特殊条件获得个人额外收入的，必须纠正。调节过高收入，完善个人所得税制，开征遗产税等新税种。规范收入分配，使收入差距趋向合理，防止两极分化。

中共十六大报告：理顺分配关系，事关广大群众的切身利益和积极性的发挥。调整和规范国家、企业和个人的分配关系。确立劳动、资本、技术和管理等生产要素按贡献参与分配的原则，完善按劳分配为主体、多种分配方式并存的分配制度。坚持效率优先、兼顾公平，既要提倡奉献精神，又要落实分配政策，既要反对平均主义，又要防止收入悬殊。初次分配注重效率，发挥市场的作用，鼓励一部分人通过诚实劳动、合法经营先富起来。再分配注重公平，加强政府对收入分配的调节职能，调节差距过大的收入。规范分配秩序，合理调节少数垄断性行业的过高收入，取缔非法收入。以共同富裕为目标，扩大中等收入者比重，提高低收入者收入水平。

中共十七大报告：要坚持和完善按劳分配为主体、多种分配方式并存的分配制度，健全劳动、资本、技术、管理等生产要素按贡献参与分配的制度，初次分配和再分配都要处理好效率和公平的关系，再分配更加注重公平。逐步提高居民收入在国民收入分配中的比重，提高劳动报酬在初次分配中的比重。着力提高低收入者收入，逐步提高扶贫标准和最低工资标准，建立企业职工工资正常增长机制和支付保障机制。创造条件让更多群众拥有财产性收入。保护合法收入，调节过高收入，取缔非法收入。扩大转移支付，强化税收调节，打破经营垄断，创造机会公平，整顿分配秩序，逐步扭转收入分配差距扩大的趋势。

（二）我国收入分配制度改革的主要经验

坚持走共同富裕的道路。共同富裕是社会主义的本质要求，也是我国社会主义建设的应有之义。实现共同富裕，一方面要实现生产力水平的大幅增加，国家出台了一系列政策来解放和发展生产力，生产力水平的快速提升带来了产品数量的急剧增加，在不断满足人们物质文化需求的同时，使得人们实现了相对充分和自由的发展，带来了社会整体福利水平的提升。另一方面，要实现收入分配结构的不断优化。由于个人的发展基础、资源禀赋、文化水平等各个方面存在差异，导致个人层面生产力的提升存在差别，收入分配制度的改革赋予劳动者正向、直接的物质激励，使得善于经营的企业和诚实劳动的个人先富起来，从而出现收入水平上的差距。邓小平曾经指出："允许一部分人先富起来，一部分地区先富起来，目的是更快地实现共同富裕。"[①] 我国通过制度上的设计，充分运用税收、转移支付等手段来实现先富带后富，从而实现共同富裕，为此国家也加大了财税金融等方面的改革力度，并在全国不断推动区域协调发展战略。

不断发挥政府与市场在收入分配领域的作用。我国收入分配制度的改革历程与社会主义市场经济体制的建立和完善过程相适应、相协调，两者互相促进、相辅相成。在市场经济运行下，各类市场主体通过市场交易获得劳动报酬和要素收入是市场机制发挥作用的主要途径。这一阶段主要依靠市场的力量来提高发展的效率，促进国民经济水平整体的提高。同时，市场化的提高也会促进多样化投资渠道的形成，使得在发挥市场效率的同时能够提高居民的财产性收入，增加收入分配的形式。在初次分配形成后，在此基础上政府主要通过税收进行分配调节、发挥政府的作用，一方面在个人收入层面进行收入分配调节，另一方面通过财政转移支付来促进区域协调发展。

根据发展状况调节效率与公平的关系。效率与公平的关系处理是我国收入

---

① 《邓小平文选》第三卷，人民出版社 1993 年版，第 172 页。

分配制度调整的重要原则依据。邓小平指出："我们坚持走社会主义道路，根本目标是实现共同富裕，然而平均发展是不可能的。过去搞平均主义，吃'大锅饭'，实际上是共同落后，共同贫穷，我们就是吃了这个亏。"[①] 在市场经济建设之前，平均主义的分配原则抑制了生产的积极性，导致生产效率低下、资源配置不合理，因此在市场经济建设初期推动效率提升是收入分配制度调整、使生产关系适应生产力发展需要的关键。之后，随着国民收入差距的不断扩大，地区差距和行业差距也不断出现，使得公平的问题逐渐引起社会的关注，对公平发展的诉求也越来越大。1992年至2012年，围绕着效率与公平的关系，在不同的历史时期，面对不同的发展情况和生产力发展需要，我国收入分配的原则经历了从"让一部分人先富起来"到"效率优先，兼顾公平"，再到"初次分配注重效率，再分配注重公平"，以及"初次分配和再分配都要处理好效率和公平的关系，再分配更加注重公平"的转变，这是理解我国收入分配制度以及收入分配问题发展过程的重要线索。

专栏4-3：基尼系数

　　基尼系数（Gini coefficient）为意大利经济学家基尼（Corrado Gini，1884—1965）于1922年提出的，定量测定收入分配差异程度。其值在0和1之间。越接近0就表明收入分配越是趋向平等，反之，收入分配越是趋向不平等。按照国际一般标准，0.4以上的基尼系数表示收入差距较大，当基尼系数达到0.6时，则表示收入差距悬殊。

（三）1992年至2012年我国收入分配格局的变化

　　居民收入差距呈现先扩大后缩小的趋势。基尼系数是反映收入差距的一个重要指数，数值位于0和1之间，数值越大则表示收入差距越大。由于缺少

---

① 《邓小平文选》第三卷，人民出版社1993年版，第155页。

1992—2002 年期间我国居民收入的基尼系数，因此图 4-10 描述了 2003—2012 年期间我国居民收入的基尼系数变化情况。从中可以看出，这十年中，一方面我国居民收入差距长期处于较大状况，按照国际一般标准，0.4 以上的基尼系数通常表示收入差距较大，从图 4-10 中可以看出基尼系数均在 0.47 以上，表明我国加快收入分配改革、缩小收入差距具有十分强烈的紧迫性。另一方面，从变化趋势来看，我国居民收入差距大致呈现出先增加后减小的变化特征，表明随着国家收入分配制度的不断完善，以及 2008 年国际金融危机之后惠民措施的有力实施，我国居民收入差距的局面得到改善。

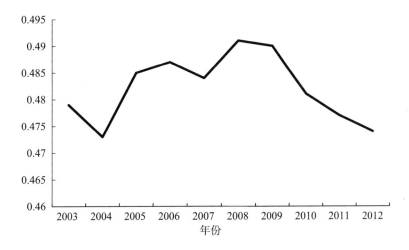

资料来源：国家统计局。

图 4-10　2003—2012 年我国居民收入基尼系数变化情况

区域经济差距"先升后降"。图 4-11 是 2000—2013 年我国区域经济差距的动态趋势图，其中基尼系数来自中国国家统计局的公布数据，泰尔指数和变异系数则是根据省级层面样本数据指标计算求得。从基尼系数的变化可以看出，我国区域居民收入不均等在 2000 年之后基本呈现攀升态势，至 2008 年达到极值，之后有所回落。对泰尔指数和变异系数的计算也表明，我国区域经济差距存在着先升后降的态势。

城乡收入差距不断变化。1992 年的城乡差距为 2.58 倍，1997 年下降到 2.47 倍，2007 年扩大到 3.14 倍，2012 年又回落到 2.88 倍。这一变化趋势反映出我国城乡收入差距问题十分突出，对此 2003 年中共十六届三中全会提出"统筹城乡发展、统筹区域发展"的要求，在坚持统筹发展上处理好效率和公平的问题。

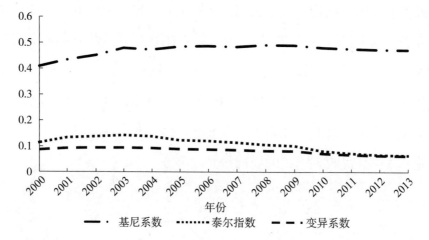

资料来源：钟军委、林永然：《地方政府竞争、资本流动与区域经济的空间均衡》，《云南财经大学学报》2018 年第 9 期。

图 4-11　2000—2013 年我国区域经济差距的动态趋势

第四节　社会主义现代化与全面小康社会建设的新部署

1992—2012 年是我国改革开放进程中的重要历史时期，是我国现代化建设和全面建设小康社会的重要时期。1992 年邓小平发表南方谈话后，党和国家的根本任务是集中力量进行改革开放和现代化建设，确保小康社会建成，我国进入社会主义现代化建设时期。2000 年 10 月中共十五届五中全会指出，从 21 世纪开始，我国进入了全面建设小康社会，加快推进社会主义现代化的新的发展阶段。在现代化建设和全面建设小康社会时期，我国各方面改革进程都在加速推进，国有企业、财政金融体制等改革也都进行了重要探索，并实施了一些重要的发展战略，推动着社会主义市场经济体制不断完善。本部分将主要回顾我国现代化建设和全面建设小康社会时期重大改革的实践经历，并对经济建设思想和成就进行总结。

一、国有经济改革的三个层面

国有经济改革是我国现代化建设和全面建设小康社会时期的重要建设内容，是我国从计划经济向市场经济转型过程中对整个市场经济体制改革有着重大影响的中心环节。国有经济的改革历程涉及三个层面：一是宏观层面的国家战略布局调整，即国家通过社会主义市场经济体制的建设，来释放非公有制经济的发展活力，从而实现平稳转型；二是中观层面的管理体制变革，完善国家出资人对国有企业的有效管控，重点解决国有企业所有者虚置问题，防止国有企业资产流失；三是微观层面的运营机制变革，通过建立现代企业制度，完善公司的治理结构，提升国有企业的生产运营效率，推进国有资产的有效增值。

（一）加快推进国有经济布局和结构调整

1992 年 10 月中共十四大确立了以公有制为主体、多种经济成分共同发展的方针。1992 年 11 月中共十四届三中全会对这一方针又进行了进一步的明确。市场经济建立初期，国有经济作为公有制经济的重要内容，除了在必须由国有控股的涉及国家安全和国民经济命脉的重要行业和关键领域之外，国有经济还广泛分布在一般性的生产、服务等行业。这样的状况使得从表面来看，似乎加强了国有经济的地位和作用，然而事实上战线太长、范围过广、分布过散，有着较多不利影响，严重削弱了国有企业的竞争力，限制了国有经济优势的发展，此外还有一大批需要破产关闭的企业没有退出市场，导致资源的严重浪费和效率损失。

1997 年 9 月中共十五大明确指出，公有制为主体、多种所有制经济共同发展，是我国社会主义初级阶段的一项基本经济制度。同时还明确了要从战略上调整国有经济布局的方针，提出对关系国民经济命脉的重要行业和关键领域，国有经济必须占支配地位；在其他领域，可以通过资产重组和结构调整，提高国有资产的整体质量。这一做法对于保持经济的稳定和推动经济持续、快速、健康发展有着重要的保障作用。

1999 年 9 月中共十五届五中全会审议通过了《中共中央关于国有企业改革和发展若干重大问题的决定》，指出推进国有企业改革和发展是一项重要而紧迫的任务。再一次强调，从战略上调整国有经济布局，要同产业结构的优化升级和所有制结构的调整完善结合起来，坚持有进有退，有所为有所不为，提高国有经济的控制力。国有经济要在关系国民经济命脉的重要行业和关键领域占支配地位，其他行业和领域，可以通过资产重组和结构调整，集中力量，加强重点，提高国有经济的整体素质。

（二）积极探索国有资产管理的新形式

我国国有经济的一个突出问题是出资人没有真正到位。长期以来，在计划经济体制下，国有资产名义上属于国家所有，但是实际上条块分割、部门所有，管理方式凝固化，无法适应市场经济发展需要。1997 年中共十五大报告指出，要建立有效的国有资产管理、监督和运营机制，保证国有资产的保值增值，防止国有资产流失。1999 年 9 月中共十五届五中全会审议通过了《中共中央关于国有企业改革和发展若干重大问题的决定》，指出要积极探索公有制的多种有效实现形式，大力发展股份制和混合所有制经济，重要企业由国家控股。2002 年中共十六大报告提出了建设国有资产管理体制的要求。次年，经全国人大十届一次会议批准，国务院成立了国有资产监督管理委员会（简称"国资委"），负责管理中央所属的 199 个大型国有企业，这一举措推动着我国国有企业改革进入了新的阶段。

国资委在成立初期的工作主要包括三个方面：一是监督，即对所负责的国有企业的国有资产保值增值进行监督，加强资产管理工作；二是建设，即推进国有企业的现代企业制度建设，完善企业治理结构；三是调整，即推动国有企业经济结构和布局的战略性调整，实现国家从一般竞争领域的有序退出。从治理结构上来看，国资委进行了一些改革尝试，包括建立和实施中央企业董事长、总经理、总会计师等业绩考核制度体系，将经营绩效和薪酬激励挂钩；在海内外人才市场选聘企业负责人；出资人选派和管理董事会、董事会选聘和监督管理者、管理者行使用人权的分层管理体制。然而从实际情况来看，国资委成立以后的部分国企改革在进行战略性调整的过程中进展较为缓慢。

（三）引入现代企业制度的公司化改革

1992 年国务院发布《全民所有制工业企业转换经营机制条例》，赋予国有企业 14 项自主权，扩大了企业经营权。这是由于中央在社会主义市场经济体制的探索过程中发现，国有企业产权不明确是其效益低下的重要根源之一，而公有制也不意味着企业必须完全归国家所有，公有制的实现形式可以而且应当多样化。现代企业制度是产权理论的重要实践，其中首要的就是公司在法律层面上应该具有独立的法人地位，而这种法人地位的基础就是其所有的法人财产。

我国国有企业的公司化改革采取"抓大放小"的策略，其中大型国有企业在政府控制下进行公司化改革，形成独资公司、有限责任公司或股份有限公司；小型国有企业则由地方政府通过各种途径改制为民营企业。1993 年 11 月中共十四届三中全会通过的《中共中央关于建立社会主义市场经济体制若干问题的决定》中提出，要转换国有企业经营体制，建立现代企业制度。其中，具备条件的国有大中型企业，单一投资主体的可依法改组为独资公司，多个投资主体的可依法改组为有限责任公司或股份有限公司；一般小型国有企业，有的可以实行承包经营、租赁经营，有的可以改组为股份合作制，也可以出售给集体或个人。

1993 年 12 月全国人大八届第五次会议通过《中华人民共和国公司法》，为国有企业的公司化改革提供了法律支撑。1994 年中央政府推出"万千百十"工程提出 100 家大型企业将按照公司法改制成有限责任公司或股份有限公司，建立现代企业制度试点。1999 年 9 月中共十五届五中全会审议通过的《中共中央关于国有企业改革和发展若干重大问题的决定》指出，到 2000 年"大多数国有大中型骨干企业初步建立现代企业制度"的目标。经过这一轮调整，国有企业减少了约 10 万户，同时非公有制经济准入领域不断扩大，私营企业快速发展，也为 21 世纪加入 WTO 后中国经济的持续增长提供了动力。[①]

二、对外开放战略不断深化

实施对外开放战略是我国改革开放事业的重要内容，是我国经济社会实现大发展、大跨越的根本原因之一。实施对外开放战略是社会化大生产和经济生活国际化的客观要求，也是现代市场经济发展的必然要求。随着经济全球化时代的到来以及新的工业革命愈演愈烈，积极吸收国外先进技术和先进管理经验，来促进我国生产力水平的提升成为一条重要的发展道路。1992—2012 年期间，随着我国社会主义市场经济体制的建立和完善，我国对外开放事业不断深化，对外开放水平不断提升，全方位、多层次、宽领域的对外开放格局也初步形成。

（一）继续扩大对外开放程度，努力提高对外开放水平

1992 年以后，我国经济社会发展进入了一个新的历史阶段，欧美制造业跨国公司开始进入我国市场，中国市场开始直接接触规范、成熟、先进的大企业交易规则、竞争手段和管理经验，这些是在先进技术、资本等之外的又一类重要的生产要素，有助于推动国民经济各部门的观念转变，激发创造力。在新的形势下，1995 年以江泽民同志为核心的党中央作出了"继续扩大对外开放程度，努力提高对外开放水平"的重要论断，成为中共十四届五中全会关于"九五"计划的一个重要指导思想。1997 年中共十五大报告指出，我们要以更加积极的姿态走向世界，完善全方面、多层次、宽领域的对外开放格局，发展开放型经济，增强国家竞争力。中共十五届五中全会再次重申了"进一步推动对外开放、发展开放型经济"的基本方针。党中央要求全党以更加积极的态度走向世界，抓住机遇，努力提高对外开放水平。

随着基本经济制度的确立，外资作为多种所有制经济的组成部分，在我国经济中的比例和数量也在不断提高。面对外资企业利用技术和资本优势抢占了

---

① 田国强、陈旭东：《中国改革：历史、逻辑与未来》，中信出版集团 2014 年版，第 346—358 页。

市场、控制了一些部门，国内一部分人要求限制外资进入。针对这一情况，中共十五大报告提出要"积极、合理、有效地利用外资"，指出要完善政策和投资环境，以积极的姿态扩大利用外资规模；在发展领域上，强调通过合理引导外资投向，来引导外资向基础设施、高新技术产业、传统产业技术改造等方面的投资，鼓励兴办出口型企业，有步骤地推动服务业对外开放；在地域上，提出要在继续搞好东部地区外资吸引利用的基础上，鼓励外商投资项目更多地进入中西部地区。

外贸体制改革是对外贸易发展的重要保障。中共十四大以后，随着国家外贸体制不适应改革发展的要求，1994 年，中共中央形成了以外汇体制改革为核心，以完善宏观调控体系、加强协调服务机制、加强企业经营机制转换、增强外贸政策的统一性和透明度为重大的外贸体制改革思路。中共十五大报告也进一步指出，要以提高效益为中心，努力扩大商品和服务的对外贸易，优化进出口结构。①

（二）加入世界贸易组织和扩大开放

1986 年 7 月，中国政府作出申请恢复我国关贸总协定缔约国地位的决定，并成立专门机构组织开展对外谈判工作。1992 年 10 月，中国与美国达成《市场准入备忘录》，美国承诺支持中国取得关贸总协定缔约国地位；1995 年关贸总协定改为世界贸易组织，此项谈判也随之改为中国加入世界贸易组织谈判。然而在谈判的过程中几经波折，直到 1995 年 6 月 3 日，中国才获得世界贸易组织观察员席位。在一共经历了长达 15 年的艰苦谈判后，中国于 2001 年 12 月 11 日正式成为世界贸易组织的第 143 个成员，这标志着我国对外开放进入了一个崭新的发展阶段。

中国以加入世贸组织为契机，不断扩大对外开放，逐步由以前的有限范围和有限领域内的局部开放向全方位、多层次的全面开放转变；由以前的政策主

---

① 张雷声、董正平：《中国共产党经济思想史》，河南人民出版社 2004 年版，第 473—475 页。

导下的试点型开放向与国际接轨的法律框架下的可预见的有序开放转变；由以单方面为主的单向开放向与世贸组织成员之间的双向开放转变。到 2012 年，中国的对外开放基本形成了"经济特区—沿海开放城市—沿海经济开放区—沿江和内陆开放城市—沿边开放城市"的全方位、多层次、点线面结合的开放格局，对外开放城市遍布全国所有省市、自治区、直辖市，标志着中国全面开放格局的确立。[①]

中国的对外开放事业也面临新的形势挑战。2008 年国际金融危机的爆发使得中国面临的各种形式的国际贸易保护主义抬头，贸易壁垒与贸易摩擦呈现空前加剧的状态，而主要经济体为了应对这种局面，纷纷开始加快推进更高标准的自由贸易区建设，如以美国为首的发达经济体开始抛开 WTO 框架，陆续开展跨太平洋战略经济伙伴协定（TPP）和跨大西洋贸易和投资伙伴协定（TTIP）的谈判。[②] 两大贸易协定试图通过形成新的国际贸易规则，占据世界经济的制高点，给中国参与国际竞争和国际市场带来障碍，从而出现"边缘化"的风险。

（三）对外开放事业进入了新阶段

中共十一届三中全会后，我国对外开放事业不断扩大。2001 年，我国加入世界贸易组织，对外经贸进入了一个全新的发展阶段，进出口贸易、吸引外商投资规模不断扩大，逐步形成了全方位、多层次、宽领域的对外开放格局。

从表 4-6 来看，1992—2012 年期间，我国进出口总额、出口总额以及进口总额三大指标年均实际增长率均超过了 17.5％，2012 年三大指标分别是 1992 年的 26.8、27.7 和 25.8 倍，我国对外贸易实现了飞速发展。从图 4-12 来看，加入世界贸易组织以后，我国的对外贸易增速开始加大，进口总额和出口总额均实现了快速增长，尽管 2008—2009 年受国际金融危机的影响，进出口均出现了下降，但是总体上仍然保持快速增长势头。

---

① 当代中国研究所：《中华人民共和国简史（1949—2019）》，当代中国出版社 2019 年版，第 100—101 页。

② 田国强、陈旭东：《中国改革：历史、逻辑与未来》，中信出版集团 2014 年版，第 296 页。

实际利用外资同样实现了快速发展。如图 4-13 所示，2012 年我国实际利用外资额和实际利用外商直接投资额分别达到 1132.9 亿美元和 1117.16 亿美元，分别是 1992 年的 5.9 倍和 10.1 倍，年均实际增速分别为 9.28％和 12.28％。其中同样可以看出，在 2001 年加入世界贸易组织之后，我国利用外资的规模不断扩大，增速也不断提高。

表 4-6　1992—2012 年我国对外贸易变化情况　　　　单位：亿元

年份	进出口总额	出口总额	进口总额
1992	9119.62	4676.29	4443.33
1993	11271.02	5284.81	5986.21
1994	20381.9	10421.84	9960.06
1995	23499.94	12451.81	11048.13
1996	24133.86	12576.43	11557.43
1997	26967.24	15160.68	11806.56
1998	26849.68	15223.54	11626.14
1999	29896.23	16159.77	13736.46
2000	39273.25	20634.44	18638.81
2001	42183.62	22024.44	20159.18
2002	51378.15	26947.87	24430.27
2003	70483.45	36287.89	34195.56
2004	95539.09	49103.33	46435.76
2005	116921.77	62648.09	54273.68
2006	140974.74	77597.89	63376.86
2007	166924.07	93627.14	73296.93
2008	179921.47	100394.94	79526.53
2009	150648.06	82029.69	68618.37
2010	201722.34	107022.84	94699.5
2011	236401.95	123240.56	113161.39
2012	244160.21	129359.25	114800.96

资料来源：国家统计局。

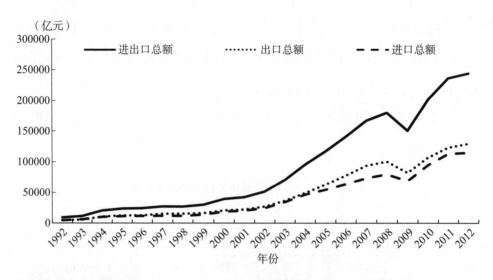

资料来源：国家统计局。

图 4-12　1992—2012 年我国对外贸易的变化情况

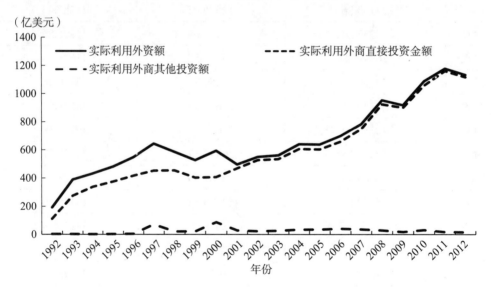

资料来源：国家统计局。

图 4-13　1992—2012 年我国利用外资的变化情况

三、农村改革和城镇化持续推进

中国的改革开放事业起源于农村地区。20 世纪 90 年代，由于农业连年丰收和国有企业改革进入攻坚阶段，农业的发展一度存在被忽视的倾向。随着国家改革进程的加快，城市地区的发展速度越来越快于农村地区，城乡壁垒对农业人口转移和城市发展产生了较大影响，出现显著的城乡二元结构。1992—2012 年期间，国家对农业发展问题越来越重视，农村改革以及城镇化的持续推进对于打破城乡二元结构、统筹城乡发展带来了重要影响。

（一）不断推进农业经济体制改革

农业是我国国民经济的基础行业，是国家稳定的重要基础。1993 年中共十四届三中全会提出，必须深化农村改革，加快农村经济发展，增加农民收入，进一步增强农业的基础地位，保证到 20 世纪末农业再上一个新台阶，广大农民的生活由温饱达到小康水平。1997 年中共十五大报告也指出任何时候都不能忽视农业，要坚持把农业放在经济工作的首位。1998 年中共十五届三中全会通过的《关于农业和农村工作若干重大问题的决定》指出，必须始终把发展农村经济、提高农业生产力水平作为整个农村工作的中心，一切政策都要有利于增强农村经济活力，放手依靠农民改变落后面貌，不断提高农民的物质文化生活水平。

我国农业经济体制改革，主要包括：一是坚持和完善农村家庭联产承包责任制。长期稳定的家庭联产承包责任制是农村稳定、农业发展的基础，其核心是长期稳定的土地承包关系。到 90 年代中期，原定的 15 年不变的土地承包期陆续到期，而家庭土地责任制存在的土地产权主体削弱、土地关系混乱、土地分散经营等弊端逐渐出现。为解决此类问题，党中央提出延长土地承包期和允许土地使用权有偿转让，规定原有的土地承包期到期后，可再延长 30 年承包期，使农户对生产经营有稳定的预期，并提出"增人不增地，减人不减地"，防止土地的频繁调整和不断细分；在坚持土地集体所有和不改变土地农业用途的前提下，可以自愿、有偿地转让土地经营使用权，鼓励土地使用权的流转，发展多种形式的土地适度规模经营；还强调不能把家庭经济只看作是手工劳动的传统农业，而应当大力发展农业生产力，采用先进技术和生产手段来发展现代化农业。

二是加快农村税费改革。为探索减轻农民负担的有效办法，2000 年 3 月中共中央、国务院下发《关于进行农村税费改革试点工作的通知》，决定在安徽以省为单位，其他省份少数县市开展试点工作。2001 年江苏省也决定在全省范围内进行试点，之后逐步扩大到全国 20 个省份。2003 年农村税费改革试点在全国铺开，改革的内容包括取消乡统筹、农村教育集资等行政性收费，调整农业税政策，改革村提留征收办法等。2004 年 8 个省份免征和基本免征农业税，这一范围在 2005 年扩大到全国 28 个省份，其他的河北、山东、云南 3 省的农业税率也降至 2%。2005 年 12 月，全国人大常委会通过了《关于废止中华人民共和国农业税条例的决定》，从 2006 年开始，我国农民缴纳了 2600 年的"皇粮国税"彻底退出了历史舞台。

三是调整和优化农业产业结构。我国农村地区经济总量较大，但是结构不合理，产业链条较短，技术含量和附加值不高，因此经济效益较低，容易出现"增产不增收"现象。为改善这一状况，国家提出要综合发展农林牧副渔业和高产优质高效农业，促进农业产业结构调整；大力推进农业产业化经营，通过引进工业化生产技术和手段，推动形成工农一体化发展，形成生产、加工、销售有机结合的机制，推动农产品附加值提升；积极发展乡镇企业，着重发展农副产品加工业，通过技术改造和企业管理升级，来提高产品质量，增强产品竞争力，既优化工业生产结构，又带动农村地区的农业发展和产业结构优化，从而促进农民增收。

从 2004 年开始，中央一号文件开始重点关注"三农"问题。2004 年的中央一号文件重点关注农民增收问题。随着一系列强有力政策的实施，2004 年粮食总产量达 4.69 亿吨，比 2003 年增产 3877 万吨，增长 9%，不仅扭转了连续 5 年下降的局面，而且连续增产了十多年。2004 年农民人均纯收入为 2936 元，比 2003 年增加 314 元，增长 12%，扣除价格因素，实际增长 6.8%，增幅居过去七年之首。2006 年彻底取消了农业税，继续实行最低收购价，粮食直补、农机具购置补贴、农资综合补贴和良种补贴只增不减，农村基础设施建设等各项投入不断加大，逐步全部免除农村义务教育学杂费，新型农村合作医疗逐步扩大等等，中国工业反哺农业的力度不断加大，农业现代化建设进展迅速，实现了国民经济和农业双赢的局面。

专栏 4-4：2004—2012 年历年中央一号文件

2004 年：关于促进农民增加收入若干政策的意见

2005 年：关于进一步加强农村工作　提高农业综合生产能力若干政策的意见

2006 年：关于推进社会主义新农村建设的若干意见

2007 年：关于积极发展现代农业　扎实推进社会主义新农村建设的若干意见

2008 年：关于切实加强农业基础设施建设、进一步促进农业发展农民增收的若干意见

2009 年：关于促进农业稳定发展农民持续增收的若干意见

2010 年：关于加大统筹城乡发展力度　进一步夯实农业农村发展基础的若干意见

2011 年：关于加快水利改革发展的决定

2012 年：关于加快推进农业科技创新　持续增强农产品供给保障能力的若干意见

（二）统筹城乡发展

改革开放以来，相比于工业和城市发展而言，我国农业和农村地区的发展相对落后，生产力水平较低，农民人均收入的增速也低于城镇居民人均收入的增速，城乡差距逐渐扩大，导致城乡二元结构显著。2002 年 11 月中共十六大正式提出统筹城乡经济社会发展，建设现代农业，发展农村经济，增加农民收入，是全面建设小康社会的重大任务；2003 年 10 月中共十六届三中全会将"统

筹城乡发展"放在"五个统筹"之首。统筹城乡发展成为缩小城乡差距、化解城乡二元结构的重要途径。

中共十六大以后，国家推出了一系列解决"三农"问题的政策，指出要始终把着力构建新型工农、城乡关系作为加快推进现代化的重大战略。其中工业反哺农业是促进农业现代化建设、提高农业科技含量的重要途径，有利于提高农业生产效率、增强农业竞争力，促进农民增收。大力推进农村税费改革，包括落实好各项强农惠农政策，全面清理针对农村的各种行政事业性收费，切实减轻农民负担。加强农村地区的综合改革，例如增加农村地区的公共服务和公共品供给，改善农村基础设施条件，为农民工进城务工提供便利条件等。

2006 年胡锦涛同志指出，要深刻认识建设社会主义新农村的重要性和紧迫性，积极、全面、扎实地把建设社会主义新农村的重大历史任务落到实处。2007 年中共十七大也指出，"统筹城乡发展，推进社会主义新农村建设"。同时强调，"要加强农业基础地位，走中国特色农业现代化道路，建立以工促农、以城带乡长效机制，形成城乡经济社会发展一体化新格局"。之后，中共十七届三中全会通过《关于推进农村改革发展若干重大问题的决定》，指出要"把建设社会主义新农村作为战略任务，把走中国特色农业现代化道路作为基本方向，把加快形成城乡经济社会发展一体化作为根本要求"，并提出，"必须统筹城乡经济社会发展，始终把着力构建新型工农、城乡关系作为加快现代化的重大战略"。①

（三）坚持走中国特色的城镇化道路

2005 年 9 月，胡锦涛同志在主持中共中央政治局第二十五次集体学习时强调，坚持走中国特色的城镇化道路。他指出，城镇化是经济社会发展的必然趋势，也是工业化、现代化的重要标志。努力提高我国城镇化水平，有利于释放内需潜力、推动国民经济增长，对于优化城乡经济结构、促进国民经济和社会

---

① 张岩松：《统筹城乡发展和城乡发展一体化》，《中国发展观察》2013 年第 3 期。

协调发展有着重要意义。1992 年至 2012 年，我国城镇化水平迅速提高，促进了大量农村富余劳动力向非农产业和城镇转移，一方面解决了农村地区的剩余劳动力问题，另一方面也释放了我国劳动力红利，为工业和城市发展提供了重要支撑。图 4-14 描述了 1992—2012 年我国城镇化水平的变化趋势，我国城镇化水平从 1992 年的 27.5％上升到 2012 年的 52.6％，其中在 2011 年首次突破50％，实现了较快增长。

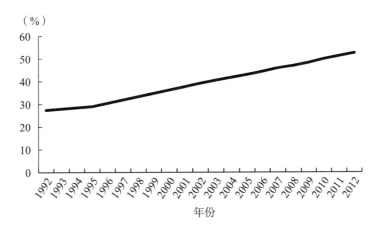

资料来源：国家统计局。

图 4-14　1992—2012 年我国城镇化水平变化情况

城镇化是解决"三农"问题和城乡二元结构的根本途径。离开工业化和城镇化的发展，农业、农村和农民的发展依靠自身的力量很难实现大的发展，将会导致城乡收入差距的进一步扩大。"三农"问题的根本出路在于通过市场竞争的方法，使大部分的农民逐渐转移到非农生产当中，利用现代工业来改造农业生产和经营技术。当城镇化的进程逐步加快，使得农村人口占总人口的比重逐步降低，农民所经营的土地规模显著提高后，农业部门的收入水平才能和非农生产部门的收益逐渐接近，实现城乡收入差距的减少和城乡二元结构问题的解决。

城镇化也是扩大内需、提供可持续增长的重要引擎。农业的发展需要城镇化的推动，工业和服务业的发展同样需要以城镇化为前提，这是由于城镇化能够带来工业生产成本的下降和市场规模的扩大。城镇化水平的提高有助于形成集聚规模经济，包括地方化经济和城市化经济两种。其中地方化经济主要以专业化生产为主，就某一产业或某一环节进行集中生产，满足市场供应；而城市化经济则包括较多专业化生产，通过部门之间的相互需求和上下游关联，产生经济联系。两者的基础都是集聚效益和规模经济。城镇化意味着农民的市民化过程，本身蕴含着大量潜在的消费需求，同时再加上城镇化进程中的市政工程、交通建设、房地产投资、服务业发展等，城镇化能够通过扩大内需来实现经济转型，并为经济可持续发展提供长久动力。

产业结构的不断优化升级过程与我国城镇化的加速推进是相辅相成的。我国人口众多、劳动力众多，长期以来，农业、工业比重较大，使得产业发展模式偏重、偏粗，不能较好地吸纳劳动力资源。一方面，在城镇化的过程中，以服务业发展为重点的产业结构优化升级为大量劳动力进城提供了就业机会和就业岗位，从而推动了城镇化进程的加快；另一方面，产业结构的不断调整需要大量产业工人，因此也在不断吸收农业剩余劳动力，释放劳动力资源和人口红利，从而也在不断提高居民的收入水平。

具体来看，产业结构发生了深刻变化，在农业基础地位不断增强的同时，实现了第二和第三产业的快速发展。1992 年至 2012 年期间，我国三次产业的发展日益均衡，经济发展全面性、协调性和可持续性不断增强。从图 4-15 我国三次产业的发展情况来看，一、二、三产业均实现了快速发展，2012 年一、二、三产业的产业增加值分别是 1992 年的 8.5 倍、20.8 倍、25.3 倍，年均实际增速分别为 11.3%、16.4%、17.5%。

三次产业发展的同时产业结构也在不断深化调整，从图 4-16 中可以看出，在 1992 年至 2012 年期间，我国产业结构变化的最大特征在于第一产业比重不断下降，第三产业比重不断上升，产业结构更加合理。

产业结构的不断优化调整最终导致三大产业对国内生产总值贡献的不同。从图 4-17 中可以看出，在 1992 年至 2012 年期间，我国三大产业对国内生产总值的贡献率存在明显不同，变化趋势也不相同。其中，第一产业对国内生产总

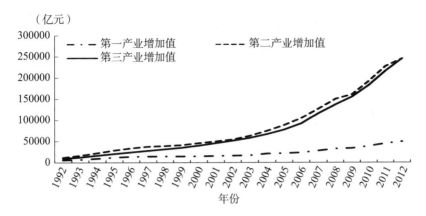

资料来源：国家统计局。

图 4-15　1992—2012 年三次产业的发展情况

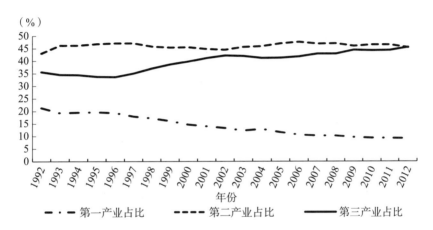

资料来源：国家统计局。

图 4-16　1992—2012 年我国产业结构的变动情况

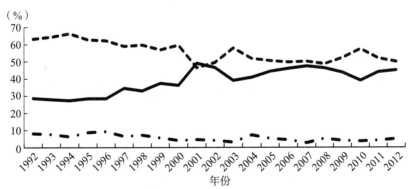

资料来源：国家统计局。

图 4-17　1992—2012 年我国三大产业对 GDP 的贡献率变化情况

值的贡献率长期处于较低水平且不断下降；第二产业对国内生产总值的贡献较大，但是其贡献率总体呈现下降趋势；第三产业对国内生产总值的贡献不断上升，表明第三产业对经济的拉动作用在不断显现。

四、财政金融体制改革

财政金融体制改革涉及我国经济发展的各个方面，是国家经济治理和地方发展的重要基础。1992—2012 年期间，我国财政金融制度发生了较大变化，成为推动我国经济社会体制变革、完善社会主义市场经济体制的重要因素。

（一）实施分税制改革

改革开放之后，由于条块分割的关系，以及财政包干制的实施，国家财政收入占国内生产总值的比重不断下滑，中央财政收入占全国财政收入的比重明显偏低，政府行政能力和中央政府调控能力下降，甚至导致了中央财政落入要向地方"借款"的窘境，然而地方政府为提高地方财政收入实行地方保护、地方封锁，严重影响了全国经济的平衡与发展。1992 年，中共十四届三中全会提出建立社会主义市场经济体制的总体方案，成为进一步深化改革的行动纲领。1993 年 12 月，国务院发布《关于实行分税制财政管理体制的决定》。1994 年开始实施的分税制改革初步奠定了适应社会主义市场经济基本需求的中央地方财政关系框架基础。通过重点突破和整体推进相结合，在经济体制改革方面取得了实质性进展。

1994 年实施的分税制改革主要包括四个方面：一是地方财政相对独立，地方预算由地方立法机构审批，财政支出坚持从紧原则，加强预算约束；二是明确中央和地方的事权范围，其中中央财政主要负责国防、外交等全国性事务，而地方财政主要负责本地基建、公共安全、文化教育卫生等地方性事务；三是实行"分税制"，将收入划分为中央收入、地方收入、中央与地方共享收入，同时建立国税与地税两套机构，对中央和地方税收实行分开征收和分别管理，建立中央税收和地方税收体系；四是建立规范化的预算调节制度，中央对财力薄弱地区实施转移支付与税收返还，推动区域协调发展；五是改革税制，建立以增值税为主体的流转税制度，统一内资企业所得税和个人所得税，同时改革国有企业利润分配制度。

1994 年的分税制改革是新中国成立以来调整利益格局最为明显、影响最为深远的一次重大制度创新。与以往的财政体制改革相比，分税制财政体制的重要区别是，在致力于政府间财政分配格局调整的同时，着眼于政府间财政分配关系的规范化、科学化与公正化，力图建立适应市场经济内在要求的财政运行机制。然而，尽管 1994 年我国财政税收体系进入了新的发展轨道，但仍然存在一些问题，与市场经济运行存在不匹配的地方。在此基础上，我国财税体制又进行了新的完善和改革，主要包括"预算外收入"的清理和规范，分税制的进一步完善以及建设公共财政的基本框架等。①

（二）大力推动金融体制改革

金融市场是推动资本在不同市场主体之间进行合理配置的重要空间。在我国社会主义市场经济体制的建立和完善过程中，金融体制改革对于促进国民经济良好稳定运行有着重要的影响。然而在我国改革开放初期，我国银行系统存在较多问题，包括中国人民银行职能不清晰且缺乏独立性、专业银行政企不分、市场秩序混乱等问题，证券市场则主要面临市场发育不足、泡沫化等问题，1993 年开始的又一轮通货膨胀则进一步暴露了我国金融体制存在问题。

1993 年 12 月，国务院发布《关于金融体制改革的决定》，明确了我国金融体制改革的目标，指出要建立在国务院领导下，独立执行货币政策的中央银行宏观调控体系；建立政策性金融与商业性金融分离，以国有商业银行为主体、多种金融机构并存的金融组织体系；建立统一开放、有序竞争、严格管理的金融市场体系。在之后的金融体制改革中，主要采取了以下措施：

第一，建立中央银行制度。银行体系改革的首要任务是把中国人民银行办

---

① 吴敬琏：《当代中国经济改革》，上海远东出版社 2003 年版，第 261—262 页。

成真正的中央银行，围绕这一目标国家进行了相关的制度改革。一是把货币政策的调控由多级调控改为中央一级调控，赋予中国人民银行制定和执行货币政策的权力，实现货币政策的目标。二是建立以间接调控为主的调控体系，中央银行以稳定币值为首要任务，通过市场化手段来调节市场货币供应量，推进货币政策工具的改革，包括再贴现业务、信贷管理体制改革、完善利率形成机制等。三是强化中央银行的金融监管职能，加强对金融企业整体风险的监督，加强金融监管责任制。

第二，推进商业银行改革。针对银行机构重复、机构臃肿、办事效率低的情况，中央提出要精简机构、完善金融体系，建立健全在中央银行宏观调控和监管下，政策性金融和商业性金融分离，国有商业银行为主体，区域性商业银行、市商业银行、城乡信用合作社、非银行金融机构和外资金融机构并存，分工合作、功能互补的金融机构体系。其中商业银行作为我国银行业的主体，是银行改革的重点，四大国有商业银行通过实行资产负债比例管理和风险管理，转变为国有独资商业银行，按照《中华人民共和国商业银行法》实行分业经营，停止了投资信托业务。建立政策性银行，实行政策性业务和商业性业务分离，加强对特殊行业的政策性扶持。增设了非国有独资的股份制银行，例如中国民生银行和海南发展银行等，还将中国光大银行改造为吸引外国金融机构股份的商业银行。

第三，完善外汇管理体制。1993 年中共十四届三中全会指出，建立以市场为基础的有管理的浮动汇率制度和统一规范的外汇市场，逐步使人民币成为可兑换的货币。我国外汇管理体制的改革主要包括对进口总额、进口用汇实行指导性计划，国家实行统一的结汇和售汇制，形成以指定银行为交易主体的统一外汇交易市场，有秩序地开放进出口商品经营权；完善出口退税制度；改进汇率形成机制。

第四，建立和完善金融监管体系。为防范金融风险，国家提出要建立和完善金融监管体系。1993 年，证券市场的监管从中国人民银行中分离出来，设立

了专门从事证券监管事务的中国证券监督管理委员会（简称中国证监会）；1998
年 11 月，中国人民银行将对保险业务、保险机构和保险市场的监管也交由新成
立的保险监督管理委员会承担（简称中国保监会）；2003 年 3 月，中国人民银
行将对商业银行的业务监督职能交由新成立的银行业监督管理委员会承担（简
称中国银监会）。至此，银行、证券、保险三足鼎立的分业监督格局基本形成。

五、促进区域协调发展

2003 年 10 月中共十六届三中全会提出了坚持以人为本，全面、协调、可
持续的科学发展观，强调"按照统筹城乡发展、统筹区域发展、统筹经济社会
发展、统筹人与自然和谐发展、统筹国内发展和对外开放的要求"，推进改革和
发展。其中统筹区域发展具有十分重要的地位，它的提出既是中国区域发展战
略理论发展的结果，又是中国区域经济发展的现实需要。1992—2012 年期间，
我国区域发展差距在不断扩大，区域经济发展面临严重的不平衡问题，在统筹
区域发展的要求下，国家提出了区域发展总体战略、主体功能区战略以及城镇
化建设，来全面、系统地解决我国区域发展失衡问题。

（一）实施区域发展总体战略

改革开放初期，沿海城市的率先发展以及经济特区等特定空间的快速发展
带来了中国社会发展制度的变迁，形成了改革开放初期的"制度高地"，在中国
区域发展渐进式改革进程中发挥了重要作用。邓小平"两个大局"战略构想的
提出进一步加快了沿海地区改革开放的步伐，随着市场化导向的经济改革逐步
深化，东部沿海地区相对较高的回报率吸引了中西部地区大量劳动力等要素向
东部地区流动。

面对日渐出现的区域经济差距问题，国家从"九五"计划时期提出"坚持
区域经济协调发展，逐步缩小地区发展差距"的方针以及七大经济区域的划
分。1999 年以后逐渐形成"西部大开发"、"东北振兴"、"中部崛起"以及"东
部率先"的区域发展总体战略，陆续制定或批准了一批重点、特殊区域规划与

政策，共同构成了中国区域发展的"四大板块"，如《国务院关于西部大开发若干政策措施的实施意见》《西部大开发十五、十一五规划》《国务院关于进一步推进西部大开发的若干意见》《国家发改委、西部办等关于加强东西互动深入推进西部大开发的意见》《广西北部湾经济区发展规划》《国务院关于进一步促进宁夏经济社会发展的若干意见》《关于支持青海等省藏区经济社会发展的若干意见》《关中—天水经济区发展规划》《成渝经济区区域规划》等，以促进西部大开发战略的实施。

表 4-7　西部大开发战略

范　　围	资　　源	开发的有利条件	开发重点	意　　义
重庆市、四川省、陕西省、甘肃省、青海省、云南省、贵州省、广西壮族自治区、内蒙古自治区、宁夏回族自治区、新疆维吾尔自治区、西藏自治区、恩施土家族苗族自治州、湘西土家族苗族自治州、吉林省延边朝鲜族自治州	①矿产资源：煤、铁、石油、稀土、镍、铝；②水能资源（蕴藏量70%），长江、黄河、珠江上游，雅鲁藏布江、红水河水系等；③气候资源：太阳能资源丰富；④草场：青海、西藏、内蒙古、新疆四大牧场；⑤旅游资源：自然风光、民族风情	①沿海地区的辐射作用；②第二条亚欧大陆桥；③丰富的自然资源；④独特的旅游资源；⑤广阔的潜在市场；⑥社会稳定、民族团结	基础设施建设，生态环境改善，特色经济发展，科技文化教育加强	①协调经济发展，实现可持续发展；②东西部共同富裕，缩小差距；③民族团结，国家统一，社会稳定；④改善生态环境；⑤促进经济发展

资料来源：根据国家有关规划资料整理而得。

在区域发展总体战略实施中，首先坚持把西部大开发战略放在区域发展总体战略的优先位置，通过给予特殊的政策支撑，发挥资源优势和生态安全屏障作用，加强基础设施建设和生态环境保护，支撑特色优势产业发展，扶持人口较少民族发展。其次全面振兴东北老工业基地，发挥东北地区产业和科技基础较强的优势，完善现代产业体系，促进资源枯竭型地区的转型发展。第三是大力促进中部地区崛起，发挥中部地区承东启西的区位优势，改善投资环节，壮大优势产业，发展现代产业体系，强化交通运输枢纽地区，积极承接东部地区和国外产业转移。最后是积极支持东部地区率先发展，发挥东部地区对全国经济发展的支撑作用，在更高层次参与国际竞争，积极转变经济发展方式，加强自主创新，为国内经济发展提供重要的技术和经验借鉴。经过几年的实践证明，上述战略的相继实施，在促进区域协调发展方面发挥了积极作用，使地区发展差距继续扩大的趋势得到了遏制。

专栏 4-5：重点区域规划一览（2008—2011 年）

- 2008 年 12 月，《珠江三角洲地区改革发展规划纲要（2008—2020 年）》。

- 2009 年 5 月 14 日，国务院正式发布《关于支持福建省加快建设海峡西岸经济区的若干意见》。

- 2009 年 6 月 25 日，国务院正式发布《关中—天水经济区发展规划》。

- 2009 年 6 月 24 日，国务院常务会议原则通过了《横琴岛总体发展规划》。

- 2009 年 7 月 1 日，国务院常务会议讨论并原则通过《辽宁沿海经济带发展规划》。

- 2009 年 7 月 14 日，国务院印发《关于江苏沿海地区发展规划的批复》。

- 2009 年 8 月 30 日，国务院批复了《中国图们江区域合作开发规划纲要——以长吉图为开发开放先导区》。

- 2009 年 9 月 23 日，国务院常务会议讨论并原则通过《促进中部地区崛起规划》。

- 2009 年 12 月 1 日，国务院通过《黄河三角洲高效生态经济区发展规划》。

- 2009 年 12 月 12 日，国务院正式批复《鄱阳湖生态经济区规划》。

- 2009 年 12 月 24 日，国务院正式批准实施《甘肃省循环经济总体规划》。

- 2009 年 12 月 31 日，国务院公布了《关于推进海南国际旅游岛建设发展的若干意见》。
- 2010 年 1 月 12 日，国务院正式批复《皖江城市带承接产业转移示范区规划》。
- 2010 年 6 月 5 日，国务院正式批复《长江三角洲地区区域规划》。

（二）实施主体功能区战略

2007 年 7 月 26 日，国务院印发《关于编制全国主体功能区规划的意见》，指出编制全国主体功能区规划，就是要根据不同区域的资源环境承载能力、现有开发密度和发展潜力，统筹谋划，将国土空间划分为优化开发、重点开发、限制开发和禁止开发四类，确定主体功能定位，明确开发方向，控制开发强度，规范开发秩序，完善开发政策，逐步形成人口、经济、资源环境相协调的空间开发格局。2010 年 12 月 21 日，国务院印发《全国主体功能区规划》，指出《全国主体功能区规划》是我国国土空间开发的战略性、基础性和约束性规划。编制实施《全国主体功能区规划》，是深入贯彻落实科学发展观的重大战略举措，对于推进形成人口、经济和资源环境相协调的国土空间开发格局，加快转变经济发展方式，促进经济长期平稳较快发展和社会和谐稳定，实现全面建设小康社会目标和社会主义现代化建设长远目标，具有重要战略意义。

主体功能区战略的实施对于优化国土空间格局有着重要意义。按照全国经济合理布局的要求，形成高效、协调、可持续的国土空间开发格局，对不同资源环境承载能力、不同开发强度、不同基础条件的地区进行分区管理，实施分类管理的区域政策，引导各地区按照主体功能定位推进发展。同时还强化对不同类型区域的差别化绩效平均，在强化对各类地区提供公共服务、增强可持续发展能力等方面的评价基础上，按照不同区域的主体功能定位，实行差别化的评价考核体系，从而规范了地方政府的经济发展行为。在区域之间通过建立健全相互衔接的协调机制来实行区域协调发展，包括发挥全国主体功能区规划在国土空间开发方面的战略性、基础性和约束性作用，强调按照主体功能区的要求，完善区域规划编制，做好专项规划、重大项目布局与主体功能区规划的衔接协调。[①]

（三）开启大规模交通基础设施建设

20世纪90年代，交通基础设施作为国民经济发展的重要支撑和基础条件，得到了党和国家的高度重视；为更好地支撑西部大开发、东北振兴以及中部崛起等区域发展总体战略的实施，交通基础设施尤其是公路和铁路得到了全面建设，同时也为后一个时期快速交通网络建设制定了明确的规划。高速公路建设是该时期中国交通基础设施建设的重要内容。一方面，经过15年建设，1992年出台的"五纵七横"国家主干道规划于2007年底实现基本贯通，其中部分国家主干道采用高速公路标准，形成了一大批区域交通主干道。在1993—2007年间，京哈、京港澳、京沪、沪宁、沪杭等一大批高速公路相继建成通车。另一方面，2004年国务院审议通过《国家高速公路网规划》，该规划提出建设"7条首都放射线、9条南北纵向线以及18条东西横向线"（简称"7918"）、总规模约8.5万公里的高速公路网络，将全国经济中心城市、区域中心城市、港口城市以及城镇人口超过20万的中等以上城市连接起来，因此以大容量、高等级为主要特征的大通道进入全面建设阶段。

为应对2008年国际金融危机带来的不利影响，国家出台总规模达"4万亿元"的经济刺激方案，其中很大一部分资金投向了铁路、公路等基础设施建设。其中，2008年国务院对《中长期铁路网规划》进行了修改，出台了《中长期铁路网规划（2008年调整）》。该规划将2020年铁路营业里程目标由10万公里提升到12万公里以上，并提出建设1.6万公里以上的"四纵四横"客运专线和城际客运铁路系统。该版规划的出台，开启了我国高速铁路发展的大幕。

[①]　顾龙生主编：《中国共产党经济思想史：1921—2011》，山西经济出版社2014年版，第871—872页。

六、大力推进区域扶贫开发

消除贫困是世界范围内尤其是发展中国家面临的重要议题。改革开放40年来，中国经历了快速的经济增长和结构转型过程，在减少贫困方面做出了举世瞩目的成绩。伴随着中国快速的经济增长，中国农村贫困人口从1990年的近6.6亿人减少到2012年的9899万人，贫困发生率从1990年的73.5%下降到2012年的10.2%（按照2010年标准统计）。从发展阶段上来看，中国的大规模减贫大致经历了从由体制变革推动的解决农民温饱问题阶段，到由经济高速增长推动的区域扶贫开发阶段。[①] 在不同的发展阶段，不同的改革动力驱动了中国减贫事业的大发展，创造了中国继高速经济增长奇迹之外，又一个人类发展史上的奇迹。表4-8显示了我国1990—2012年贫困变化情况，从中可以看出，尽管我国贫困标准一直在不断升高，然而减贫的成绩却在不断加大，为全面建成小康社会、实现共同富裕奠定了坚实基础。

中国的大规模减贫奇迹对人类发展也起到了极大的促进作用。据联合国开发计划署出版的《2016年人类发展报告》的内容显示，从贫困发生率来看，2013年全球极端贫困率（标准为每天1.9美元）低于11%，比1990年（35%）下降了三分之二以上；其中中国的极端贫困率从1990年的66.5%下降到2013年的1.9%，在世界减贫成绩中的贡献率超过60%。在2018年"改革开放与中国扶贫国际论坛"上，联合国副秘书长、联合国开发计划署署长阿奇姆·施泰纳，世界银行前行长金墉均指出中国脱贫攻坚的经验值得其他国家借鉴 [②]。

[①] 李小云、徐进、于乐荣：《中国减贫四十年：基于历史与社会学的尝试性解释》，《社会学研究》2018年第6期。

[②] 《共谋发展，推动国际减贫合作——改革开放与中国扶贫国际论坛综述》（2018-11-02）[2020-04-21]，http://www.gov.cn/xinwen/2018-11/02/content_5336699.htm。

表 4-8　1990—2012 年我国贫困变化情况

年份	1978 年标准贫困人口（万人）	1978 年标准贫困发生率（%）	2008 年标准贫困人口（万人）	2008 年标准贫困发生率（%）	2010 年标准贫困人口（万人）	2010 年标准贫困发生率（%）
1990	8500	9.4			65849	73.5
1992	8000	8.8				
1995	6540	7.1			55463	60.5
1997	4962	5.4				
1998	4210	4.6				
1999	3412	3.7				
2000	3209	3.5	9422	10.2	46224	49.8
2001	2927	3.2	9029	9.8		
2002	2820	3.0	8645	9.2		
2003	2900	3.1	8517	9.1		
2004	2610	2.8	7587	8.1		
2005	2365	2.5	6432	6.8	28662	30.2
2006	2148	2.3	5698	6.0		
2007	1479	1.6	4320	4.6		
2008			4007	4.2		
2009			3597	3.8		
2010			2688	2.8	16567	17.2
2011					12238	12.7
2012					9899	10.2

资料来源：国家统计局。

专栏 4-6：国家扶贫开发工作重点县

1986 年国家第一次确定了国定贫困县的标准，并在此基础上确定了 331 个国家重点扶持贫困县，建立起了以县为单位的县级扶贫开发瞄准机制。1994 年，国家颁布实施《国家八七扶贫攻坚计划（1994—2000 年）》，对国家重点扶持的贫困县名单进行了重大调整，将国家重点扶持贫困县的数量增加到 592 个，设定标准为：1992 年，农民人均纯收入低于 400 元的县，以及原有贫困县中人均纯收入低于 700 元的县。2001 年，《中国农村扶贫开发纲要（2001—2010）》对 592 个重点扶持县的名单又进行了新一轮调整，并明确指出"扶贫开发工作责任在省，关键在县"。其中，"国家重点扶持贫困县"更名为"国家扶贫开发工作重点县"，同时将东部地区原有的 33 个指标转移到中西部地区，西藏地区作为特殊区域，整体享受重点县待遇，并不占重点县指标，因此名义上国家扶贫工作重点县仍然保持 592 个。

七、园区经济快速发展

经济园区，一般泛指在某种政策取向下采取一定经济内容和形式的特定范围区域。目前，在我国主要包括经济技术开发区、高新技术产业开发区、工业园区、科技园区、边境合作区、出口加工区、保税区、保税港区、综合保税区、保税物流园区、跨境工业园区 11 种类型。经济园区是中国改革开放的新生事物，通常率先成为中国政策响应和转型升级的依托。从 1984 年，我国建立第一个国家级经济技术开发区起，各种类型的经济园区呈现出快速发展的景象，为促进地区对外开放、对内改革，推动城市化、工业化贡献了宝贵力量。它作为中国改革开放的试验田，开放型经济发展的排头兵，为中国经济走向工业化、现代化、国际化发挥了重要的引擎作用和领军作用。[1]

经济园区的设置始于 1980 年设立的深圳、珠海、汕头和厦门四个经济特区，1984 年中央政府提出进一步开放沿海 14 个港口城市，兴办经济技术开发区。20 世纪 80 年代，被计划体制包围中的经济开发区被形象地称为市场经济的"飞地"，成立伊始即借鉴国际经验和市场模式，引进竞争机制，培育园区市场主体，催化政府组织管理、资源配置方式改革等一系列制度创新。因此，这

---

[1] 李鲁、张学良：《上海自贸试验区制度推广的"梯度对接"战略探讨》，《外国经济与管理》2015年第 2 期。

一阶段的经济园区更多地体现的是其经济功能，即在园区的发展中重点突出其投入产出效率，短时间内创造出较大产出，为后续管理效率的提升、生产技术的深化以及国内外市场的开拓打下良好的基础。

随着园区政策在沿海地区的成功实施、国家相关政策法规的逐步完善以及改革开放的深入，内地也开始兴起创办各种类型的经济园区。各地为支持经济园区的发展，将其培养为区域新的增长极，纷纷出台各类优惠政策，包括税收优惠政策、财政扶持政策以及其他税费减免等政策，以帮助经济园区企业发展。1994年分税制改革实施以来，地方政府在GDP等政绩考核下，为完成财政收入、招商引资等不同任务，通过土地出让、新建开发区以吸引投资等愈演愈烈，一方面加大土地征用和供给规模，另一方面通过低价出让工业用地建立大批工业园区和开发区。这种发展模式所带来的经济增长如此之快，以至于张五常将中国的县看作是企业，以县为主体出让土地并与上级政府和投资者进行收入分成，县级政府作为土地使用权分配人按照利益最大化原则将土地授予私人使用，而地区间激烈竞争引致高增长。波特在《国家竞争优势》中提出产业集群的概念，地方政府在发展当中也逐步意识到将相关产业集聚在一起有利于通过溢出实现经济的增长，因此经济园区的产业功能逐步显现。

然而，部分企业仅仅依靠政府给予优惠政策、进行较低端的直接投资和国企转移可以加速开发区的形成，但无法实现其快速发展。现实中较为成功的开发区都把重点放在了通过优惠政策引进外资，再通过外资的进入推动技术改造和产业升级，并实现经济腾飞。随着引进企业的资本在开发区的积累和增值，开发区的发展进入了政策与资本联合推动阶段。政府的优惠政策和FDI是该阶段推动开发区发展的主要动力。政府的优惠政策是指为了吸引外资而给予外商投资企业的关税减免、进出口政策放宽、审批程序简化或审批优先等非国民优惠待遇。我国经济园区在快速发展了20余年后，在数量和规模上都得到了极大的扩张。

随着中国加入WTO，对外开放程度不断提高，以往只靠政策的力量参与国际竞争的方式开始遇到挑战，市场的力量渐渐发挥出主导作用，推动经济园区功能转变。同时，随着经济全球化与一体化的加快，国内外良好的创新创业环境、畅通的融资渠道以及健全的创新及成果转化机制，促使开发区企业开始重视自身的核心技术、加大自身创新力度，以创新提高自身核心竞争力。2003年7月，国务院出台《关于暂停审批各类开发区的紧急通知》和《关于清理整顿各类开发区加强建设用地管理的通知》，其中开发区问题被认为是土地整顿工作的重中之重，经济园区进入科学发展阶段，从区域经济和城市发展的角度看，已不是原来的"孤岛"，而发展成了拉动所在区域经济发展的发动机，发展成为了母城的一个功能区或者是经济重心区，经济园区在承担经济增长功能、产业集聚功能之外，还被赋予加快地区城市化进程、改善当地生产生活条件、深化经济体制改革等诸多复合功能。

根据国家有关部委公布的《中国开发区审核公告目录（2006年版）》的数据显示，2006年国家正式公布的省级以上开发区有1568家，其中国家级开发区222家，分布于中国绝大部分城市。其中，国家级经开区215家，国家级高新区114家。2012年，全国105个国家高新区实现GDP5.22万亿元，约占全国比重10%；出口创汇3760亿元，占全国外贸出口的18.4%。经济园区凭借其巨大的产出，成为地区经济中耀眼的"马赛克"。经济园区的发展深深地嵌套入当地的经济发展当中，成为地区新的增长极。这种"经济马赛克"主要体现在，首先经济园区的发展在地方经济中占有很大比重，从典型省份看，开发区工业产值占全省比重在不断提高，这一方面是"看得见的手"的支撑，经济园区的设置从一开始就受到了优惠政策的强力支持，同时相对较低的劳动力成本以及较大的市场空间，都使得经济园区逐步成为地方经济增长极；另一方面是"看不见的手"的支撑，产业集群概念的出台使得人们越来越认识到园区内企业的技术溢出，使得园区企业能够得到较快发展，产业的集中能够通过促进企业间的互动从而扩大生产的优势，使得这种"经济马赛克"在地方经济版图中愈发明显与重要。

专栏4-7：国家级新区

国家级新区是由国务院批准设立的以相关行政区、特殊功能区为基础，承担着国家重大发展和改革开放战略任务的综合功能区。自20世纪90年代初国务院批准成立上海浦东新区以来，经过20多年的建设发展，新区数量逐步增加，布局不断优化，在引领区域经济发展、全方位扩大对外开放等方面发挥着重要作用，辐射带动和试验示范效应明显。

- 1992年10月上海浦东新区成立
- 1994年3月天津滨海新区成立
- 2010年6月重庆两江新区成立
- 2011年6月浙江舟山群岛新区成立
- 2012年8月甘肃兰州新区成立
- 2012年9月广东南沙新区成立

1992—2012年是我国经济建设的重要历史时期，也是我国改革开放伟大事业中取得伟大成就、实现伟大变革的重要时期。按照建设有中国特色的社会主义有关要求，党和国家建立并完善了社会主义市场经济体制，促进了社会主义市场经济的大发展，推动了社会主义现代化事业和全面小康社会建设。在社会主义条件下搞市场经济，没有明确的理论支撑，也没有可参考的实践案例。邓小平指出："我们现在所干的事业是一项新事业，马克思没有讲过，我们的前人没有做过，其他社会主义国家也没有干过，所以，没有现成的经验可学。我们只能在干中学，在实践中探索。"[①] 因此，将社会主义与市场经济进行有机结合，建立和完善社会主义市场经济体制，是我们党进行的一次伟大理论创举和实践探索，是在"摸着石头过河"的改革进程中，通过艰辛的探索和反复的试验之后逐步明确的重要目标任务，对我国改革开放事业和全面建设社会主义现代化

① 《邓小平文选》第三卷，人民出版社1993年版，第258—259页。

国家有着重要意义。

从这一时期经济建设思想的主要内容来看，提出了建立社会主义市场经济体制的基本框架，构成了这一时期我国经济建设思想的主要内容。其中，一是提出必须坚持以公有制为主体、多种所有制共同发展的方针，建立适应市场经济要求，产权明晰、权责明确、政企分开、管理科学的现代企业制度；二是提出建立全国统一的开放市场；三是提出转变政府职能，建立以间接手段为主的宏观调控体系，积极推进财税体制和金融体制改革；四是提出建立以按劳分配为主体、多种分配方式并存的收入分配制度，允许资本等生产要素参与收益分配；五是提出要积极参与国际经济合作，发挥我国经济的比较优势，充分利用国际国内两个市场、两种资源，发展开放型经济；六是提出建立多层次的社会保障制度。在基本框架下，大力推进国有企业、财税金融、对外开放、城镇化和农村改革、区域协调发展、扶贫等重点领域的建设，积极发挥市场在资源配置中的作用，实现了我国经济的持续快速健康发展。

从经济建设取得的主要成绩来看，1992年中共十四大提出建立社会主义市场经济体制以来，中国的经济实力、综合国力、人民生活水平实现了翻天覆地的变化，中国的经济发展面貌发生了历史性变化，基本完成了从计划经济体制到社会主义市场经济体制的伟大历史转折。二十年间，中国的经济规模从全球第十位上升到第二位，经济增速连年处于全球第一的位置，是世界上经济发展速度最快的国家；创造了人类历史上最大规模的减贫奇迹；产业发展、进出口贸易、外汇储备、市场规模等不断扩大，且均位于世界前列；人民生活水平不断提高，平均生活水平达到小康状态。

从经济建设经验上来看，社会主义市场经济建设一是必须始终坚持党的集中统一领导。从改革开放的提出，到社会主义市场经济体制的建立，再到社会主义市场机制的具体部署和逐步完善，党的领导贯穿始终。我国社会主义事业取得的伟大成就，正是受邓小平理论、"三个代表"重要思想、科学发展观等一系列马克思主义中国化理论成果的正确指引。在建立和完善社会主义市场经济体制的过程中，中共中央的统一部署和有力推进起到了关键作用。二是市场化改革方向必须始终在社会主义道路上进行。习近平总书记指出："我们是在中国共产党领导和社会主义制度的大前提下发展市场经济，什么时候都不能忘了'社会主义'这个定语。之所以说社会主义市场经济，就是要坚持我们的制度优越性，有效防范资本主义市场经济的弊端。"[①] 社会主义市场经济体制的建立和完善是"顶层设计"与"试点先行"的有机结合，既发挥了社会主义的制度优势，又充分利用了现代市场经济的有效作用，通过不断地进行制度改革创新，促进社会主义市场经济体制的逐步完善。三是必须始终坚持生产力标准。社会主义最本质要求是解放和发展生产力，社会主义经济建设必须坚持生产力标准，始终把是否有利于发展社会生产力、是否有利于增强社会主义国家综合实力、是否有利于提高人民生活水平作为社会主义经济建设成功与否的标准。四是必须始终坚持公有制为主体、多种所有制经济共同发展的基本制度，发挥各类经济主体的作用，平等竞争、共同发展，强化市场作用和政府作用的有机协调统一，努力实现社会公平正义。

---

① 中共中央文献研究室：《习近平关于社会主义经济建设论述摘编》，中央文献出版社 2017 年版，第 64 页。

第五章　新时代中国共产党经济建设思想

中共十八大以来，党和国家事业发生历史性变革、取得历史性成就，中国特色社会主义进入新时代。马克思主义中国化最新成果——习近平新时代中国特色社会主义思想已经以其重大的理论意义和实践意义镌刻在世界思想理论版图的显著位置，成为 21 世纪马克思主义的主体形态，也是指导中国开启社会主义现代化新征程，建设社会主义现代化强国的指导思想。其中，习近平新时代中国特色社会主义经济思想是重要组成部分。

第一节　中国经济的历史性变化与新常态

中共十八大以来，我们党对经济发展阶段性特征的认识不断深化。2013 年，党中央作出判断，我国经济发展正处于增长速度换挡期、结构调整阵痛期和前期刺激政策消化期"三期叠加"阶段。2014 年，党中央提出我国经济发展进入新常态。新常态是一个客观状态，是我国经济发展到一定阶段必然会出现的一种状态，适应新常态、把握新常态、引领新常态是我国经济发展的大逻辑。在新常态下，我国经济发展的环境、条件、任务、要求等都发生了新的变化，增长速度要从高速转向中高速，发展方式要从规模速度型转向质量效率型，经济结构调整要从增量扩能为主转向调整存量、做优增量并举，发展动力要从主要依靠资源和低成本劳动力等要素投入转向创新驱动。这些变化，是我国经济向形态更高级、分工更优化、结构更合理的阶段演进的必经过程。2017 年，中共十九大进一步明确提出，我国经济已由高速增长阶段转向高质量发展阶段。

一、中国经济的历史性变化

改革开放后中国经济持续高速增长，成功步入中等收入国家行列，已成为名副其实的经济大国。1978 年，我国 GDP 只有 1482 亿美元，居世界第十位。2014 年我国 GDP 初步核算为 63.6 万亿元，合计达到 10 万亿美元，稳居世界第二位，占世界经济总量的 13.3%。东部沿海一些省市的经济总量或人均 GDP 已接近或超过世界上一些中等发达国家的水平。根据联合国的统计，到 2014 年年底，我国钢、煤、水泥、棉布等 200 多种工业品产量居世界第一位，中国制造业大国的地位基本确立。我国创造了世界经济史上的"增长奇迹"，已成为名副其实的经济大国，这是经济进入新阶段的重要特征。我国已是一个经济大国，但还不是经济强国。经济规模大并不代表国际竞争力强。站在从经济大国向经济强国迈进的历史新起点上，我们应当更加重视产业结构优化和经济质量提升，只有这样才能真正提升国家竞争力，才能真正实现经济强国的伟大目标。

专栏 5-1：《中国制造 2025》

《中国制造 2025》是国务院于 2015 年 5 月印发的部署全面推进实施制造强国的战略文件，是中国实施制造强国战略第一个十年的行动纲领，提出了我国制造强国建设三个十年的"三步走"战略，总体思路是以促进制造业创新发展为主题，以提质增效为中心，以加快新一代信息技术与制造业融合为主线，以推进智能制造为主攻方向。

《规划》提出了九大战略任务、十大重点发展领域和五大重点工程。

九项战略任务：一是提高国家制造业创新能力；二是推进信息化与工

业化深度融合；三是强化工业基础能力；四是加强质量品牌建设；五是全面推行绿色制造；六是大力推动重点领域突破发展，聚焦新一代信息技术产业、高档数控机床和机器人、航空航天装备、海洋工程装备及高技术船舶、先进轨道交通装备、节能与新能源汽车、电力装备、农机装备、新材料、生物医药及高性能医疗器械十个重点领域；七是深入推进制造业结构调整；八是积极发展服务型制造和生产性服务业；九是提高制造业国际化发展水平。

十大重点发展领域：新一代信息技术产业、高档数控机床和机器人、航空航天装备、海洋工程装备及高技术船舶、先进轨道交通装备、节能与新能源汽车、电力装备、农机装备、新材料、生物医药及高性能医疗器械。

五大重点工程：智能制造工程、制造业创新建设工程、工业强基工程、绿色制造工程、高端装备创新工程。

二、经济新常态

随着人口红利衰减、"中等收入陷阱"风险累积、国际经济格局深刻调整等一系列内因与外因的作用，21世纪第二个十年，我国经济发展进入新常态。

（一）"刘易斯转折点"加速到来，要素资源约束加剧

发展中国家普遍存在二元经济结构，在农业剩余劳动力消失之前，社会可以源源不断地供给工业化所需要的劳动力，即劳动力的供给是无限的，同时工资还不会上涨。直到有一天，工业化把农业剩余劳动力都吸纳干净了，这个时候若要继续吸纳农业劳动力，就必须提高工资水平。否则，农业劳动力就不会进入工业部门，这个临界点就叫做"刘易斯转折点"。改革开放以来，中国经济持续快速增长的一个重要推动力就是人口红利的持续释放。由于生产

成本和国内劳动力工资低，制造业企业纷纷离岸外包到中国。但随着时间的推移，这一比较优势正随着我国人口结构的变化而在不断衰减。统计数据表明，2012年，我国15—59岁的劳动年龄人口为93727万人，比上年年末减少345万人。与此同时，老年人口的比重继续攀升，60周岁及以上人口19390万人，占总人口的14.3%，比上年年末提高0.59个百分点。从表5-1可以看出，2013年至2019年，我国老年抚养比在逐年升高，人口结构正在不断发生变化。

表 5-1　2013—2019 年人口年龄结构和老年抚养比

年份	年末总人口（万人）	0—14 岁人口（万人）	15—64 岁人口（万人）	65 岁及以上人口（万人）	老年抚养比（%）
2013	136072	22329	100582	13161	13.1
2014	136782	22558	100469	13755	13.7
2015	137462	22715	100361	14386	14.3
2016	138271	23008	100260	15003	15
2017	139008	23348	99829	15831	15.9
2018	139538	23523	99357	16658	16.8
2019	140005	23493	98914	17599	17.8

资料来源：国家统计局。

中国人口红利拐点的出现，至少会带来三大后果：一是劳动力成本上升，劳动力成本比较优势逐步减弱；二是由于老龄人口增加，人口抚养比提高，储蓄率将会下降，推高资金成本；三是劳动力人口总量减少，带来"民工荒"等用工短缺现象。这三大后果直接导致中国潜在经济增长率的降低。从本质上讲，"刘易斯转折点"的到来，就意味着传统人口红利的消失。此外，要素资源的供给约束日益加剧，过去三十多年，我国过度依靠投资和外需的经济增长模式，已使得能源、资源、环境的制约影响越来越明显。据统计，目前我国淡水、一次能源、钢材、水泥、常用有色金属等五类主要资源的平均消耗强度高出世界平均水平约90%，是世界上国内生产总值能耗最高的国家之一。石油、铁矿石、铜精矿、铝土矿等重要矿产资源的对外依存度均超过50%，进口压力不断增大。可以说，要素的边际供给增量已难以支撑传统的经济高速发展路子，这也在客观上促使中国经济逐步回落到一个新的平稳增长区间。

（二）进入中等收入国家行列，面临"中等收入陷阱"风险

以"国民人均收入水平"来划分一个经济体的发展阶段，是经济学界的一种重要分析方法。按照世界银行 2008 年提出的最新划分标准，世界上的国家可以划分为"低收入国家""中等偏下收入国家""中等偏上收入国家""高收入国家"四种类型。人均国民收入低于 975 美元以下的为低收入国家和地区，中等收入国家的标准在 976 美元到 11905 美元之间，其中还分了两个小组：一个是中等偏下收入国家，人均国民收入在 976 美元到 3855 美元之间；另一个是中等偏上收入国家，人均国民收入在 3856 美元到 11905 美元之间。从中国经济的实践看，如表 5-2 所示，2014 年，我国人均 GDP 已超过 7000 美元，2019 年首次站上 1 万美元，按照世界银行的标准，已进入中等偏上收入国家行列，正向高收入国家迈进。从经济增速来看，如图 5-1 所示，2013 年以来，我国经济增速由高速增长转换到中高速增长的经济新常态，成为我国经济转型发展的重要推动力。从拉美、东南亚一些国家的经历看，这些国家早在 20 世纪七八十年代就进入了中等收入国家的行列，但由于多数国家在向高收入经济体攀升的过程中，经济增长仍然依赖从低收入经济体发展成为中等收入经济体的战略、模式和方法，进一步的经济增长被原有的增长机制所锁定，人均国民收入难突破高收入的下限，导致这些国家一直徘徊在中等收入的水平上，这就是"中等收入陷阱"。例如马来西亚，1980 年，它的人均国民收入在世界上的排序是第 84位，到 2009 年排序依然为第 89 位，20 年间基本没有发生太大的变化。发展中国家在摆脱贫困时，往往追求经济的快速增长，容易忽视技术进步、结构优化，以致出现经济与社会、城乡、地区、经济增长与资源环境失衡和分配不公，结果出现社会危机或经济负增长、失业率提高、收入差距扩大等问题。"中等收入

陷阱"的本质就是一个经济体从低收入进入中等收入之后，如果不能迅速有效地进行制度变迁和政策转化，形成新的增长动力，那就可能出现增长停滞，导致经济和社会问题丛生。此外，在低收入经济体和高收入经济体的两面夹击下，中等收入经济体极易被挤出国际分工体系，这种外部环境的恶化也会加剧经济增长的困境。站在新的发展起点上，我们必须集中精力，把自己的事情做好，努力跨越"中等收入陷阱"。

表 5-2　2013—2019 年我国国内生产总值和人均国内生产总值

年份	国内生产总值（亿元）	第一产业增加值（亿元）	第二产业增加值（亿元）	第三产业增加值（亿元）	人均国内生产总值（元）
2013	592963.2	53028.1	261951.6	277983.5	43684
2014	643563.1	55626.3	277282.8	310654	47173
2015	688858.2	57774.6	281338.9	349744.7	50237
2016	746395.1	60139.2	295427.8	390828.1	54139
2017	832035.9	62099.5	331580.5	438355.9	60014
2018	919281.1	64745.2	364835.2	489700.8	66006
2019	990865.1	70466.7	386165.3	534233.1	70892

资料来源：国家统计局。

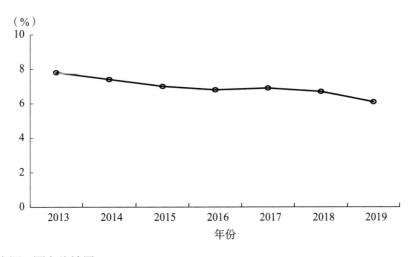

资料来源：国家统计局。

图 5-1　2013—2019 年我国 GDP 增速

（三）体制机制障碍较多，全面深化改革进入攻坚期

从20世纪70年代末开始，在实事求是精神的鼓舞下，依靠改革破除了制约生产要素优化配置和生产力发展的体制机制障碍，释放了潜在的制度红利，从而带来了生产力的解放、生产效率的提高和物质财富的增长，带来了中国经济发展的不竭动力。回顾改革历程，每一次重大改革都给党和国家发展注入新的活力、给事业前进增添强大动力。但也得承认，尽管通过三十多年的改革开放，一些方面的改革已取得了突破性进展，但市场化导向的改革并没有彻底完成，很多地方还不到位。以新型城镇化为核心的土地制度、户籍制度、社会保障制度、投融资体制等领域的配套改革还处于起步阶段，需要进一步全面深化改革。此外，政府部门对微观经济活动的干预仍然较多，行政性审批方式在资源配置方面还占据很大地位。在市场起决定性作用的新常态下，政府职能需要重新定位和调整，需要理顺体制机制，实现行政流程再造等等。全面深化改革就必定要触动原有的利益格局，但触动利益往往比触及灵魂还难。在改革起步阶段，由于改革带有"普惠式"，改革普遍受益，深层次问题往往不会凸显出来，改革阻力较小，改革共识较为容易达成。新一轮改革已经越过了"帕累托改进"阶段，当时那些绕过去的和放在一边的矛盾和问题并不会因此而消失，相反可能随着改革推进而成为绕不过去的"拦路虎"。今天，这些累积的矛盾和问题，已经摆在我们的面前，躲不开也绕不过。换句话说，经济新常态下，改革已进入深水区，进入攻坚阶段，改革的艰巨性、复杂性和纵深性在不断加强。

（四）世界经济格局深刻调整，全球治理进入新阶段

自2008年国际金融危机至今，世界经济增长已经经历过了两次探底。各个经济体增速分化加剧，政治、经济、地缘等各种因素相互交织和对世界经济影响加深，世界经济仍处于国际金融危机后的深度调整期。当前，世界经济仍将面临诸多不稳定、不确定性因素，复苏道路依然曲折，大幅回暖的概率较小，使得中国的外部经济环境更加复杂。国际金融危机深层次影响在相当长时期依

然存在，全球经济贸易增长乏力，保护主义抬头，地缘政治关系复杂变化，传统安全威胁和非传统安全威胁交织，外部环境不稳定、不确定因素增多。全球经济分化严重。首先，发达国家多陷入"日本病"。主要表现为：一是进入流动性陷阱；二是深陷债务危机；三是人口老龄化。其次，新兴经济体集体进入调整期。一些国家出现了资金外流、通货膨胀、经济增速回落的现象。俄罗斯、巴西等过度依赖资源能源价格的国家，经济增长速度出现明显下降。印度尽管受国际贸易影响幅度较小，但其脆弱的金融体系在国际资金外逃情况下受到严重冲击。从整体上看，这可能会使全球竞争更加激烈，引发贸易保护主义的抬头，使得对中国外贸增长形成新的巨大压力。而从全球治理体系看，围绕全球治理体系的竞争日趋激烈，各国都在加快调整发展模式，重塑和发展具有比较优势的产业，纷纷试图抢占经济制高点和全球话语权。

经济全球化近几年来屡受民粹主义者、"贸易斗士""环保行动者"抨击，现又遭遇新冠肺炎疫情这一新的阻力，其前景令人关注。目前尚难准确预测新冠肺炎疫情给全球经济带来的影响，但出于对全球供应链极端脆弱性的担忧和系统性风险上升的恐惧，经济全球化亦遭遇感染，或将成为这场疫情最主要的长期受害者。突如其来的新冠肺炎疫情，给全球很多行业摁下了"暂停键"，无法供给，缺乏需求，使得一些企业"命悬一线"，各国政府采取的降息、补贴等纾困政策或许能使一些企业避免"突然死亡"，但不足以提供能让企业"强身健体"的能量与空间。新冠肺炎疫情下全球供应链受到的冲击，暴露了大多数企业过于依赖一两个主要供应来源的风险性。疫情可能会促使一些企业重新评估其供应链，或将通过建立更有弹性的供应链——"给相同产品寻找更多的供应商"——以降低突发事件发生时给企业带来的损失。但全球供应链是一个复杂的系统，其形成与改变都是一个长期的过程，如今的全球供应链格局很难被一次疫情所颠覆。一则供应链在全球分散布局的状况不可能彻底逆转，再则跨国公司不愿意也没有能力抛弃现有的全球供应链，重构一条全新且完整的供应链。

第二节　贯彻新发展理念　建设现代化经济体系

2017 年中共十九大报告明确提出贯彻新发展理念，建设现代化经济体系。新发展理念丰富发展了中国特色社会主义政治经济学。我们党把马克思主义政治经济学基本原理同改革开放伟大实践结合起来，取得了一系列新的重要理论成果，形成了适应当代中国国情和时代特点的中国特色社会主义政治经济学。国家强，经济体系必须强。建设现代化经济体系，是以习近平同志为核心的党中央从党和国家事业全局出发，着眼于实现"两个一百年"奋斗目标、顺应中国特色社会主义进入新时代的新要求作出的重大战略决策部署。

一、新发展理念是指挥棒、红绿灯

发展是解决我国一切问题的基础和关键。发展理念是发展行动的先导，是发展思路、发展方向、发展着力点的集中体现。发展理念是否对头，从根本上决定着发展成效乃至成败。习近平总书记指出："发展必须是科学发展，必须坚定不移贯彻创新、协调、绿色、开放、共享的发展理念。"新发展理念不是凭空得来的，是在深刻总结国内外发展经验教训、深刻分析国内外发展大势的基础上形成的，是针对我国发展中的突出矛盾和问题提出来的。坚持新发展理念，是关系我国发展全局的一场深刻变革。

创新是引领发展的第一动力，创新发展注重的是解决发展动力问题，必须把创新摆在国家发展全局的核心位置，让创新贯穿党和国家一切工作。协调是持续健康发展的内在要求，协调发展注重的是解决发展不平衡问题，必须正确处理发展中的重大关系，不断增强发展整体性。绿色是永续发展的必要条件和人民对美好生活追求的重要体现，绿色发展注重的是解决人与自然和谐共生问题，必须实现经济社会发展和生态环境保护协同共进，为人民群众创造良好生产生活环境。开放是国家繁荣发展的必由之路，开放发展注重的是解决发展内外联动问题，必须发展更高层次的开放型经济，以扩大开放推进改革发展。共享是中国特色社会主义的本质要求，共享发展注重的是解决社会公平正义问题，必须坚持全民共享、全面共享、共建共享、渐进共享，不断推进全体人民共同富裕。

创新、协调、绿色、开放、共享的发展理念，相互贯通、相互促进，是具有内在联系的集合体，要统一贯彻，不能顾此失彼，也不能相互替代。哪一个发展理念贯彻不到位，发展进程都会受到影响。新发展理念具有很强的战略性、纲领性、引领性，必须贯穿经济活动全过程。要努力提高统筹贯彻新发展理念的能力和水平，把新发展理念作为指挥棒、红绿灯，对不适应、不适合甚至违背新发展理念的认识要立即调整，行为要坚决纠正，做法要彻底摒弃，真正做到崇尚创新、注重协调、倡导绿色、厚植开放、推进共享。

新发展理念传承党的发展理论，坚持以人民为中心的发展思想，进一步科学回答了实现什么样的发展、怎样实现发展的问题，深刻揭示了实现更高质量、更有效率、更加公平、更可持续发展的必由之路，深化了我们党对中国特色社会主义经济发展规律的认识，有力指导了我国新的发展实践，开拓了中国特色社会主义政治经济学新境界。

二、建设现代化经济体系

现代化经济体系，是由社会经济活动各个环节、各个层面、各个领域的相互关系和内在联系构成的有机整体。我们建设的现代化经济体系，要借鉴发达国家有益做法，更要符合中国国情、具有中国特色。要建设创新引领、协同发展的产业体系，统一开放、竞争有序的市场体系，体现效率、促进公平的收入分配体系，彰显优势、协调联动的城乡区域发展体系，资源节约、环境友好的绿色发展体系，多元平衡、安全高效的全面开放体系，充分发挥市场作用、更好发挥政府作用的经济体制。这几个体系是统一整体，要一体建设、一体推进。

要深刻认识建设现代化经济体系的重要性和艰巨性，科学把握建设现代化经济体系的目标和重点，推动我国经济发展焕发新活力、迈上新台阶。

大力发展实体经济，筑牢现代化经济体系的坚实基础。实体经济是一国经济的立身之本，是财富创造的根本源泉，是国家强盛的重要支柱。要加快发展先进制造业，坚定不移建设制造强国。推动互联网、大数据、人工智能同实体经济深度融合，推动资源要素向实体经济集聚、政策措施向实体经济倾斜、工作力量向实体经济加强。金融是实体经济的血脉，要全面提高金融为实体经济服务的效率和水平。

加快实施创新驱动发展战略，强化现代化经济体系的战略支撑。科技创新对提高社会生产力和综合国力至关重要。我国科技实力正处于从量的积累向质的飞跃、点的突破向系统能力提升的重要时期。要加强国家创新体系建设，推动以科技创新为核心的全面创新，强化战略科技力量，塑造更多依靠创新驱动、更多发挥先发优势的引领型发展。实践反复告诉我们，关键核心技术是要不来、买不来、讨不来的。要加快关键核心技术自主创新，把创新主动权、发展主动权牢牢掌握在自己手中，为经济社会发展打造新引擎。

积极推动城乡区域协调发展，优化现代化经济体系的空间布局。要培育和发挥区域比较优势，落实主体功能区制度，加强区域优势互补，在协调发展中拓宽发展空间，在加强薄弱领域中增强发展后劲。统筹推进西部大开发、东北全面振兴、中部地区崛起、东部率先发展。推动京津冀协同发展，高起点规划、高标准建设雄安新区，推动粤港澳大湾区建设、长三角区域一体化发展，推动长江经济带发展。大力实施乡村振兴战略，建立健全城乡融合发展体制机制和政策体系，加快推进农业农村现代化。

着力发展开放型经济，提高现代化经济体系的国际竞争力。要适应新形势、把握新特点，推动由商品和要素流动型开放向规则等制度型开放转变。统一内外资法律法规，完善公开、透明的涉外法律体系，全面实行准入前国民待遇加负面清单管理制度，持续放宽市场准入，尊重国际营商惯例，保护外资企业合法权益。推动全球经济治理体系改革完善，积极引导全球经济议程，促进国际经济秩序朝着平等公正、合作共赢的方向发展。拓展对外贸易，培育贸易新业态新模式，推进贸易强国建设。

深化经济体制改革，完善现代化经济体系的制度保障。要加快完善社会主义市场经济体制，坚决破除各方面体制机制弊端，有效激发全社会创新创业活力。经济体制改革必须以完善产权制度和要素市场化配置为重点，实现产权有效激励、要素自由流动、价格反应灵活、竞争公平有序、企业优胜劣汰。要深化四梁八柱性质的改革，以增强微观主体活力为重点，推动相关改革走深走实。

建设现代化经济体系，是我国发展的战略目标，是中国特色社会主义经济发展规律的必然要求，事关我们能否引领世界科技革命和产业变革潮流，事关我们能否赢得国际竞争的主动。要按照建设社会主义现代化强国的要求，加快建设现代化经济体系，为实现人民对美好生活的向往打下更为坚实而强大的物质基础。

第三节　习近平新时代中国特色社会主义经济思想

2017 年 12 月 18 日至 20 日，中央经济工作会议在北京举行，这次会议首次提出习近平新时代中国特色社会主义经济思想。会议指出，5 年来，我们坚持观大势、谋全局、干实事，成功驾驭了我国经济发展大局，在实践中形成了以新发展理念为主要内容的习近平新时代中国特色社会主义经济思想。习近平新时代中国特色社会主义经济思想是习近平新时代中国特色社会主义思想的重要组成部分，是中共十八大以来推动我国经济发展实践的理论结晶，是中国特色社会主义政治经济学的最新成果，是党和国家十分宝贵的精神财富，必须长期坚持、不断丰富发展。

一、"七个坚持"

习近平新时代中国特色社会主义经济思想是一个完整的思想体系，逻辑紧密、环环相扣。习近平新时代中国特色社会主义经济思想的科学内涵，中央经济工作会议概括为"七个坚持"。

坚持加强党对经济工作的集中统一领导，保证我国经济沿着正确方向发展。党政军民学，东西南北中，党是领导一切的。发展是党执政兴国的第一要务，党领导经济工作是党的使命所在。必须加强党中央对经济工作的集中统一领导，确保我国经济始终沿着正确方向发展。

坚持以人民为中心的发展思想，贯穿到统筹推进"五位一体"总体布局和协调推进"四个全面"战略布局之中。为人民谋幸福是中国共产党人的初心，坚持以经济建设为中心，是为了生产更多更好的产品满足人民对美好生活的需要。必须把坚持以人民为中心贯穿到经济建设的各项活动中，贯穿到"五位一体"总体布局和"四个全面"战略布局之中。

坚持适应把握引领经济发展新常态，立足大局，把握规律。认识和判断经济形势必须立足我国经济发展的阶段性变化，增长速度换挡、发展方式转变、经济结构优化、增长动力转换这一经济发展的新常态，是我国发展取得历史性成就基础上的必然，做好经济工作必须从这个大逻辑出发，认清形势，正确抉择。

坚持使市场在资源配置中起决定性作用，更好发挥政府作用，坚决扫除经济发展的体制机制障碍。实现更高质量、更有效率、更加公平、更可持续的发展，必须牢牢抓住处理好政府和市场关系这一核心问题深化经济体制改革，特别要深化要素市场化配置的改革，着力解决市场体系不完善、政府干预过多和监管不到位问题，更好发挥政府在宏观调控、公共服务、市场监管、社会管理、保护环境中的作用。坚持和完善我国社会主义基本经济制度和分配制度，毫不动摇巩固和发展公有制经济，毫不动摇鼓励、支持、引导非公有制经济发展。

坚持适应我国经济发展主要矛盾变化，完善宏观调控，相机抉择，开准药方，把推进供给侧结构性改革作为经济工作的主线。我国经济发展的主要矛盾已转化成结构性问题，矛盾的主要方面在供给侧，主要表现在供给结构不能适应需求结构的变化，必须相机抉择，开准药方，着力推进供给侧结构性改革，并作为当前和今后一个时期经济工作的主线。

坚持问题导向部署经济发展新战略，对我国经济社会发展变革产生深远影响。解决我国经济发展中的一些难题，必须坚持不懈地实施好关系全局和长远的一系列重大战略，为经济持续健康发展增添后劲。

坚持正确工作策略和方法，稳中求进，保持战略定力、坚持底线思维，一步一个脚印向前迈进。正确的思路和方针确定后，用什么样的思想方法和工作策略开展工作十分重要。必须坚持稳中求进的工作总基调，保持战略定力、坚持底线思维，发扬钉钉子精神，一步一个脚印向前迈进。

二、高质量发展与供给侧结构性改革

（一）牢牢把握推动高质量发展这一根本要求

贯彻落实习近平新时代中国特色社会主义经济思想，必须牢牢把握推动高质量发展这一根本要求。中国特色社会主义进入了新时代，我国经济发展也进入了新时代。新时代我国经济发展的基本特征，就是习近平总书记在中共十九大报告强调的，我国经济已由高速增长阶段转向高质量发展阶段。[①]这同习近平总书记之前关于经济发展新常态的思想是一致的。新常态就是增长速度换挡、发展方式转变、经济结构优化、增长动力转换，其中，增长速度换挡就是高增长阶段已经结束，发展方式转变、经济结构优化、增长动力转换可以集中概括为高质量发展。

高质量发展可以从不同的角度进行概括。从我国社会主要矛盾变化的角度

---

① 《习近平谈治国理政》（第三卷），外文出版社 2020 年版，第 237 页。

看，高质量发展就是能够很好满足人民日益增长的美好生活需要的发展。从体现新发展理念看，高质量发展就是创新成为第一动力、协调成为内生特点、绿色成为普遍形态、开放成为必由之路、共享成为根本目的的发展。

推动高质量发展是我们当前和今后一个时期确定发展思路、制定经济政策、实施宏观调控的根本要求。第一，我国已经不具备高增长的客观条件了，需求结构变化、消费升级、劳动年龄人口减少、技术积累、金融风险、资源环境压力等，使我国潜在增长率发生变化，若不顾客观实际，盲目追求高增长，带来的风险可能比增加的 GDP 要多。第二，我国社会主要矛盾已经变化，落后的社会生产已经不是主要矛盾的主要方面，不平衡不充分的发展就是发展质量不高的一种表现，此时若再追求高增长，反而会加剧这种不平衡性。第三，到 2020 年我国将全面建成小康社会，开启全面建设社会主义现代化国家的新征程。在全面小康阶段，发展的重点是解决量的不足问题，在现代化阶段，相对于量的问题，质的问题更重要，要在解决质的问题的过程中实现量的增加。第四，从事物发展特别是经济发展规律看，往往都要经历一个从量变到质变的过程，那些实现从量变到质变、从高速增长成功转向高质量发展的国家，才能实现现代化，成为高收入经济体。

（二）推进供给侧结构性改革作为经济工作的主线

贯彻落实习近平新时代中国特色社会主义经济思想，必须把推进供给侧结构性改革作为当前和今后一个时期经济工作的主线。2015 年 11 月 10 日，习近平总书记在中央财经领导小组第十一次会议上讲话，首次提出"供给侧改革"。11 月 18 日，习近平在 APEC 会议上再次提及"供给侧改革"。12 月，中央经济工作会议强调，要着力推进供给侧结构性改革，推动经济持续健康发展。按照创新、协调、绿色、开放、共享的发展理念，加大结构性改革力度，矫正要素配置扭曲，扩大有效供给，提高供给结构适应性和灵活性，提高全要素生产率。习近平总书记在会议上明确作出战略部署，提出要实施相互配合的五大政策支柱，即宏观政策要稳、产业政策要准、微观政策要活、改革政策要实、社会政策要托底，并提出"抓好去产能、去库存、去杠杆、降成本、补短板五大任务"。

供给侧结构性改革以"三去一降一补"为主要任务，化解长期以来需求刺激政策带来的结构性弊端和问题，为生产力升级发展卸下历史包袱。在去产能方面，发挥市场机制的决定性作用，运用市场化、法治化手段化解过剩产能。同时，为更好发挥政府作用，国务院于2016年发布关于钢铁、煤炭行业化解过剩产能的目标要求，并安排1000亿元财政专项奖补资金用于职工分流安置。截至2018年底，"十三五"煤钢去产能的主要目标任务已基本完成，低端供给和无效供给减少，市场供求关系明显改善，企业经营状况好转、效益回升。

在去库存方面，坚持分类调控，因城因地施策，三、四线城市商品住宅去库存取得明显成效，热点城市房价涨势得到控制，既扭转了房价只涨不跌的预期，极大地消除了投机炒房的冲动，又避免了房价泡沫骤然破碎及其可能引发的债务风险。

在去杠杆工作中，通过规范地方政府举债融资行为、颁布资产管理新规、加强金融监管，堵住了信贷无序扩张、金融空转套利的"邪路"。同时，针对存量债务，积极稳妥推动市场化兼并重组，实施地方债务置换，强化企业和地方政府自我约束，企业杠杆率持续降低，宏观杠杆率涨幅明显收窄、总体趋于稳定。

第四节　决胜全面建成小康社会的三大攻坚战

实现全面建成小康社会目标，要继续按照中共十六大、十七大、十八大提出的全面建成小康社会各项要求继续努力。2017年10月18日，习近平总书记在中共十九大报告中首次提出"三大攻坚战"：要坚决打好防范化解重大风险、精准脱贫、污染防治的攻坚战，使全面建成小康社会得到人民认可、经得起历史检验。这三大攻坚战，是全面建成小康社会的底线，是全面建成小康社会的标志。三大攻坚战目标各有侧重，但内涵紧密相连，有机统一于推进高质量发展、决胜全面建成小康社会的伟大实践。

一、打好防范化解重大风险攻坚战

有效防范化解金融风险的意义在于让经济发展更稳健。在全面建成小康社会进程中，必然遇到这样那样的风险和考验。在我们面临的各类风险中，当前金融风险尤为突出。比如影子银行、房地产泡沫、国有企业高杠杆、地方政府债务等金融风险都不可小视，如果没有相应的防范和化解措施，就有可能发生系统性、颠覆性危机，直接威胁到经济持续健康发展。为此，习近平总书记深刻指出，金融是实体经济的血脉，为实体经济服务是金融的天职，是金融的宗旨，也是防范金融风险的根本举措。金融的发展史，就是不断改进和提升服务实体经济能力的过程。防范金融风险、维护金融安全的根本目的，就是为实体经济发展创造良好的金融环境。总体看，我国金融形势是好的，但当前和今后一个时期金融领域尚处在风险易发高发期，在国内外多重因素压力下，风险点多面广，而且呈现隐蔽性、复杂性、传染性等特点，结构失衡问题比较突出，我们既要防止"黑天鹅"事件，也要防止"灰犀牛"风险。打好防范化解金融风险攻坚战，是实现高质量发展必须跨越的重大关口。围绕供给侧结构性改革这条主线，形成金融和实体经济、金融和房地产、金融体系内部的良性循环，才能为发展迈向更高质量提供更强保障和支撑。

要把防控金融风险作为重点，服务于供给侧结构性改革这条主线，促进形成金融和实体经济、金融和房地产、金融体系内部的良性循环。对金融风险，从金融系统一端要严防严控，从实体经济一端要深化供给侧结构性改革，从房地产一端要改革完善住房制度和建立房地产市场健康发展长效机制，只有从实体经济、房地产、金融系统等几个方面系统用力，才能使宏观杠杆率得到有效控制，从根本上防控金融风险。要扎实做好重点领域风险防范和处置，坚决打击违法违规金融活动，加强薄弱环节监管制度建设。

二、打好精准脱贫攻坚战

脱贫攻坚事关全面建成小康社会，事关人民福祉，事关巩固党的执政基础，事关国家长治久安，事关我国国际形象。打好精准脱贫攻坚战的意义在于让经济发展更均衡更充分。贫困是发展不平衡不充分的集中体现，消除贫困是全面建成小康社会的底线任务和标志性指标。中共十八届五中全会指出，农村贫困人口脱贫是全面建成小康社会最艰巨的任务，也是全面建成小康社会的标志性指标。不能一边宣布全面建成了小康社会，另一边还有几千万人口的生活水平处在扶贫标准线以下，这既影响人民群众对全面建成小康社会的满意度，也影响国际社会对我国全面建成小康社会的认可度。瞄准特定贫困群众精准帮扶，向深度贫困地区聚焦发力，激发贫困人口脱贫内生动力，不仅能促进区域经济"造血微环境"的修复与形成，也有利于社会大环境的稳定与和谐。

中共十八大以来，党中央从全面建成小康社会要求出发，把脱贫攻坚工作纳入"五位一体"总体布局、"四个全面"战略布局，作为实现第一个百年奋斗目标的重点任务，作出一系列重大部署和安排，全面打响脱贫攻坚战。脱贫攻坚力度之大、规模之广、影响之深，前所未有，取得了决定性进展，显著改善了贫困地区和贫困群众生产生活条件，谱写了人类反贫困历史新篇章。[①]中国脱贫攻坚力度之大、规模之广、影响之深前所未有，精准扶贫精准脱贫取得举世瞩目的成绩，不仅对世界减贫作出巨大贡献，也为全面建成小康社会、全面建设社会主义现代化国家奠定了坚实基础。打好精准脱贫攻坚战，将会带来国民收入分配格局的重大调整，对于增强经济发展内生动力、提升劳动力素质、促进经济结构转型、推动实现平衡而充分的发展等都具有深远意义。

2015 年，中共中央、国务院发布《关于打赢脱贫攻坚战的决定》，宣布在"十三五"期间全面打响脱贫攻坚战。近年来总的要求是要保证现行标准下的脱

---

① 《习近平谈治国理政》(第三卷)，外文出版社 2020 年版，第 148 页。

贫质量，既不降低标准，也不吊高胃口。重点是瞄准特定贫困群众进行精准帮扶，向深度贫困地区聚焦发力，这是扶贫的硬骨头。要激发贫困人口内生动力，这是脱贫可持续的根本保障。要加强考核监督，不能因为中央高度重视脱贫工作，就提高扶贫标准，也不能为了早日"摘帽"，降低了扶贫质量。

2020 年 3 月 6 日，在统筹疫情防控和经济社会发展工作的关键时期，中共中央在北京召开决战决胜脱贫攻坚座谈会，习近平总书记出席并发表重要讲话。习近平总书记指出，要攻坚克难完成任务，努力克服疫情影响，多措并举巩固成果，保持脱贫攻坚政策稳定，严格考核开展普查，接续推进全面脱贫与乡村振兴有效衔接，凝心聚力打赢脱贫攻坚战，确保如期完成脱贫攻坚目标任务，确保全面建成小康社会。

2020 年 10 月 29 日，中共十九届五中全会通过了《中共中央关于制定国民经济和社会发展第十四个五年规划和二〇三五年远景目标的建议》，指出要实现巩固拓展脱贫攻坚成果同乡村振兴有效衔接。2020 年 12 月 3 日，习近平总书记主持召开中共中央政治局常务委员会，听取脱贫攻坚总结评估汇报，并发表重要讲话。习近平指出，中共十八大以来，党中央团结带领全党全国各族人民，把脱贫攻坚摆在治国理政突出位置，充分发挥党的领导和我国社会主义制度的政治优势，采取了许多具有原创性、独特性的重大举措，组织实施了人类历史上规模最大、力度最强的脱贫攻坚战。经过 8 年持续奋斗，我们如期完成了新时代脱贫攻坚目标任务，现行标准下农村贫困人口全部脱贫，贫困县全部摘帽，消除了绝对贫困和区域性整体贫困，近 1 亿贫困人口实现脱贫，取得了令全世界刮目相看的重大胜利。脱贫攻坚的重大胜利，为实现第一个百年奋斗目标打下坚实基础，极大地增强了人民群众获得感、幸福感、安全感，彻底改变了贫困地区的面貌，改善了生产生活条件，提高了群众生活质量，"两不愁三保障"全面实现。

当前，我国发展不平衡不充分的问题仍然突出，巩固拓展脱贫攻坚成果的任务依然艰巨。各地要深入贯彻落实中共十九届五中全会精神，巩固拓展脱贫攻坚成果。要保持帮扶政策总体稳定，严格落实"四个不摘"要求，保持现有帮扶政策、资金支持、帮扶力量总体稳定。要健全防止返贫监测帮扶机制，继续对脱贫县、脱贫村、脱贫人口开展监测，持续跟踪收入变化和"两不愁三保障"巩固情况，定期核查，及时发现，及时帮扶，动态清零。要持续发展壮大扶贫产业，继续加强脱贫地区产业发展基础设施建设，拓展销售渠道，创新流通方式，促进稳定销售。要做好脱贫人口稳岗就业，加大对脱贫人口职业技能培训力度，加强东西部劳务协作，鼓励支持东中部劳动密集型产业向西部地区转移。要强化易地搬迁后续扶持，完善集中安置区公共服务和配套基础设施，因地制宜在搬迁地发展产业，确保搬迁群众稳得住、有就业、逐步能致富。要加强资金资产项目管理，建立健全资产管理制度，持续发挥效益。要兜住民生底线，规范管理公益岗位，以现有社会保障体系为依托，促进弱劳力、半劳力等家庭就近就地解决就业，保障这些群众基本生活。

专栏 5-2："三区三州"与"两不愁三保障"

　　"三区三州"的"三区"是指西藏自治区和青海、四川、甘肃、云南四省藏区及南疆的和田地区、阿克苏地区、喀什地区、克孜勒苏柯尔克孜自治州四地区。"三区三州"的"三州"是指四川凉山州、云南怒江州、甘肃临夏州。"三区三州"是国家层面的深度贫困地区，80%以上区域位于青藏高原区，自然条件差、经济基础弱、贫困程度深，是国家全面建成小康社会最难啃的"硬骨头"。2017年11月，中共中央办公厅、国务院办公厅印发了《关于支持深度贫困地区脱贫攻坚的实施意见》，对深度贫困地区脱贫攻坚工作作出全面部署，提出中央统筹，重点支持"三区三州"。新增脱贫攻坚资金、新增脱贫攻坚项目、新增脱贫攻坚举措主要用于深度贫困地区。

　　"两不愁三保障"是中国在易地扶贫搬迁中提出的主要目标。"两不

愁"即不愁吃、不愁穿，"三保障"即义务教育、基本医疗、住房安全有
保障。2019 年 4 月 16 日下午，中共中央总书记、国家主席、中央军委主
席习近平在重庆主持召开解决"两不愁三保障"突出问题座谈会并发表重
要讲话。他指出，到 2020 年稳定实现农村贫困人口"两不愁三保障"，是
贫困人口脱贫的基本要求和核心指标，直接关系攻坚战质量，要求着力解
决"两不愁三保障"突出问题。

三、打好污染防治攻坚战

打好污染防治攻坚战的意义在于让经济发展更可持续。改革开放 40 多年
来，我国经济实现腾飞，但毋庸讳言，快速发展过程中以牺牲资源环境为代价
的粗放发展，给生态环境带来巨大影响，污染物排放远远超过环境容量，导致
环境质量急剧下降，一些地方蓝天难见、污水横流，土壤也遭到污染。生态环
境问题，归根到底是经济发展方式问题。发展是硬道理，绿色发展是可持续
发展的内在要求，是高质量发展的重要标志。推进绿色发展，要从源头上推动
经济实现绿色转型，走出一条经济发展与生态文明建设相辅相成、相得益彰
的新发展道路。打好污染防治攻坚战，将对形成绿色发展方式和生活方式产
生巨大推动力。绿水青山就是金山银山，保护生态环境就是保护生产力。在
污染攻坚战的过程中，诸如中央环保督察、强化督查等监管手段不断创新推
出，表面上看影响了一些企业的生产，但常态化的严格监管带来的是绿色发展
理念的强化，进而形成"良币驱逐劣币"的生动局面。同时，污染治理本身
就是一个庞大产业，巨大治理需求已成为拉动经济的新增长点。以京津冀大
气污染治理为例，据有关研究机构测算，燃煤锅炉整治、煤改气煤改电、燃
煤电厂超低排放改造三项措施对 GDP 产出拉动分别为 129 亿元、1310 亿元
和 8219 亿元。

专栏 5-3："绿水青山就是金山银山"

浙北安吉县余村，三面环山，村口一块石碑矗立，刻着"绿水青山就是金山银山"。20 世纪八九十年代，余村靠着优质的矿石资源成为安吉"首富村"，却也付出了环境污染等代价。

这不仅是余村的挑战。1949 年新中国成立以来，尤其是改革开放以来，中国经济数十年持续增长，不少地方面临资源与环境的压力，遭遇"成长中的烦恼"。

2005 年 8 月 15 日，时任浙江省委书记的习近平来到安吉余村考察，对余村主动关停矿山的做法给予高度评价，并提出"绿水青山就是金山银山"的科学论断。"两山"理论因矿而起，却早已超越了矿业，上升为治国理政的基本方略和重要国策。

"我们既要绿水青山，也要金山银山。宁要绿水青山，不要金山银山，而且绿水青山就是金山银山。"2013 年，习近平对"两山"重要思想进一步完善，阐释如何辩证看待经济社会发展（金山银山）与生态环境保护（绿水青山）的关系。

总的目标是使主要污染物排放总量大幅减少，生态环境质量总体改善。就全国而言，重点是打赢蓝天保卫战，因为雾霾是民生的最大痛点，是人民群众最关心的问题。各地区面临的突出污染问题不同，各地区要根据本地实际，突出重点，到 2020 年使本地区生态环境总体改善。打赢蓝天保卫战，要调整产业结构，淘汰落后产能；调整能源结构，要更多使用可再生能源，推进冬季清洁取暖，加大节能力度和考核；要调整运输结构，减少公路货运比重。

第五节　构筑区域协调发展与开放型经济新格局

中共十八大以来，在党的统一领导下，中国实施了一系列宏大的战略规划，对国内乃至国际经济格局进行调整，为生产力长远发展开拓空间。

一、积极推动区域协调发展

我国幅员辽阔、人口众多，各地区自然资源禀赋差别之大在世界上是少有的，统筹区域发展从来都是一个重大问题。当前，我国区域发展形势是好的，同时出现了一些值得关注的新情况新问题。一是区域经济发展分化态势明显。长三角、珠三角等地区已初步走上高质量发展轨道，一些北方省份增长放缓，全国经济重心进一步南移。2018 年，北方地区经济总量占全国的比重为 38.5%，比 2012 年下降 4.3 个百分点。各板块内部也出现明显分化，有的省份内部也有分化现象。二是发展动力极化现象日益突出。经济和人口向大城市及城市群集聚的趋势比较明显。北京、上海、广州、深圳等特大城市发展优势不断增强，杭州、南京、武汉、郑州、成都、西安等大城市发展势头较好，形成推动高质量发展的区域增长极。三是部分区域发展面临较大困难。东北地区、西北地区发展相对滞后。2012 年至 2018 年，东北地区经济总量占全国的比重从 8.7% 下降到 6.2%，常住人口减少 137 万，多数是年轻人和科技人才。一些城市特别是资源枯竭型城市、传统工矿区城市发展活力不足。总的来看，我国经济发展的空间结构正在发生深刻变化，中心城市和城市群正在成为承载发展要素的主要空间形式。我们必须适应新形势，谋划区域协调发展新思路。[①]

中共十八大以来，政府对国内区域结构进行了重构，推出了京津冀协同发

[①]《习近平谈治国理政》(第三卷)，外文出版社 2020 年版，第 269—270 页。

展、长三角一体化发展、长江经济带、粤港澳大湾区、黄河流域生态保护和高质量发展等国家级区域发展战略，并明确了各自定位。为促进京津冀协同发展，2015 年 4 月，中共中央政治局审议通过《京津冀协同发展规划纲要》；2017 年，中共中央、国务院决定设立河北雄安新区。为促进长江经济带发展，2014 年 9 月，国务院印发《关于依托黄金水道推动长江经济带发展的指导意见》；2016 年 3 月，中共中央政治局会议审议通过《长江经济带发展规划纲要》。为推进粤港澳大湾区建设，2016 年 3 月，国务院印发了《关于深化泛珠三角区域合作的指导意见》；2019 年 2 月，中共中央、国务院印发《粤港澳大湾区发展规划纲要》。2019 年 9 月，习近平总书记在河南调研期间指出，黄河流域生态保护和高质量发展，同京津冀协同发展、长江经济带发展、粤港澳大湾区建设、长三角一体化发展一样，是重大国家战略。

专栏 5-4：长三角区域一体化发展

2018 年 11 月 5 日，习近平总书记在首届中国国际进口博览会上宣布，支持长江三角洲区域一体化发展并上升为国家战略，着力落实新发展理念，构建现代化经济体系，推进更高起点的深化改革和更高层次的对外开放，同"一带一路"建设、京津冀协同发展、长江经济带发展、粤港澳大湾区建设相互配合，完善中国改革开放空间布局。

长江三角洲（简称长三角）地区是我国经济发展最活跃、开放程度最高、创新能力最强的区域之一，在国家现代化建设大局和全方位开放格局中具有举足轻重的战略地位。推动长三角一体化发展，增强长三角地区创新能力和竞争能力，提高经济集聚度、区域连接性和政策协同效率，对引领全国高质量发展、建设现代化经济体系意义重大。

2019 年 12 月，中共中央、国务院印发了《长江三角洲区域一体化发展规划纲要》。规划范围包括上海市、江苏省、浙江省、安徽省全域（面积 35.8 万平方公里）。以上海市，江苏省南京、无锡、常州、苏州、南通、扬州、镇江、盐城、泰州，浙江省杭州、宁波、温州、湖州、嘉兴、绍兴、金华、舟山、台州，安徽省合肥、芜湖、马鞍山、铜陵、安庆、滁州、池州、宣城27个城市为中心区（面积22.5万平方公里），辐射带动长三角地区高质量发展。以上海青浦、江苏吴江、浙江嘉善为长三角生态绿色一体化发展示范区（面积约2300平方公里），示范引领长三角地区更高质量一体化发展。以上海临港等地区为中国（上海）自由贸易试验区新片区，打造与国际通行规则相衔接、更具国际市场影响力和竞争力的特殊经济功能区。

按照规划要求，长三角一体化聚焦在推动形成区域协调发展新格局、加强协同创新产业体系、提升基础设施互联互通水平、强化生态环境共保联治、加快公共服务便利共享、推进更高水平协同开放、创新一体化发展体制机制以及高水平建设长三角生态绿色一体化发展示范区、高标准建设上海自由贸易试验区新片区等方面的各项工作。

改革开放40余年来，我国经历了从沿海地区率先开放到区域发展总体战略实施再到新时代推动区域协调发展的过程，这一阶段我国城镇化水平不断提高，城乡差距、区域差距也在不断缩小。中共十八大以来，国家相继出台了五大区域协调发展国家战略，涵盖我国京津冀、长江经济带、粤港澳大湾区、长三角以及黄河流域等重要经济区域和人口集中区域。在这些国家战略的推动下，新时代我国区域协调发展出现一些新的特征，包括区域政策精准化、城市接轨融合普遍化、区域协作平台多元化等。①

（一）区域政策精准度不断提升

新时代区域政策的精准度在不断提升，城市分工也在不断细化。一方面，

---

① 林永然：《新时代区域协调发展与中心城市建设》，《江汉大学学报（社会科学版）》2020年第4期。

区域政策实施的空间单元在不断缩小。中共十八大以来，党中央多次指出，要缩小政策单元，重视跨区域、次区域规划，提高区域政策精准性，并多次强调区域协调发展应当尊重城市发展规律，按照市场经济运行规律来推动区域合作。另一方面，区域功能也在不断细化。区域协调发展的一个主要障碍在于行政边界带来的跨区域合作失灵，因此通过市场的力量打破行政区划桎梏的影响、促进资源在空间的合理布局尤为重要，而实现区域功能的细化能够引导资源的流动方向，更好地发挥市场在促进区域协调发展方面的作用。

（二）接轨融合发展不断涌现

与大城市毗邻的中小城市依托大城市发展的现象正在不断涌现。对于大城市而言，由于城市规模不断扩大，导致土地资源、水资源等日趋紧张，需要通过向外疏解部分功能来促进自身转型发展；大城市周边的中小城市相对而言，城市规模偏下、科技水平较低、经济资源较少、公共服务资源较为薄弱等。因此在实际发展实践当中，中小城市通过借用大城市的科技资源、人才优势、开放平台和市场规模，能够促进本地科技研发水平的提高、创新资源的集聚、对外开放水平的提高以及产品销售渠道的通畅，从而逐步成为大城市的经济腹地。例如长三角地区的上海及其周边地区，在区域协调发展的进程中不断加强融合，一方面不断释放了上海的经济辐射带动能力以及周边城市的发展潜力，另一方面也促进了区域整体经济水平的提升。

（三）区域协作平台更加多元

长期以来在不同层面上形成的多重区域协作平台，共同推进了区域协调发展。改革开放以来，从20世纪80年代初期邓小平提出"两个大局"的区域发展战略，到省级层面上"四大板块"区域发展总体战略与京津冀协同发展等区域协调发展国家战略的叠加，再到地级市层面上的城市合作平台建设，以及当前部分地区由中心城市及周边县市共同推进的都市圈建设，区域协调发展战略在深入实施的过程中也在不断完善和拓展。首先，在大的区域板块上，几大区域发展战略之间实现了空间范围重叠和良好衔接，战略之间的叠加效应优化了区域发展格局。其次，以地级市为主体的各类经济协调会是跨区域协调发展的重要平台。改革开放以来，我国地市级层面上成立了一大批区域经济合作组织，空间范围覆盖全国各主要经济区域，在推动跨区域市场整合、打破行政区分割、推动经济横向联系方面取得了令人瞩目的成绩。随着区域协调发展的进一步深化，跨区域经济协调会的组织架构、区域协作机制等不断完善，合作内容也在不断深入。以长三角地区为例，长三角地区在省级统筹下建立起决策层、协调层和执行层三级运作机制，其中 1997 年正式成立的长三角城市经济协调会是协调层中的重要一环，以市长联席会议为主要方式进行运作，主要负责对决策层达成的共识进行安排部署和工作推进，对长三角地区城市合作起到了极大的推动作用。最后，小尺度的跨区域协作平台正在成为区域协调发展的一大着力点。随着区域协调发展政策的精准化以及功能分区的细化，小尺度的次区域协作平台作用凸显，包括都市圈建设、产业平台合作、飞地经济等，其内涵在于为劳动力、资本、技术等生产要素提供载体，便于各类要素在大城市及周边地区之间进行自由配置，进而按照市场经济规律开展组织生产和经营活动。

统筹城乡发展是党长期关注的重要问题。中共十九大报告提出实施乡村振兴战略，并提出农业农村农民问题是关系国计民生的根本性问题，必须始终把解决好"三农"问题作为全党工作重中之重。乡村振兴战略提出了总体要求，就是坚持农村优先发展，按照实现产业兴旺、生态宜居、乡风文明、治理有效、生活富裕的总要求，推动城乡一体、融合发展，推进农业农村现代化。中国正处于快速工业化和城镇化的进程中，2019 年常住人口城镇化率达到 60.60%。如何处理好城乡一体，避免其他国家城市化进程中所走过的弯路，走出中国特色社会主义的城镇化之路？近几年来，党和政府采取了一系列措施，进行了有益的探索，如提出城乡统筹、城乡一体化发展、新农村建设、美丽乡村建设、特色小镇建设等。乡村振兴战略，正是这一系列探索的集大成。

二、构建全方位开放新格局

中国提出"一带一路"倡议，进行高水平对外开放。2013年9月和10月，中国国家主席习近平在出访中亚和东南亚国家期间，先后提出共建"丝绸之路经济带"和"21世纪海上丝绸之路"的重大倡议，得到国际社会高度关注。依靠中国与有关国家既有的双多边机制，借助既有的、行之有效的区域合作平台，"一带一路"旨在借用古代丝绸之路的历史符号，高举和平发展的旗帜，积极发展与沿线国家的经济合作伙伴关系，共同打造政治互信、经济融合、文化包容的利益共同体、命运共同体和责任共同体。2015年3月28日，国家发展改革委、外交部、商务部联合发布了《推动共建丝绸之路经济带和21世纪海上丝绸之路的愿景与行动》。

"一带一路"打通了中国内陆与世界的联系，为生产力发展拓宽了外部空间，不仅为中国过剩但优质的产能打开了国际市场，缓解了转型时期经济下行的压力，也为生产力可持续发展建立了更加稳固的外部资源供给渠道。而通过"一带一路"建设，中国也以全球领先的基建技术帮助沿线国家和地区改变着落后面貌，促进了各国互连互通，使许多长期处于贫困落后、战乱纷争的地区转向和平发展、合作共赢。配合"一带一路"建设，中国自身进入了高水平对外开放阶段。一方面，降低进口关税，2018年起开始每年举办中国国际进口博览会，增加人民群众需求比较集中的特色优势产品进口。另一方面，大幅度放宽市场准入，修改外商投资法，放宽外资持股比例限制，尤其是扩大金融市场开放，加强知识产权保护。中国的高水平对外开放，在满足新时代人民对美好生活需要的同时，倒逼国内改革，提升产业竞争力，也为各国的产品出口和资本输出打开了更广阔的市场，使中国逐渐承担起了组织全球产业分工的责任，成为带动世界经济发展的重要引擎。

专栏 5-5：中国（上海）国际进口博览会

2017 年 5 月，习近平主席在首届"一带一路"国际合作高峰论坛上宣布，中国将从 2018 年起举办中国国际进口博览会。中国国际进口博览会（英文名称为 China International Import Expo，简称 CIIE 或进博会），由中华人民共和国商务部、上海市人民政府主办，旨在坚定支持贸易自由化和经济全球化、主动向世界开放市场。中国国际进口博览会在全球博览会中是以进口为主题的唯一的国家级的博览会，是国际贸易史上的一大创举，也是中国主动对世界开放市场的一个重要举措。中国国际进口博览会的举办日期为每年 11 月 5 日—11 月 10 日，举办地为中国上海。举办中国国际进口博览会，是中国着眼于推进新一轮高水平对外开放作出的重大决策，是中国主动向世界开放市场的重大举措，有助于促进中国经济高质量发展，更好满足人民美好生活需要。

2018 年首届中国国际进口博览会、2019 年第二届中国国际进口博览会在国家会展中心（上海）举行，中国国家主席习近平两次出席开幕式并发表主旨演讲。

同时，中国设立自由贸易试验区，进一步探索开放型经济新体制。2013 年 3 月底，国务院总理李克强在上海调研期间考察了位于浦东的外高桥保税区，并表示鼓励支持上海积极探索，在现有综合保税区基础上，研究如何试点先行在 28 平方公里内建立一个自由贸易园区试验区，进一步扩大开放，推动完善开放型经济体制机制。2013 年 9 月 29 日中国第一个自由贸易试验区即中国（上海）自由贸易试验区正式成立。至 2019 年 8 月，中国已经先后分多批次在上海、广东、天津、福建、辽宁、浙江、河南、湖北、重庆、四川、陕西、海南、山东、江苏、广西、河北、云南、黑龙江批准设立了 18 个自贸试验区，构成"1+3+7+1+6"的布局，初步形成了东西南北中协调、陆海统筹的开放态势，推动形成了我国新一轮全面开放格局。2019 年 8 月 6 日，国务院印发了《中国（上海）自由贸易试验区临港新片区总体方案》（以下简称《方案》），并同时发布了《国务院关于同意设立中国（上海）自由贸易试验区临港新片区的批复》，上海自贸试验区再一次扩容。早在 2014 年 12 月，上海自贸试验区就实施了第一次扩容，面积由最初的 28.78 平方公里扩展到 120.72 平方公里。自贸试验区首度扩容之后，新增企业数量等快速增加。据统计，截至 2018 年 6 月底，上海自贸试验区累计新设企业逾 5.5 万户，是前 20 年同一区域设立企业数的 1.5 倍。新设企业中，外资企业占比从挂牌初期的 5% 上升到目前的 20% 左右。而根据规划，临港新片区到 2035 年，区域生产总值将超过 1 万亿元，相当于再造一个目前的浦东新区。由此可以看出，自贸试验区扩容的经济集聚效应十分显著。值得关注的是，此次上海自贸试验区扩容，是在国际贸易保护主义不断抬头、中国对外贸易形势面临诸多不确定性情况下正式出台的。这被视为进一步强调中国对外开放的决心，并尽快形成全面开放新格局而落下的实招。

第六节　推动构建新发展格局

2020 年一季度以来，面对突如其来的新冠肺炎疫情，世界经济面临严峻的下行压力，不确定性因素明显增多，我国经济社会发展也受到了前所未有的冲击。在当前统筹疫情防控和经济社会发展的过程中，党中央和各地方出台了一系列措施促进"六稳"、实现"六保"，这些政策措施以应急、稳定、救助为主，包括加大对中小微企业的金融扶持力度、实行阶段性减税降费、加快推动企业复工复产，加强对困难群体的救助和重点群体就业等。从长期来看，推动我国经济高质量发展是建设现代化经济体系的核心目标，必须不断释放结构性动能，提升经济社会发展的协调性和韧性，推动经济高质量发展。

专栏 5-6："六稳""六保"

"六稳"：稳就业、稳金融、稳外贸、稳外资、稳投资、稳预期工作。

"六保"：保居民就业、保基本民生、保市场主体、保粮食能源安全、保产业链供应链稳定、保基层运转。

2020 年 4 月 10 日，习近平总书记在中央财经委员会第七次会议上发表重要讲话，重点指出要坚定实施扩大内需战略。[①]构建完整的内需体系，关系我国长远发展和长治久安。改革开放特别是加入世贸组织后，我国加入国际大循环，形成了市场和资源（如矿产资源）"两头在外"、形成"世界工厂"的发展模式，对我国抓住经济全球化机遇、快速提升经济实力、改善人民生活发挥了重要作用。近几年，经济全球化遭遇逆风，新冠肺炎疫情可能加剧逆全球化趋势，各国内顾倾向明显上升，我国发展面临的外部环境可能出现重大变化。实施扩大内需战略，是当前应对疫情冲击的需要，是保持我国经济长期持续健康发展的需要，也是满足人民日益增长的美好生活的需要。

大国经济的优势就是内部可循环。我国有 14 亿人口，人均国内生产总值已经突破 1 万美元，是全球最大最有潜力的消费市场。居民消费优化升级，同现代科技和生产方式相结合，蕴含着巨大增长空间。我们要牢牢把握扩大内需这一战略基点，使生产、分配、流通、消费各环节更多依托国内市场实现良性循环，明确供给侧结构性改革的战略方向，促进总供给和总需求在更高水平上实现动态平衡。扩大内需和扩大开放并不矛盾。国内循环越顺畅，越能形成对全球资源要素的引力场，越有利于构建以国内大循环为主体、国内国际双循环相互促进的新发展格局，越有利于形成参与国际竞争和合作新优势。

2020 年 5 月 14 日，习近平总书记主持召开中央政治局常委会会议并发表重要讲话，提出要"构建国内国际双循环相互促进的新发展格局"。会议指出，

---

① 习近平：《国家中长期经济社会发展战略若干重大问题》，《求是》2020 年第 21 期。

要深化供给侧结构性改革，充分发挥我国超大规模市场优势和内需潜力，构建国内国际双循环相互促进的新发展格局。2020年5月23日，习近平总书记看望了参加全国政协十三届三次会议的经济界委员，并参加联组会，听取意见和建议。他强调，要坚持用全面、辩证、长远的眼光分析当前经济形势，努力在危机中育新机，于变局中开新局。面向未来，我们要把满足国内需求作为发展的出发点和落脚点，加快构建完整的内需体系，逐步形成以国内大循环为主体、国内国际双循环相互促进的新发展格局，培育新形势下我国参与国际合作和竞争新优势。2020年7月21日，习近平总书记在主持召开的企业家座谈会上强调，要"逐步形成以国内大循环为主体、国内国际双循环相互促进的新发展格局"。2020年7月30日，中共中央政治局会议进一步明确"加快形成以国内大循环为主体、国内国际双循环相互促进的新发展格局"。在2020年8月24日召开的经济社会领域专家座谈会上，习近平总书记再次强调要"以畅通国民经济循环为主构建新发展格局"。推动形成以国内大循环为主体、国内国际双循环相互促进的新发展格局是根据我国发展阶段、环境、条件变化提出来的，是重塑我国国际合作和竞争新优势的战略抉择。

从"维护产业链供应链稳定"到"构建国内国际双循环相互促进的新发展格局"，反映了党中央对新冠肺炎疫情给我国经济社会带来的影响的认识不断深化。面对疫情冲击，我国经济展现出巨大韧性，复工复产复市步伐迅速，应对疫情催生并推动了许多新产业新业态快速发展。从市场环境来看，我国市场规模和消费潜力巨大，营商环境也在不断优化；从产业发展基础来看，我国工业门类齐全、配套能力较强、基础设施水平较好，经济整体韧性较强，具有很强的内生增长动力和发展活力，这些都为我国推动构建新发展格局奠定了基础。

《中共中央关于制定国民经济和社会发展第十四个五年规划和二〇三五年远景目标的建议》指出，要"形成强大国内市场，构建新发展格局"。构建新发展格局要坚持扩大内需这个战略基点，加快培育完整内需体系，把实施扩大内需战略同深化供给侧结构性改革有机结合起来，以创新驱动、高质量供给引领和创造新需求。在构建新发展格局的过程中，既需要畅通国内大循环，又需要促进国内国际双循环，还要全面促进消费，不断拓展投资空间。"双循环"新发展格局中"以国内大循环为主体"，要求我们把经济高质量发展的立足点主要放在国内；"国内国际双循环相互促进"，则要求我们在发展好内循环的同时更要主动引领、积极参与更高层次和水平的国际交流与合作。这也为我国"十四五"时期乃至更长时期经济高质量发展指明了方向。

改革开放以来，我国形成了较为齐全的人力资源、技术创新、产业发展、市场经济等有助于促进形成国内经济大循环的条件；同时，近几年来，内需已经成为我国经济增长的重要驱动力，国内需求对经济增长的拉动力不断提升，因此推动国内国际双循环新发展格局是适应我国经济发展阶段和社会主要矛盾转变、世界百年未有之大变局以及我国经济发展条件和比较优势变化的客观要求，是当前和未来较长时期我国经济发展的战略方向。然而，也需要看到，新发展格局决不是封闭的国内循环，而是开放的国内国际双循环。这是因为，我国在世界经济中的地位将持续上升，同世界经济的联系会更加紧密，为其他国家提供的市场机会将更加广阔，成为吸引国际商品和要素资源的巨大引力场。

第七节　解放和发展生产力：中国共产党百年经济建设主线

一百年来，中国人民在中国共产党的领导下，经历了由"站起来"到"富起来"、再到"强起来"的三次历史性飞跃，而这三次历史性飞跃，也是解放和发展生产力的飞跃。中国选择社会主义并在实践中不断创新和发展，根本原因就在于中国共产党始终不渝地以解放和发展生产力为最根本任务。中国已经由一个落后的农业国，转变为工业门类最齐全的世界第一制造业大国，进入了中国特色社会主义新时代，并正在向着社会主义现代化强国迈进。贯穿这个伟大历史进程的主线和亮点，就是中国共产党始终以解放和发展生产力为最根本任务。

旧中国半殖民地半封建的社会性质，严重束缚了生产力发展。1921 年中国共产党的成立改变了中国民主革命的领导力量，中国的民主革命从此开始沿着彻底解放社会生产力的道路发展。土地改革解放了农业生产力，创造了农业经济恢复发展的奇迹。历史上，长期战乱后的农业恢复往往需要 30 年左右的时间，而新中国只用了 3 年，就使农业生产力基本恢复到历史最高水平。并且，没收官僚资本和民主改革解放了城市生产力。

国防安全和经济发展的客观需要，促使中国选择了优先发展重工业的工业化战略。伴随"一五"计划的实施，中国建立了单一公有制的计划经济体制，从而在确保人民基本生活的前提下，集中资源进行工业化建设，一举跳出了"贫困陷阱"，为生产力加速发展奠定了坚实基础。计划经济时期，尽管经济发展存在起伏大、效益低、农轻重失衡等现象，但是生产力水平仍然取得了较大提高。

中共十一届三中全会前后，以邓小平为主要代表的中国共产党人反思新中国成立以来的经验教训，认识到社会主义最根本的任务是发展生产力，开始通过改革来解放和发展生产力。尽管一度遭遇挫折徘徊，但中国仍然坚持了"以经济建设为中心"的基本路线和"发展是硬道理"的思想，通过深化改革和扩大开放走出一条中国特色社会主义道路，推动生产力发展取得了举世瞩目的成就。改革开放以来，中国实施以外延型扩张为主的快速工业化，到 20 世纪末即提前实现了小康目标。但是资源和环境对进一步发展的约束也越来越大，中国的生产力能否实现可持续的快速提高被提上经济发展的日程。中国共产党从 20 世纪 90 年代就开始探索"可持续发展"问题，保证生产力可持续发展。

中共十八大以来，中国经济由高速度增长阶段向高质量发展阶段转变。面对转型升级的严峻挑战，以习近平同志为核心的党中央审时度势，提出了"五位一体"总体布局和"四个全面"战略布局，凝聚全社会力量，调动最广泛积极性，共同为生产力发展扫清障碍、创造条件，推动生产力发展进入新时代。

中央作出经济发展进入新常态的判断，提出以"去产能、去库存、去杠杆、降成本、补短板"为主要任务的供给侧结构性改革，提出创新驱动发展战略，培育新型发展方式，实施了自由贸易试验区、雄安新区、"一带一路"等一系列宏大的规划，对国内乃至国际经济格局进行调整，为生产力长远发展开拓空间。中国经济保持了6.5%以上的中高速增长，稳居世界第二并持续缩小与第一位的差距。

根据马克思主义唯物史观和社会形态演进理论，中国可以通过社会革命跨过资本主义的"卡夫丁峡谷"，但是不能依靠社会革命跨过工业化这个生产力发展的重要阶段。因此，中国共产党建党一百年来，特别是新中国成立以后，中国共产党实际上面临着最紧迫的双重任务：一是要实现什么样的发展，怎样实现发展；二是在经济落后的条件下什么是社会主义，怎样建设社会主义。而这背后的逻辑则是社会主义应该拥有比资本主义国家更高的生产力水平，社会主义的优越性就是体现在可以比资本主义更快地发展生产力。这是中国共产党建设新中国的逻辑起点，也是始终不渝追求的目标。中国之所以能够走上社会主义道路，并形成中国特色社会主义，都是与这个逻辑和目标分不开的。中国共产党的"两个一百年"奋斗目标和十九大提出的新"三步走"规划，继续将生产力的发展放在第一位和作为最主要衡量指标。中国共产党成立一百年来，特别是新中国成立后的生产力发展成就向世界证明了：在从农业文明向工业文明的转变过程中，并不是只有资本主义一条道路；衡量经济体制和上层建筑的好坏，最根本的标准便是是否更有利于社会生产力的发展，而生产力的发展是人类社会进步的根本动力。

附录 中国共产党百年经济建设思想重要活动及文献节点

1921 年 7 月　中国共产党成立。

1928 年 12 月　毛泽东等共产党人制定并颁布了《井冈山土地法》。

1931 年 12 月　中华苏维埃第一次全国代表大会上通过了《中华苏维埃共和国劳动合同》。

1949 年

9 月 21 日　中国人民政治协商会议第一届全体会议召开。

10 月 1 日　毛泽东在北京天安门城楼上宣告中华人民共和国中央人民政府成立。

1950 年 6 月　《中华人民共和国土地改革法》正式公布实行。

1953 年 12 月　中共中央通过了《关于发展农业生产合作社的决议》。

1954 年 2 月　中共七届四中全会通过决议，正式批准了中央政治局提出的党在过渡时期的总路线。

1956 年 4 月　毛泽东在中共中央政治局扩大会议上作《论十大关系》的报告。

1956 年 9 月　中共八大召开。

1957 年底　第一个五年计划的各项指标均大幅度地超额完成。

1965 年　国民经济调整任务全面完成。

1966 年

1 月 28 日　中共中央指出，实行计划生育是一件极为重要的大事。同日，我国导弹核武器试验成功。

2 月 19 日　毛泽东指出，用 25 年时间基本上实现农业机械化。

2 月 21 日　中共中央界定增加对资本主义国家出口。

3 月 4 日　贵昆铁路比原计划提前 9 个月接轨。

5 月 3 日　我国第一批"红旗"高级轿车出厂。

10 月 8 日　我国制成第一批 10 万千瓦水轮发电机组。

10 月 15 日　中国出口商品交易会在广州开幕。

12 月 23 日　我国在世界上第一次人工合成结晶胰岛素。

1967 年

1 月 5 日　我国石油产品品种和数量自给自足，勘、采、炼技术登上世界高峰。

1 月 16 日　我国第一台载重 150 吨中型平板车造成。

6 月 17 日　我国第一颗氢弹爆炸成功。

7 月 1 日　成昆铁路建成通车。

7 月 26 日　我国第一台 100 吨矿山铁路自翻车研制成功。

9 月 5 日　我国援助赞比亚政府无息贷款修建坦赞铁路。

10 月 5 日　我国第一台晶体管大型数字计算机研制成功。

10 月 15 日　我国第一台自动化立体摄影机研制成功。

11 月 29 日　我国最大的无线电望远镜安装调试成功。

1968 年

1 月 8 日　我国第一艘万吨巨轮"东风"号建成。

2 月 23 日　我国特大型轴承制成。

4 月 15 日　根治淮北平原涝灾的大型水利工程——新汴河工程开工。

9 月 3 日　我国研制成第一批液压传动内燃机车。

11 月 20 日　万吨远洋巨轮"高阳"号下水。

12 月 25 日　富春江大型水电站建成发电。

12 月 28 日　我国成功进行一次新的氢弹试验。

1969 年

2 月 21 日　《人民日报》宣布，截至 1968 年底，我国国内公债已全部还清，我国已经成为世界上既没有内债、又没有外债的强大的独立的社会主义国家。

4 月 2 日　第一艘万吨油轮"大庆 27 号"下水。

5 月 5 日　我国研制成具有独特疗效的抗菌素"庆大霉素"。

6 月 13 日　决定在上海、天津、大连 6 个船厂新建 8 个万吨级船台。

7 月 8 日　十年时间建成河南红旗渠。

9 月 13 日　丹江变电工程提前完成。

9 月 25 日　药品大幅度降价，比年初降低 37％，比 1950 年降低 80％。

9 月 26 日　无偿援助越南 5.56 亿元。

9 月 30 日　北京燕山炼油厂全部建成投产。

9 月 30 日　我国第一台十二万五千千瓦双水内冷气轮发电机组建成，标志我国奠基制造业进入一个新的阶段。

10 月 3 日　我国第一台 5000 马力液力传动内燃机车诞生。

10 月 4 日　我国第一座旋转氧气转炉投入生产。

10 月 28 日　加速建设第二汽车厂。

11 月 14 日　加速建设攀枝花钢铁基地。

1970 年

4 月 26 日　我国成功发射第一颗人造地球卫星。

6 月 1 日　各地新建一大批化肥厂。

7 月 17 日　农村中小型水电站装机容量相当于过去 20 年的两倍。

10 月 16 日　大型现代化露天煤矿——新疆哈密矿务局露天煤矿投产。

10 月 17 日　中国全面援助朝鲜 13.14 亿元。

12 月 25 日　葛洲坝一期工程开工。

1971 年

1 月 2 日　我国轻工业形成比较完整的体系。

3 月 3 日　我国成功发射第一颗科学实验人造地球卫星。

5 月 15 日　开展工业学大庆。

6 月 27 日　第一艘两万吨货轮"长风"号下水。

7 月 8 日　转发关于做好计划生育的工作报告。

9 月 27 日　我国无偿援助越南 36.14 亿元。外援金额 70 亿元，是新中国成立以来最多的一年。

10 月 2 日　追加基本建设投资 51 亿元。

10 月 25 日　联合国恢复中国合法席位。

11 月 18 日　新华社报道，全国建成 1800 多座小水泥厂。

11 月 18 日　西部地区进行了一次新的核试验。

12 月 7 日　新华社报道，全国年度水利建设 50 亿立方米，增加农田 3000 万亩。

1972 年

1 月 13 日　从国外引进化肥、化纤成套设备 8 套，以后又提出引进 43 亿美元成套设备和单机的方案（即四三方案）。

1 月 28 日　解放军落实五七指示，发展农副业生产，许多部队做到肉菜自给。

2 月 21 日　毛泽东会见尼克松，双方同意互相发展贸易。

5 月 13 日　新华社报道，我国电子工业进一步发展，1971 年收音机产量相当于 1965 年的 4 倍。

8 月 21 日　从联邦德国、日本进口一米七轧机，建在武汉钢铁公司，另有设备在北京、上海、四川、唐山。

9月10日　40万个知识青年到农村和边疆安家落户。

10月13日　连接中南和西南地区的重要干线湘黔铁路通车。

12月26日　我国第一辆载重300吨的大平板车问世。

1973年

1月2日　国家计委提出进口43亿美元国外设备的方案。

2月13日　新华社报道，1972年是新中国成立以来电力发电站装机最多的一年。

3月7日　新华社报道，我国发展组合机床取得显著成就。

3月20日　部分企业和县社试办出口工业品专厂、专车间、出口农副土特产生产基地。

4月10日　决定建设邯邢钢铁、煤炭基地。

4月15日　春季广交会开幕，与我国发展贸易的国家和地区达140多个。

5月4日　中国日本共同投资施工建设中日海底电缆。

6月18日　国际大米价格上升，中国增加出口100万吨大米换回小麦。

6月28日　我国成功进行了一次氢弹试验。

7月16日　成立计划生育领导小组。

8月1日　新华社报道，夏粮丰收，这是新中国成立以来第二个大丰收年。

8月5日　全国环保会议召开，制定《关于保护和改善环境的若干规定》。

8月27日　我国第一台百万次集成电路电子计算机研制成功。

9月3日　我国第一台天文测时、测纬光电等高仪研制成功。

9月12日　新华社报道，全国钻井进尺和建设投产的油井生产能力创历史同期最高纪录。

9月26日　国务院重申对外贸易的重要原则。

9月30日　新华社消息，我国化肥产量比1965年增加一倍以上。

10月25日　西藏发现几十种有色金属、稀有金属和非金属矿产。

11月1日　新华社报道，几十座大中型水电站建成投产，小型水电站5万多个，遍及全国。

11 月 8 日 西藏军区在海拔 3800 米高寒地区大规模种植冬小麦丰收。这是西藏历史上农业发展的重要变革。

11 月 13 日 国务院转批环境保护若干规定。

12 月 20 日 新华社报道，中国航空线 80 多条，连接全国 70 多个城市，与 100 多个外国航空公司建立业务往来。

12 月 22 日 新华社报道，5 年来，800 多万个知识青年上山下乡。

12 月 26 日 新华社报道，同我国有贸易关系的国家和地区增加到 150 多个，其中 50 多个国家同我国签订了贸易协议。

1974 年

1 月 12 日 为在 20 世纪内实现毛泽东主席提出的用几个五年计划时间赶上和超过世界水平的战略思想，国家计委提出《关于拟定长远计划的报告》。

1 月 21 日 国务院要求狠抓计划用粮、节约用粮、严格控制粮食销量等四点要求。

1 月 22 日 国务院提出在今后三五年内，从国外进口一批大型化学肥料、化学纤维和连续式钢板轧机等设备。

1 月 30 日 国务院批示防止沿海水域污染。

2 月 17 日 新华社报道，胜利油田上年创年钻井进尺 150105 米的全国石油钻井最高纪录。

2 月 19 日 新华社报道，我国农村掀起农田基本建设新高潮。

2 月 24 日 汉江丹江口水利枢纽初期工程建成。

3 月 23 日 我国西南交通干线成昆铁路建成。

3 月 30 日 地热发电站在河北怀涞建成。

4 月 2 日 我国第一艘二万五千吨级的浮船坞"黄山号"建成。

4 月 15 日 第三十五届广交会开幕，规模为历届之最。

4 月 30 日 我国第一台医用电子感应加速器研制成功。

5 月 15 日 华北滨海地区又建立起一个新油田——大港油田。

7 月 17 日 我国冬小麦产区推广优良品种，占全国小麦播种面积的 80%以上。

8 月 9 日 伞式太阳炉研制成功。

9 月 12 日 国家计委提出增加石油、棉花、部分钢材、化肥进口。

9 月 12 日 我国第一个 5 万吨级码头建成。

9 月 15 日 黄河青铜峡水利枢纽建成。

9 月 30 日 新华社报道，大型油田——胜利油田建成。

10 月 3 日 我国最大竖井钻井研制成功。

10 月 23 日 新华社报道，我国地方小煤矿去年产量比 1965 年增长两倍多，占全年 28%。

10 月 26 日 无偿援助越南 11.17 亿元物资。

12 月 19 日 三门峡水电站建成。

12 月 27 日 新华社报道，大庆至秦皇岛输油管道建成。

1975 年

1 月 13 日 周恩来提出，20 世纪末，全面实现农业、工业、国防和科学技术现代化，我国国民经济走在世界前列。

1 月 14 日 新华社报道，四川省开发天然气取得新成就。

1 月 15 日 新华社报道，我国红麻、黄麻实现自给自足。

1 月 25 日 降低半导体收音机零售价格。

2 月 3 日 景山发电厂首次应用电子计算机控制 10 万千瓦燃煤汽轮发电机组成功。

2 月 4 日 我国最大的水电站——刘家峡水电站建成。

3 月 29 日 高能加速器研制列入国家重点科研项目。

5 月 30 日 我国第一次发现古生界地层油田。

5 月 31 日 国务院界定出口黄金，引进铜、铝、橡胶、涤纶等原料。

7月5日　我国第一条电气化铁路——宝成铁路建成。

7月8日　秦皇岛至北京输油管道建成。

7月19日　新华社报道，我国化肥产量显著提高，上半年增产的化肥可增产粮食100多亿斤或3000多万担棉花。

7月28日　新华社报道，全国铁路上半年货运量创历史同期最高水平。

8月19日　无偿援助柬埔寨6亿元物资。

9月1日　新华社报道，我国早稻丰收，单产、总产创历史最高水平。

9月3日　新华社报道，截至1974年底，我国小水电发电量占总量的三分之一。

9月14日　新华社报道，一亿只广播喇叭连接千村万户。

10月7日　水稻培育出新品种，亩产达千斤左右。

10月27日　我国成功进行一次核试验。

11月17日　我国原盐丰收，创历史最好水平。

11月26日　我国成功发射回收式地球卫星。

12月24日　焦枝铁路通车。

12月29日　新华社报道，我国农业连续13年全面丰收。

1976年

1月8日　周恩来逝世。

1月21日　又一艘万吨级浮船坞"华山号"研制成功。

3月13日　大型火力发电厂莱芜电厂投入生产。

3月22日　邮电部门发展传真通讯技术。

4月21日　京沪杭载波电缆投产。

4月24日　6011米超深井打成。

5月1日　从事海洋地质调查工作的人数比1965年增加7.5倍，调查工作发展到黄海、东海和南海。

5月12日　邮电职工建成全国微波通信干线。

6月6日　第一座现代化10万吨深水油港大连新港建成。

6月29日　上海黄浦江上第一座公路、铁路双层铁轨建成通车。

7月6日　朱德逝世。

7月6日　人工培植的小黑麦在我国西南、西北、华北推广。

7月6日　滇藏公路建成通车。

7月22日　新华社报道，全国夏粮总产量创历史新水平。

7月23日　沿海铁路干线津沪复线工程提前接轨。

8月7日　北京至山海关铁路修复。

8月23日　第一艘五万吨级远洋油轮"西湖号"在大连下水。

9月9日　毛泽东逝世。

11月16日　新华社报道，全国80％以上的县建立水泥厂，产量比1965年增长4.1倍。

12月10日　江南9省已探明的煤炭储量比"文化大革命"前增长了2倍。

12月11日　大型通用集成电路电子计算机研制成功。

1977年8月　中共十一大召开，提出建设社会主义现代化强国任务。

1978年5月　《光明日报》发表《实践是检验真理的唯一标准》。

1978年12月　中共十一届三中全会召开。

1981年　创办经济特区。

1984年10月　中共十二届三中全会通过《关于经济体制改革的决定》。

1986年3月　中共中央、国务院批准启动"863计划"。

1987年10月　中共十三大召开，提出"三步走"发展战略。

1988年4月　七届全国人大一次会议通过设立海南省和建立海南经济特区的决定。

1990年4月　中共中央、国务院决定在上海浦东实行经济技术开发区和某些经济特区的政策。

1992年1月至2月　邓小平发表南方谈话。

1992 年 10 月　中共十四大召开，明确我国经济体制改革的目标是建立社会主义市场经济体制。

1993 年 11 月　中共十四届三中全会通过《关于建立社会主义市场经济体制若干问题的决定》。

1993 年 6 月　中共中央、国务院下发《关于当前经济情况和加强宏观调控的意见》。

1994 年 3 月　我国发表《中共 21 世纪人口、环境和发展白皮书》，明确提出中国将实施可持续发展战略。

1995 年 5 月　中共中央、国务院作出《关于加速科学技术进步的决定》，正式提出科教兴国战略。

1997 年 7 月　香港交接仪式举行。

1997 年 9 月　中共十五大召开。

1999 年 9 月　中共十五届五中全会提出，"国家要实施西部大开发战略"。

1999 年 12 月　澳门交接仪式举行。

2000 年 2 月　以江泽民同志为核心的党中央提出"三个代表"重要思想。

2001 年

1 月 8 日—9 日　国务院召开全国旅游发展工作会议。

2 月 9 日　国务院作出《关于 2000 年度国家科学技术奖励的决定》，自 2000 年起设立国家最高科学技术奖。

2 月 27 日　博鳌亚洲论坛成立大会在海南博鳌举行。

5 月 24 日—25 日　中央扶贫开发工作会议举行。会议指出，党中央、国务院确定的在 20 世纪末基本解决农村贫困人口温饱问题的战略目标已基本实现。6 月 13 日，国务院印发《中国农村扶贫开发纲要（2001—2010 年）》。

6 月 15 日　中国、俄罗斯、哈萨克斯坦、吉尔吉斯斯坦、塔吉克斯坦、乌兹别克斯坦 6 国元首共同签署《上海合作组织成立宣言》，在中国、俄罗斯、哈萨克斯坦、吉尔吉斯斯坦、塔吉克斯坦 5 国元首会晤机制基础上正式建立上海合作组织，并将我国提出的以互信、互利、平等、协商、尊重多样文明、谋求共同发展为基本内容的"上海精神"写入成立宣言。

6月29日　青藏铁路开工典礼在青海格尔木和西藏拉萨同时举行。

7月1日　江泽民同志在庆祝中国共产党成立80周年大会上发表讲话，总结党80年来的奋斗业绩和基本经验，阐述了"三个代表"重要思想。他强调，改革开放以来，我国的社会阶层构成发生了新的变化，出现了民营科技企业的创业人员和技术人员、受聘于外资企业的管理技术人员、个体户、私营企业主、中介组织的从业人员、自由职业人员等社会阶层。他们也是中国特色社会主义事业的建设者。

10月21日　亚太经合组织第九次领导人非正式会议在上海举行。江泽民同志主持会议并讲话指出，只有使国际社会的广大成员都受益，经济全球化才能顺利地推进，世界经济才能持续稳定地发展。

11月10日　在卡塔尔首都多哈举行的世界贸易组织第四届部长级会议以全体协商一致的方式，审议并通过中国加入世界贸易组织的决定。12月11日，中国正式成为世界贸易组织成员，中国对外开放进入新的阶段。

2002年

7月4日　西气东输一线工程（新疆轮南至上海）开工典礼举行。此后又建设了西气东输二线工程、三线工程。

9月12日　江泽民同志在全国再就业工作会议上讲话，提出就业是民生之本。30日，中共中央、国务院发出《关于进一步做好下岗失业人员再就业工作的通知》，确立了积极就业政策的基本框架。

10月19日　中共中央、国务院作出《关于进一步加强农村卫生工作的决定》。到2008年6月底，新型农村合作医疗制度覆盖到全国31个省、自治区、直辖市。

11月8日—14日　中国共产党第十六次全国代表大会举行。大会通过的报告《全面建设小康社会，开创中国特色社会主义事业新局面》，提出全面建设小康社会的奋斗目标，阐述全面贯彻"三个代表"重要思想的根本要求。大会通过《中国共产党章程（修正案）》，把"三个代表"重要思想同马克思列宁主义、毛泽东思想、邓小平理论一道确立为党的指导思想并载入党章。

11月15日 中共十六届一中全会选举胡锦涛同志为中央委员会总书记。

12月5日—6日 胡锦涛同志带领中共中央书记处成员到河北省平山县西柏坡学习考察，重温毛泽东关于"两个务必"的重要论述。

12月27日 南水北调工程开工典礼在北京人民大会堂和江苏省、山东省施工现场同时举行。2013年11月15日，南水北调东线一期工程正式通水。2014年12月12日，南水北调中线一期工程正式通水。

2003年

1月8日 胡锦涛同志在中央农村工作会议上讲话指出，必须统筹城乡经济社会发展，把解决好农业、农村和农民问题作为全党工作的重中之重，放在更加突出的位置；要坚持"多予、少取、放活"的方针，发挥城市对农村带动作用，实现城乡经济社会一体化发展。16日，中共中央、国务院发出《关于做好农业和农村工作的意见》。

3月3日—14日 全国政协十届一次会议举行。会议选举贾庆林同志为全国政协主席。

3月5日—18日 十届全国人大一次会议举行。会议选举胡锦涛同志为国家主席，吴邦国同志为全国人大常委会委员长，决定温家宝同志为国务院总理。

春 我国遭遇一场过去从未出现过的非典型肺炎重大疫情。全党全国人民在党中央、国务院的坚强领导下，坚持一手抓防治"非典"，一手抓经济建设，夺取了防治"非典"工作的重大胜利。7月28日，胡锦涛同志在全国防治非典工作会议上讲话，提出从长远看要进一步研究并切实抓好经济社会协调发展。

6月29日 内地与香港签署《内地与香港关于建立更紧密经贸关系的安排》。

8月28日—9月1日 胡锦涛同志在江西考察工作期间明确提出"科学发

展观"这一概念，指出要牢固树立协调发展、全面发展、可持续发展的科学发展观。

10 月 5 日　中共中央、国务院印发《关于实施东北地区等老工业基地振兴战略的若干意见》。

10 月 14 日　中共十六届三中全会通过《关于完善社会主义市场经济体制若干问题的决定》，明确完善社会主义市场经济体制的主要任务，提出坚持以人为本，树立全面、协调、可持续的发展观，促进经济社会和人的全面发展。

10 月 15 日—16 日　神舟五号载人飞船成功升空并安全返回，首次载人航天飞行获得圆满成功，中国成为世界上第三个独立掌握载人航天技术的国家。

10 月 17 日　内地与澳门签署《内地与澳门关于建立更紧密经贸关系的安排》。

12 月 19 日　胡锦涛同志在全国人才工作会议上讲话指出，落实好人才强国战略，必须树立适应新形势新任务要求的科学人才观，使我国由人口大国转化为人才资源强国。26 日，中共中央、国务院作出《关于进一步加强人才工作的决定》。

12 月 31 日　中共中央、国务院印发《关于促进农民增加收入若干政策的意见》。

2004 年

1 月 5 日　中共中央印发《关于进一步繁荣发展哲学社会科学的意见》。

3 月 10 日　胡锦涛同志在中央人口资源环境工作座谈会上讲话，全面阐述科学发展观的深刻内涵和基本要求。

11 月 7 日　中共中央印发《关于在全党开展以实践"三个代表"重要思想为主要内容的保持共产党员先进性教育活动的意见》。

11 月 8 日　中共中央办公厅、国务院办公厅印发《关于进一步加强互联网管理工作的意见》。

2005 年

2 月 19 日　国务院印发《关于鼓励支持和引导个体私营等非公有制经济发

展的若干意见》，从放宽非公有制经济市场准入、加大对非公有制经济的财税金融支持等方面提出 36 项政策措施。

5 月 31 日　中共中央、国务院作出《关于进一步加强民族工作加快少数民族和民族地区经济社会发展的决定》。

7 月 21 日　经国务院批准，中国人民银行宣布：自当日起，我国开始实行以市场供求为基础、参考一篮子货币进行调节、有管理的浮动汇率制度。人民币汇率形成更富弹性的汇率机制。

12 月 23 日　中共中央、国务院印发《关于深化文化体制改革的若干意见》。

12 月 29 日　十届全国人大常委会第十九次会议决定，全国人大常委会于 1958 年 6 月 3 日通过的《中华人民共和国农业税条例》自 2006 年 1 月 1 日起废止。在中国延续两千多年的农业税正式成为历史。

12 月 31 日　中共中央、国务院印发《关于推进社会主义新农村建设的若干意见》，指出要按照"生产发展、生活宽裕、乡风文明、村容整洁、管理民主"的要求，协调推进农村经济建设、政治建设、文化建设、社会建设和党的建设。

2006 年

1 月 26 日　中共中央、国务院作出《关于实施科技规划纲要增强自主创新能力的决定》，提出增强自主创新能力，努力建设创新型国家。

1 月 31 日　国务院印发《关于解决农民工问题的若干意见》，指出要逐步建立城乡统一的劳动力市场和公平竞争的就业制度，保障农民工合法权益的政策体系和执法监督机制，惠及农民工的城乡公共服务体制和制度。

4 月 15 日　中共中央、国务院印发《关于促进中部地区崛起的若干意见》。

同日　中共中央台办受权宣布和通报大陆方面将进一步采取的促进两岸交流合作、惠及台湾同胞的 15 项政策措施。

7 月 1 日　青藏铁路全线建成通车。

10 月 11 日　中共十六届六中全会通过《关于构建社会主义和谐社会若干重大问题的决定》，指出社会和谐是中国特色社会主义的本质属性，强调要按照民主法治、公平正义、诚信友爱、充满活力、安定有序、人与自然和谐相处的总要求，构建社会主义和谐社会，推动社会建设与经济建设、政治建设、文化建设协调发展。

11 月 4 日—5 日　中非合作论坛北京峰会举行。峰会通过《中非合作论坛北京峰会宣言》和《中非合作论坛——北京行动计划（2007—2009 年）》。

2007 年

3 月 16 日　十届全国人大五次会议通过《中华人民共和国物权法》和《中华人民共和国企业所得税法》。

4 月 14 日　我国成功发射第一颗北斗二号导航卫星，正式开始独立自主建设我国第二代卫星导航系统。

6 月 3 日　国务院印发《中国应对气候变化国家方案》。这是中国第一部应对气候变化的全面的政策性文件，也是发展中国家颁布的第一部应对气候变化的国家方案。

7 月 1 日　胡锦涛在庆祝香港回归祖国 10 周年大会暨香港特别行政区第三届政府就职典礼上讲话指出，"一国两制"是完整的概念。"一国"和"两制"不能相互割裂，更不能相互对立。"一国"就是要维护中央依法享有的权力，维护国家主权、统一、安全。"两制"就是要保障香港特别行政区依法享有的高度自治权，支持行政长官和特别行政区政府依法施政。

7 月 10 日　国务院印发《关于开展城镇居民基本医疗保险试点的指导意见》，旨在逐步建立以大病统筹为主的城镇居民基本医疗保险制度。

7 月 11 日　国务院发出《关于在全国建立农村最低生活保障制度的通知》，指出将符合条件的农村贫困人口全部纳入保障范围，稳定、持久、有效地解决全国农村贫困人口的温饱问题。

9 月 6 日—8 日　首届夏季达沃斯论坛在辽宁大连举行。此后，论坛年会在天津、大连轮流举行。

10 月 15 日—21 日 中国共产党第十七次全国代表大会举行。大会通过的报告《高举中国特色社会主义伟大旗帜，为夺取全面建设小康社会新胜利而奋斗》，全面阐述科学发展观的科学内涵、精神实质和根本要求，明确科学发展观第一要义是发展，核心是以人为本，基本要求是全面协调可持续，根本方法是统筹兼顾。大会通过《中国共产党章程（修正案）》，把科学发展观写入党章。大会第一次把建设生态文明作为实现全面建设小康社会奋斗目标的新要求提出来。

10 月 22 日 中共十七届一中全会选举胡锦涛同志为中央委员会总书记。

10 月 24 日 中国第一颗绕月探测卫星嫦娥一号发射成功，11 月 5 日进入环月轨道，标志着中国首次月球探测工程取得圆满成功。2010 年 10 月 1 日，嫦娥二号成功发射。2013 年 12 月 2 日，嫦娥三号发射成功并于 14 日在月面成功软着陆。2018 年 5 月 21 日，嫦娥四号中继星成功发射。2018 年 12 月 8 日，嫦娥四号探测器成功发射，2019 年 1 月 3 日，实现世界首次月球背面软着陆，并开展就位探测与巡视探测。

2008 年

3 月 3 日—14 日 全国政协十一届一次会议举行。会议选举贾庆林同志为全国政协主席。

3 月 5 日—18 日 十一届全国人大一次会议举行。会议批准《国务院机构改革方案》，探索实行职能有机统一的大部门体制。会议选举胡锦涛同志为国家主席，吴邦国同志为全国人大常委会委员长，决定温家宝同志为国务院总理。

5 月 12 日 四川汶川发生里氏 8.0 级特大地震。在中共中央、国务院和中央军委坚强领导下，我国组织开展了历史上救援速度最快、动员范围最广、投入力量最大的抗震救灾斗争，夺取了抗震救灾斗争的重大胜利。

6 月 5 日 国务院印发《国家知识产权战略纲要》。

6 月 8 日 中共中央、国务院印发《关于全面推进集体林权制度改革的意见》，规定林地的承包期为 70 年，承包期届满可以按照国家有关规定继续承包。

8 月 1 日　我国第一条拥有完全自主知识产权、具有世界一流水平的高速铁路——京津城际铁路通车运营。到 2018 年底，我国高速铁路营业里程超过 2.9 万公里。

8 月 8 日—24 日、9 月 6 日—17 日　第 29 届夏季奥运会、第 13 届夏季残奥会先后在北京成功举办。这是我国首次举办夏季奥运会、残奥会。

9 月 14 日　中共中央印发《关于在全党开展深入学习实践科学发展观活动的意见》。2008 年 9 月至 2010 年 2 月，全党分批开展了这一活动。

10 月 7 日　中共中央政治局常委会会议专题听取有关国际金融危机情况和应采取应对措施的汇报。11 月 5 日，国务院召开常务会议，研究部署进一步扩大内需促进经济平稳较快增长的措施。此前，9 月中旬，由 2007 年美国次贷危机引发的国际金融危机全面爆发。

10 月 12 日　中共十七届三中全会通过《关于推进农村改革发展若干重大问题的决定》，赋予农民更加充分而有保障的土地承包经营权，现有土地承包关系要保持稳定并长久不变。

11 月 15 日　胡锦涛出席在美国华盛顿举行的二十国集团领导人首次峰会并发表讲话，提出对国际金融体系进行必要的改革。

12 月 23 日　中共中央办公厅转发《中央人才工作协调小组关于实施海外高层次人才引进计划的意见》。

2009 年

6 月 16 日　胡锦涛出席在俄罗斯叶卡捷琳堡举行的金砖国家（中国、俄罗斯、巴西、印度）领导人首次正式会晤并发表讲话。2010 年 12 月，南非作为正式成员加入金砖国家合作机制，金砖国家正式扩为五国。

7 月 22 日　国务院常务会议通过《文化产业振兴规划》，这是继钢铁、汽车、纺织等十大产业振兴规划后出台的又一个重要产业振兴规划，标志着文化产业已经上升为国家的战略性产业。

9月1日 国务院印发《关于开展新型农村社会养老保险试点的指导意见》。2011年6月7日，国务院印发《关于开展城镇居民社会养老保险试点的指导意见》。到2012年7月1日，我国基本实现社会养老保险制度全覆盖。

9月18日 中共十七届四中全会通过《关于加强和改进新形势下党的建设若干重大问题的决定》。

12月31日 国务院印发《关于推进海南国际旅游岛建设发展的若干意见》。2016年8月8日，国务院批复《平潭国际旅游岛建设方案》。

2010年

1月1日 中国—东盟自由贸易区正式全面启动。

4月1日 中共中央、国务院制定《国家中长期人才发展规划纲要（2010—2020年）》。

4月30日 2010年上海世界博览会举行开幕式。这是中国首次举办的综合性世界博览会。10月31日，上海世界博览会闭幕。

6月29日 海峡两岸关系协会与台湾海峡交流基金会在重庆签署《海峡两岸经济合作框架协议》。

7月8日 中共中央、国务院印发《国家中长期教育改革和发展规划纲要（2010—2020年）》。

10月10日 国务院作出《关于加快培育和发展战略性新兴产业的决定》。

12月21日 国务院印发《全国主体功能区规划》。这是新中国成立以来第一个全国性国土空间开发规划。2015年8月1日，国务院印发《全国海洋主体功能区规划》。

本年 中国国内生产总值超过40万亿元，成为世界第二大经济体。

2011年

2月26日 国务院办公厅发出《关于积极稳妥推进户籍管理制度改革的通知》，指出要落实放宽中小城市和小城镇落户条件的政策，引导非农产业和农村人口有序向中小城市和建制镇转移，逐步实现城乡基本公共服务均等化。

5月27日　中共中央、国务院印发《中国农村扶贫开发纲要（2011—2020年）》。

7月1日　胡锦涛同志在庆祝中国共产党成立90周年大会上讲话指出，经过90年的奋斗、创造、积累，党和人民必须倍加珍惜、长期坚持、不断发展的成就是：开辟了中国特色社会主义道路，形成了中国特色社会主义理论体系，确立了中国特色社会主义制度。

7月5日　中共中央、国务院印发《关于加强和创新社会管理的意见》。

10月18日　中共十七届六中全会通过《关于深化文化体制改革推动社会主义文化大发展大繁荣若干重大问题的决定》。

2012年

4月26日　第一次中国—中东欧国家领导人会晤在波兰华沙举行。此后，每年举行会晤，现已形成"17+1合作"平台。

6月27日　蛟龙号载人潜水器最大下潜深度达到7062米。我国海底载人科学研究和资源勘探能力达到国际领先水平。

7月6日　胡锦涛同志在全国科技创新大会上讲话指出，必须把创新驱动发展作为面向未来的一项重大战略，一以贯之、长期坚持，推动科技实力、经济实力、综合国力实现新的重大跨越。

7月24日　海南省三沙市成立大会暨揭牌仪式举行。三沙市管辖西沙群岛、中沙群岛、南沙群岛的岛礁及其海域，三沙市人民政府驻西沙永兴岛。

8月17日　中共中央组织部等11个部门联合发出通知，启动国家高层次人才特殊支持计划（简称"国家特支计划"或"万人计划"）。

11月8日—14日　中国共产党第十八次全国代表大会举行。大会通过的报告《坚定不移沿着中国特色社会主义道路前进，为全面建成小康社会而奋斗》，确定全面建成小康社会和全面深化改革开放的目标，阐明中国特色社会主义道路、中国特色社会主义理论体系、中国特色社会主义制度的科学内涵及其相互联系。大会通过《中国共产党章程（修正案）》，把科学发展观同马克思列宁主义、毛泽东思想、邓小平理论、"三个代表"重要思想一道确立为党的指导思想并载入党章。

11 月 15 日　中共十八届一中全会选举习近平同志为中央委员会总书记。

11 月 29 日　习近平总书记在国家博物馆参观《复兴之路》展览时指出，实现中华民族伟大复兴，就是中华民族近代以来最伟大的梦想。2013 年 3 月 17 日，习近平总书记在十二届全国人大一次会议闭幕会上讲话指出，实现中华民族伟大复兴的中国梦，就是要实现国家富强、民族振兴、人民幸福。实现中国梦，必须走中国道路、弘扬中国精神、凝聚中国力量。

12 月 4 日　中共中央政治局会议通过《十八届中央政治局关于改进工作作风、密切联系群众的八项规定》。

12 月 29 日　习近平总书记在考察河北时指出，全面建成小康社会，最艰巨最繁重的任务在农村，特别是在贫困地区。没有农村的小康，特别是没有贫困地区的小康，就没有全面建成小康社会。2013 年 11 月，习近平总书记在考察湖南时提出了"精准扶贫"的理念。2015 年 11 月 27 日至 28 日，中央扶贫开发工作会议在北京召开。29 日，中共中央、国务院作出《关于打赢脱贫攻坚战的决定》。2016 年 4 月 23 日，中共中央办公厅、国务院办公厅印发《关于建立贫困退出机制的意见》。2015 年以来，习近平总书记先后 6 次针对扶贫问题召开座谈会，提出"小康不小康，关键看老乡""真扶贫、扶真贫、真脱贫""既要看数量，更要看质量"等要求。2019 年 4 月 16 日，习近平总书记在解决"两不愁三保障"突出问题座谈会上讲话指出，脱贫攻坚战进入决胜的关键阶段，务必一鼓作气、顽强作战，不获全胜决不收兵。2013 年至 2018 年，中国连续 6 年超额完成千万减贫任务。6 年间，全国累计减少农村贫困人口 8239 万人，贫困发生率从 2012 年末的 10.2％下降到 2018 年末的 1.7％。

2013 年

1 月 26 日　我国自主研制的运—20 大型运输机首次试飞取得圆满成功。2016 年 7 月 6 日，运—20 大型运输机正式列装空军航空兵部队。

3 月 3 日—12 日　全国政协十二届一次会议举行。会议选举俞正声同志为全国政协主席。

3月5日—17日 十二届全国人大一次会议举行。会议批准《国务院机构改革和职能转变方案》。会议选举习近平同志为国家主席，张德江同志为全国人大常委会委员长，决定李克强同志为国务院总理。

4月24日 为适应职能转变新要求，国务院常务会议决定先行取消和下放71项行政审批事项。到2018年底，国务院围绕协同推进简政放权、放管结合、优化服务（简称"放管服"）改革，先后取消和下放国务院部门行政审批事项的比例达45%，彻底终结非行政许可审批，清理规范国务院部门行政审批中介服务事项达74%。工商登记前置审批事项压减87%。中央设立的行政事业性收费项目减少73.5%，政府性基金减少30%，政府定价的经营服务性收费项目大幅压缩。部门设置职业资格削减77%。我国营商环境明显改善，营商便利度世界排名明显提升。

4月25日 中共中央政治局常委会召开会议，研究当前经济形势和经济工作。习近平总书记主持会议并发表讲话。此后，中共中央政治局形成制度，原则上每个季度召开会议研究经济形势。中共十八届中央政治局研究经济形势19次，中共十九届中央政治局已研究经济形势7次。

4月26日 我国成功发射高分辨率对地观测系统首发星高分一号。2014年8月19日，高分二号卫星成功发射，标志着我国遥感卫星进入亚米级"高分时代"。2015年12月29日，高分四号卫星成功发射。2016年8月10日，高分三号卫星成功发射。2016年12月15日，北极卫星地面站建成并投入试运行。2018年5月9日，高分五号卫星成功发射。2018年6月2日，高分六号卫星成功发射。

7月9日、16日 国务院召开经济形势座谈会，明确提出区间调控思路，即经济运行要保持在合理区间，经济增长率、就业水平等不滑出"下限"，物价涨幅等不超出"上限"。此后，在2014年、2015年又相继提出实施定向调控、相机调控和精准调控。

8月17日 国务院正式批准设立中国（上海）自由贸易试验区。到 2019 年 8 月，自贸试验区试点由上海逐步扩大至广东、天津、福建、辽宁、浙江、河南、湖北、重庆、四川、陕西、海南、山东、江苏、广西、河北、云南、黑龙江等地。

8月 习近平总书记在北戴河主持会议研究河北发展问题时提出推动京津冀协同发展。2014 年 2 月 26 日，习近平总书记主持召开座谈会听取京津冀协同发展专题汇报，明确提出实现京津冀协同发展是一个重大国家战略。2015 年 6 月 9 日，中共中央、国务院印发《京津冀协同发展规划纲要》。

9月7日、10月3日 习近平主席分别在哈萨克斯坦纳扎尔巴耶夫大学、印度尼西亚国会发表演讲，先后提出共同建设"丝绸之路经济带"与"21 世纪海上丝绸之路"，即"一带一路"倡议。

9月30日 《中国（上海）自由贸易试验区外商投资准入特别管理措施（负面清单）(2013 年)》发布。按照"非禁止即开放"原则，清单之外的行业及项目全都开放。这是我国第一次用负面清单管理外商对华投资。此后，负面清单不断缩减。2019 年 6 月 30 日发布的《自由贸易试验区外商投资准入特别管理措施（负面清单）(2019 年版)》，清单条目已由 2013 年的 190 条减至 37 条。

10月31日 西藏墨脱公路建成通车。至此，我国真正实现县县通公路。

11月12日 中共十八届三中全会通过《关于全面深化改革若干重大问题的决定》，指出全面深化改革的总目标是完善和发展中国特色社会主义制度，推进国家治理体系和治理能力现代化。经济体制改革的核心问题是处理好政府和市场的关系，使市场在资源配置中起决定性作用和更好发挥政府作用。

12月12日 习近平总书记在中共中央召开的首次城镇化工作会议上讲话指出，城镇化是现代化的必由之路，推进城镇化既要积极、又要稳妥、更要扎实，方向要明，步子要稳，措施要实。2014 年 3 月 12 日，中共中央、国务院印发《国家新型城镇化规划（2014—2020 年）》。到 2018 年底，全国常住人口城镇化率达 59.58%。

本年 我国成为世界第一货物贸易大国，中国货物进出口总额为 4.16 万亿美元。

2014 年

1 月 2 日 中共中央、国务院印发《关于全面深化农村改革加快推进农业现代化的若干意见》。

1 月 21 日 国务院印发《国家集成电路产业发展推进纲要》，提出到 2030 年产业总体达到国际先进水平。

2 月 7 日 国务院印发《注册资本登记制度改革方案》。2014 年 3 月至 2019 年 6 月，我国累计新设企业达 2948.1 万户，日均新设企业 1.51 万户。到 2019 年 6 月底，市场主体总量达 1.16 亿户。

2 月 21 日 国务院印发《关于建立统一的城乡居民基本养老保险制度的意见》。

3 月 4 日 习近平总书记在关于农村公路发展情况的报告上作出批示，要求进一步把农村公路建好、管好、护好、运营好。

7 月 15 日 金砖国家领导人第六次会晤在巴西举行，决定成立新开发银行并将总部设在中国上海，建立金砖国家应急储备安排。

7 月 24 日 国务院印发《关于进一步推进户籍制度改革的意见》。

9 月 12 日 国务院印发《关于进一步做好为农民工服务工作的意见》，部署进一步做好新形势下为农民工服务工作，切实解决农民工面临的突出问题，有序推进农民工市民化。

11 月 6 日 中共中央办公厅、国务院办公厅印发《关于引导农村土地经营权有序流转发展农业适度规模经营的意见》。2016 年 10 月 22 日，中共中央办公厅、国务院办公厅印发《关于完善农村土地所有权承包权经营权分置办法的意见》。

同日 我国首个知识产权法院——北京知识产权法院挂牌成立。此后，广州、上海知识产权法院相继挂牌成立。

11月8日 习近平总书记在北京主持加强互联互通伙伴关系对话会并发表讲话，强调我们要建设的互联互通，应该是基础设施、制度规章、人员交流三位一体，应该是政策沟通、设施联通、贸易畅通、资金融通、民心相通五大领域齐头并进，并宣布我国出资成立丝路基金。

11月11日 亚太经合组织第二十二次领导人非正式会议在北京举行。习近平主持会议并发表讲话，倡导共建互信、包容、合作、共赢的亚太伙伴关系。会议决定启动亚太自由贸易区进程。

11月17日 上海与香港股票市场交易互联互通机制"沪港通"正式启动。2016年12月、2017年7月、2019年6月又相继启动"深港通""债券通""沪伦通"。

11月19日—21日 首届世界互联网大会在浙江乌镇举行。会议确定乌镇为世界互联网大会永久会址。2015年12月16日，习近平主席在第二届世界互联网大会开幕式上发表主旨演讲，强调网络空间是人类共同的活动空间，呼吁共同构建网络空间命运共同体。

12月13日—14日 习近平总书记在江苏考察工作期间讲话指出，要主动把握和积极适应经济发展新常态，协调推进全面建成小康社会、全面深化改革、全面推进依法治国、全面从严治党。

12月18日 中国第一座钠冷快中子反应堆——中国实验快堆首次实现满功率稳定运行72小时，标志着我国全面掌握快堆这一第四代核电技术的设计、建造、调试运行等核心技术。

2015年

1月3日 国务院作出《关于机关事业单位工作人员养老保险制度改革的决定》。

1月6日 国务院印发《关于促进云计算创新发展培育信息产业新业态的意见》。

3月7日 国务院批复设立中国（杭州）跨境电子商务综合试验区。2016

年 1 月、2018 年 7 月，国务院先后批复在天津、北京等 34 个城市设立跨境电子商务综合试验区。

3 月 12 日 习近平总书记在十二届全国人大三次会议解放军代表团全体会议上明确提出，把军民融合发展上升为国家战略。2018 年 8 月 11 日，中共中央印发《军民融合发展战略纲要》。

3 月 13 日 中共中央、国务院印发《关于深化体制机制改革加快实施创新驱动发展战略的若干意见》。

3 月 28 日 经国务院授权，国家发展改革委、外交部、商务部联合发布《推动共建丝绸之路经济带和 21 世纪海上丝绸之路的愿景与行动》。

5 月 6 日 我国自主创新、拥有完整自主知识产权的第三代核电技术"华龙一号"首堆示范工程正式落户福清核电并开工建设。

5 月 8 日 国务院印发《中国制造 2025》，提出通过"三步走"实现制造强国的战略目标。

5 月 13 日 国务院印发《关于推进国际产能和装备制造合作的指导意见》。

6 月 11 日 国务院印发《关于大力推进大众创业万众创新若干政策措施的意见》，并确定从 2015 年起，每年举办大众创业万众创新活动周。2016 年、2017 年，国务院办公厅确定两批共 120 个双创示范基地。

7 月 1 日 国务院印发《关于积极推进"互联网+"行动的指导意见》。

7 月 31 日 国际奥委会第 128 次全会在马来西亚吉隆坡投票决定，北京获得第 24 届冬季奥林匹克运动会举办权。

8 月 11 日 中国人民银行决定改革完善人民币兑美元汇率中间价报价机制，明确中间价报价参考前一天收盘价。2016 年 2 月，形成"收盘汇率＋一篮子货币汇率变化"的人民币兑美元汇率中间价形成机制。

8 月 24 日 中共中央、国务院印发《关于深化国有企业改革的指导意见》。

8 月 30 日 中共中央办公厅、国务院办公厅印发《环境保护督察方案（试行）》，正式建立中央生态环境保护督察制度。2019 年 6 月 6 日起，《中央生态环境保护督察工作规定》施行。

9月3日 纪念中国人民抗日战争暨世界反法西斯战争胜利 70 周年大会和阅兵仪式举行。习近平总书记检阅受阅部队并发表讲话，宣布我国将裁减军队员额 30 万。

10月24日 国务院印发《统筹推进世界一流大学和一流学科建设总体方案》。

10月29日 中共十八届五中全会通过《关于制定国民经济和社会发展第十三个五年规划的建议》。同日，习近平总书记在全会第二次全体会议上阐述新发展理念，强调坚持创新发展、协调发展、绿色发展、开放发展、共享发展，是关系我国发展全局的一场深刻变革。2016 年 3 月 16 日，十二届全国人大四次会议批准《中华人民共和国国民经济和社会发展第十三个五年规划纲要》。

11月27日、28日 《〈内地与香港关于建立更紧密经贸关系的安排〉服务贸易协议》《〈内地与澳门关于建立更紧密经贸关系的安排〉服务贸易协议》分别签署，内地与香港、澳门服务贸易自由化基本实现。

12月6日 国务院印发《关于加快实施自由贸易区战略的若干意见》。

12月18日 习近平总书记在中央经济工作会议上强调，推进供给侧结构性改革，是适应和引领经济发展新常态的重大创新。实行宏观政策要稳、产业政策要准、微观政策要活、改革政策要实、社会政策要托底的总体思路，着力加强结构性改革，在适度扩大总需求的同时，去产能、去库存、去杠杆、降成本、补短板，推动我国社会生产力水平整体改善。

12月20日 习近平总书记在中央城市工作会议上讲话指出，要坚持人民城市为人民，尊重城市发展规律，在统筹上下功夫，在重点上求突破，着力提高城市发展持续性、宜居性。24 日，中共中央、国务院印发《关于深入推进城市执法体制改革改进城市管理工作的指导意见》。

12月25日 亚洲基础设施投资银行正式成立。到 2019 年 7 月，亚投行成员数量已从 57 个增至 100 个。

本年　我国对外直接投资流量为 1456.7 亿美元，实际利用外资 1356 亿美元，对外投资首超吸引外资，首次成为资本净输出国。

本年　我国第三产业增加值比重为 50.5%，首次突破 50%。

2016 年

1 月 3 日　国务院印发《关于整合城乡居民基本医疗保险制度的意见》，提出整合城镇居民基本医疗保险和新型农村合作医疗，建立统一的城乡居民基本医疗保险制度。

1 月 5 日　习近平总书记在重庆召开的推动长江经济带发展座谈会上讲话指出，推动长江经济带发展是国家一项重大区域发展战略，要坚持生态优先、绿色发展，共抓大保护、不搞大开发。

2 月 6 日　中共中央、国务院印发《关于进一步加强城市规划建设管理工作的若干意见》。

3 月 23 日　澜沧江—湄公河合作首次领导人会议在海南三亚举行，正式启动澜湄合作机制。

3 月 24 日　中共中央政治局常委会会议听取关于北京城市副中心和疏解北京非首都功能集中承载地有关情况的汇报，确定疏解北京非首都功能集中承载地新区规划选址并同意定名为"雄安新区"。

4 月 25 日　习近平总书记在安徽凤阳县小岗村主持召开农村改革座谈会时指出，新形势下深化农村改革，主线仍然是处理好农民和土地的关系。最大的政策，就是必须坚持和完善农村基本经营制度，坚持农村土地集体所有，坚持家庭经营基础性地位，坚持稳定土地承包关系。

5 月 30 日　中共中央、国务院印发《长江经济带发展规划纲要》。

6 月 20 日　我国自主研制的全部采用国产处理器构建的"神威·太湖之光"夺得世界超算冠军。

6 月 22 日—8 月 12 日　我国"探索一号"科考船在马里亚纳海域开展首次综合性万米深渊科考活动。其中，"海斗号"无人潜水器最大潜深达 10767

米，我国成为第 3 个研制出万米级无人潜水器的国家。

7 月 1 日 习近平总书记在庆祝中国共产党成立 95 周年大会上讲话指出，要永远保持建党时中国共产党人的奋斗精神，永远保持对人民的赤子之心。一切向前走，都不能忘记走过的路；走得再远、走到再光辉的未来，也不能忘记走过的过去，不能忘记为什么出发。面向未来，面对挑战，全党同志一定要不忘初心、继续前进。

7 月 5 日 中共中央、国务院印发《关于深化投融资体制改革的意见》，新一轮投融资体制改革全面展开。

7 月 22 日 首次"1+6"圆桌对话会在北京举行。此后，我国同世界银行、国际货币基金组织、世界贸易组织、国际劳工组织、经济合作与发展组织、金融稳定理事会每年举行一次"1+6"圆桌对话会。

8 月 16 日 我国成功发射世界首颗量子科学实验卫星"墨子号"。

8 月 19 日—20 日 全国卫生与健康大会举行。10 月 17 日，中共中央、国务院印发《"健康中国 2030"规划纲要》。

9 月 3 日 习近平主席出席在浙江杭州举行的二十国集团工商峰会开幕式并发表主旨演讲，提出建设创新、开放、联动、包容型世界经济，强调全球经济治理应该以平等为基础，更好地反映世界经济格局新现实。

9 月 25 日 国务院印发《关于加快推进"互联网＋政务服务"工作的指导意见》。

同日 具有我国自主知识产权的世界最大单口径巨型射电望远镜——500米口径球面射电望远镜（FAST）在贵州平塘落成启动。

10 月 1 日 人民币正式加入国际货币基金组织特别提款权货币篮子。

10 月 10 日 习近平总书记在全国国有企业党的建设工作会议上讲话指出，要坚持党对国有企业的领导不动摇，坚定不移把国有企业做强做优做大。

12 月 26 日 中共中央、国务院印发《关于稳步推进农村集体产权制度改革的意见》。

2017 年

1 月 17 日　习近平主席出席达沃斯世界经济论坛 2017 年年会开幕式并发表主旨演讲,发出支持经济全球化的时代强音,强调经济全球化是社会生产力发展的客观要求和科技进步的必然结果,要适应和引导好经济全球化,消解经济全球化的负面影响,让它更好惠及每个国家、每个民族,实现经济全球化进程再平衡。

3 月 15 日　十二届全国人大五次会议通过《中华人民共和国民法总则》。

3 月 28 日　中共中央、国务院发出通知,决定设立河北雄安新区。

4 月 26 日　我国第一艘自主设计建造的航空母舰出坞下水。

5 月 5 日　我国自主研制的 C919 大型客机首飞成功。这是中国首款按照最新国际适航标准研制、具有完全自主知识产权的干线民用飞机。

5 月 14 日—15 日　首届"一带一路"国际合作高峰论坛在北京举行。习近平主席出席开幕式并发表主旨演讲,强调要将"一带一路"建成和平之路、繁荣之路、开放之路、创新之路、文明之路。

6 月 21 日　国务院常务会议部署发展分享经济,培育壮大新动能。

6 月 25 日　我国标准动车组被命名为"复兴号"并于 26 日投入运行。中国高速动车组技术实现全面自主化。

7 月 1 日　习近平总书记出席庆祝香港回归祖国 20 周年大会暨香港特别行政区第五届政府就职典礼并发表讲话指出,中央贯彻"一国两制"方针坚持两点:一是坚定不移,不会变、不动摇;二是全面准确,确保"一国两制"在香港的实践不走样、不变形,始终沿着正确方向前进。

同日　习近平总书记出席在香港举行的《深化粤港澳合作推进大湾区建设框架协议》签署仪式。建设粤港澳大湾区成为国家战略。

7 月 8 日　国务院印发《新一代人工智能发展规划》。

7 月 9 日　中国民航局为 ARJ21—700 飞机颁发生产许可证,这是我国喷气客机首张生产许可证。ARJ21—700 新支线飞机是我国首次按照国际民航规章自行研制、具有自主知识产权的中短程新型涡扇支线飞机。

7月14日—15日 全国金融工作会议举行。会议决定设立国务院金融稳定发展委员会。会议围绕服务实体经济、防控金融风险、深化金融改革"三位一体"的金融工作主题作出部署。

9月3日—5日 金砖国家领导人第九次会晤在福建厦门举行。习近平主席主持会晤并发表讲话，强调要推进经济务实合作，加强发展战略对接，推动国际秩序朝更加公正合理方向发展，促进人文民间交流，共同开启金砖合作第二个"金色十年"。

10月18日—24日 中国共产党第十九次全国代表大会举行。大会通过的报告《决胜全面建成小康社会，夺取新时代中国特色社会主义伟大胜利》，作出中国特色社会主义进入新时代、我国社会主要矛盾已经转化为人民日益增长的美好生活需要和不平衡不充分的发展之间的矛盾等重大政治论断，确立习近平新时代中国特色社会主义思想的历史地位，提出新时代坚持和发展中国特色社会主义的基本方略，确定决胜全面建成小康社会、开启全面建设社会主义现代化国家新征程的目标。大会通过《中国共产党章程（修正案）》，把习近平新时代中国特色社会主义思想同马克思列宁主义、毛泽东思想、邓小平理论、"三个代表"重要思想、科学发展观一道确立为党的指导思想并载入党章。

11月5日 北斗三号第一、二颗组网卫星以"一箭双星"方式成功发射，标志着北斗卫星导航系统全球组网的开始。这是和美国全球定位系统（GPS）、俄罗斯格洛纳斯系统、欧洲伽利略系统并列的全球卫星导航系统。

11月19日 国务院作出《关于废止〈中华人民共和国营业税暂行条例〉和修改〈中华人民共和国增值税暂行条例〉的决定》。营业税改征增值税改革全面完成。

12月18日—20日 中央经济工作会议召开。习近平总书记在会议上讲话指出，推动高质量发展是当前和今后一个时期确定发展思路、制定经济政策、实施宏观调控的根本要求，必须加快形成推动高质量发展的指标体系、政策体系、标准体系、统计体系、绩效评价、政绩考核，创造和完善制度环境，推动我国经济在实现高质量发展上不断取得新进展。这次会议总结和阐述了习近平新时代中国特色社会主义经济思想。

12月30日　中共中央印发《关于建立国务院向全国人大常委会报告国有资产管理情况制度的意见》。2018年10月，十三届全国人大常委会第六次会议审议了《国务院关于2017年度国有资产管理情况的综合报告》和《国务院关于2017年度金融企业国有资产的专项报告》。这是国务院首次按照"全口径、全覆盖"标准向全国人大常委会报告国有资产管理情况。

2018年

1月2日　中共中央、国务院印发《关于实施乡村振兴战略的意见》。6月26日，中共中央、国务院印发《乡村振兴战略规划（2018—2022年）》。

3月5日—20日　十三届全国人大一次会议举行。会议选举习近平同志为国家主席，栗战书同志为全国人大常委会委员长，决定李克强同志为国务院总理。会议通过《中华人民共和国宪法修正案》，确立科学发展观、习近平新时代中国特色社会主义思想在国家政治和社会生活中的指导地位；通过《中华人民共和国监察法》。23日，中华人民共和国国家监察委员会在北京揭牌。

3月以来，针对美国政府单方面挑起的中美经贸摩擦，中国不得不采取有力应对措施，坚决捍卫国家和人民利益。4月1日，国务院关税税则委员会决定，自2018年4月2日起，对原产于美国的7类128项进口商品中止关税减让义务。

3月14日　全国政协十三届一次会议举行。会议选举汪洋同志为全国政协主席。

4月11日　中共中央、国务院印发《关于支持海南全面深化改革开放的指导意见》，赋予海南经济特区改革开放新使命，建设自由贸易试验区和中国特色自由贸易港。13日，习近平总书记在庆祝海南建省办经济特区30周年大会上讲话指出，海南要着力打造全面深化改革开放试验区、国家生态文明试验区、国际旅游消费中心、国家重大战略服务保障区，形成更高层次改革开放新格局。

4月26日 习近平总书记在武汉主持召开深入推动长江经济带发展座谈会，要求在新形势下继续推动长江经济带发展。

5月4日 纪念马克思诞辰200周年大会举行。习近平总书记发表讲话指出，马克思主义始终是我们党和国家的指导思想，是我们认识世界、把握规律、追求真理、改造世界的强大思想武器。新时代，中国共产党人仍然要学习马克思，学习和实践马克思主义，继续高扬马克思主义伟大旗帜，坚持和发展中国特色社会主义，让马克思、恩格斯设想的人类社会美好前景不断在中国大地上生动展现出来。

5月18日—19日 全国生态环境保护大会召开。习近平总书记在大会上讲话提出新时代推进生态文明建设的原则，强调要加快构建生态文明体系。

5月30日 国务院发出《关于建立企业职工基本养老保险基金中央调剂制度的通知》。

6月9日—10日 上海合作组织青岛峰会举行。

7月12日 中共中央、国务院印发《粤港澳大湾区发展规划纲要》。

9月3日—4日 中非合作论坛北京峰会举行。习近平主席主持峰会并在开幕式上发表主旨讲话，提出中非要携手打造责任共担、合作共赢、幸福共享、文化共兴、安全共筑、和谐共生的中非命运共同体。会议通过《关于构建更加紧密的中非命运共同体的北京宣言》和《中非合作论坛——北京行动计划（2019—2021年）》。

9月10日 习近平总书记在全国教育大会上讲话指出，教育是国之大计、党之大计，要坚持改革创新，以凝聚人心、完善人格、开发人力、培育人才、造福人民为工作目标，培养德智体美劳全面发展的社会主义建设者和接班人，加快推进教育现代化、建设教育强国、办好人民满意的教育。

10月20日 我国自主研制的大型灭火/水上救援水陆两栖飞机AG600在湖北荆门漳河机场成功实施首次水上试飞任务。

10 月 23 日　世界上最长的跨海大桥——港珠澳大桥开通仪式在广东省珠海市举行。习近平总书记出席仪式。

10 月 28 日　中共中央印发《中国共产党支部工作条例（试行）》。

11 月 1 日　习近平总书记在主持召开民营企业座谈会时讲话指出，我们强调把公有制经济巩固好、发展好，同鼓励、支持、引导非公有制经济发展不是对立的，而是有机统一的。各级党委和政府要把构建亲清新型政商关系的要求落到实处，把支持民营企业发展作为一项重要任务。在我国经济发展进程中，要不断为民营经济营造更好发展环境。

11 月 5 日—10 日　首届中国国际进口博览会在上海举行。5 日，习近平主席出席开幕式并发表主旨演讲时指出，中国国际进口博览会是迄今为止世界上第一个以进口为主题的国家级展会，是中国推动建设开放型世界经济、支持经济全球化的实际行动；宣布增设中国（上海）自由贸易试验区的新片区、在上海证券交易所设立科创板并试点注册制、支持长江三角洲区域一体化发展并上升为国家战略。

12 月 8 日　中共中央、国务院印发《中国教育现代化 2035》。

12 月 18 日　庆祝改革开放 40 周年大会举行。习近平总书记在大会上讲话指出，改革开放是党和人民大踏步赶上时代的重要法宝，是坚持和发展中国特色社会主义的必由之路，是决定当代中国命运的关键一招，也是决定实现"两个一百年"奋斗目标、实现中华民族伟大复兴的关键一招。大会向 100 名获改革先锋称号的同志和 10 名获中国改革友谊奖章的国际友人颁授奖章。

2019 年

1 月 3 日　嫦娥四号探测器自主着陆在月球背面，实现了人类探测器首次月背软着陆。

1 月 27 日　国务院印发《关于在市场监管领域全面推行部门联合"双随机、一公开"监管的意见》。

3 月 15 日　十三届全国人大二次会议通过《中华人民共和国外商投资法》，

自 2020 年 1 月 1 日起施行。

3 月 30 日 中国首个行政区域 5G 网络在上海建成并开始试用。

5 月 9 日 中共中央、国务院印发《关于建立国土空间规划体系并监督实施的若干意见》。

5 月 15 日—22 日 首届亚洲文明对话大会在北京举行。习近平主席在开幕式上发表《深化文明交流互鉴，共建亚洲命运共同体》主旨演讲，呼吁坚持相互尊重、平等相待，美人之美、美美与共，开放包容、互学互鉴，与时俱进、创新发展，共同创造亚洲文明和世界文明的美好未来。

5 月 31 日 "不忘初心、牢记使命"主题教育工作会议召开。习近平总书记在会议上讲话指出，要牢牢把握守初心、担使命，找差距、抓落实的总要求，牢牢把握深入学习贯彻新时代中国特色社会主义思想、锤炼忠诚干净担当的政治品格、团结带领全国各族人民为实现伟大梦想共同奋斗的根本任务，努力实现理论学习有收获、思想政治受洗礼、干事创业敢担当、为民服务解难题、清正廉洁作表率的具体目标，确保这次主题教育取得扎扎实实的成效。

6 月 4 日 中共中央发出关于印发《习近平新时代中国特色社会主义思想学习纲要》的通知。

6 月 6 日 工业和信息化部向 4 家运营商颁发 5G 牌照，我国通信行业进入 5G 时代。

8 月 9 日 中共中央、国务院印发《关于支持深圳建设中国特色社会主义先行示范区的意见》。

9 月 18 日 习近平总书记在郑州市主持召开黄河流域生态保护和高质量发展座谈会并发表重要讲话，强调黄河流域生态保护和高质量发展，同京津冀协同发展、长江经济带发展、粤港澳大湾区建设、长三角一体化发展一样，是重大国家战略。

9 月 20 日 中央政协工作会议暨庆祝中国人民政治协商会议成立 70 周年大会召开。

10月1日　庆祝中华人民共和国成立70周年大会在北京天安门广场隆重举行，20余万军民以盛大的阅兵仪式和群众游行欢庆共和国70华诞。

10月10日至11日　中美举行新一轮经贸高级别磋商，双方同意朝最终达成协议的方向努力。

10月28日至31日　中共十九届四中全会在北京召开。会议审议通过《中共中央关于坚持和完善中国特色社会主义制度、推进国家治理体系和治理能力现代化若干重大问题的决定》，全面总结中国特色社会主义制度建设的历史性成就，集中概括中国特色社会主义制度和国家治理体系的显著优势，深刻阐述支撑中国特色社会主义制度的根本制度、基本制度、重要制度，明确了坚持和完善中国特色社会主义制度、推进国家治理体系和治理能力现代化的总体要求、总体目标和重点任务。

12月10日至12日　中央经济工作会议在京举行。会议认为，今年以来，面对国内外风险挑战明显上升的复杂局面，在以习近平同志为核心的党中央坚强领导下，全党全国贯彻党中央决策部署，坚持稳中求进工作总基调，坚持以供给侧结构性改革为主线，推动高质量发展，扎实做好"六稳"工作，保持经济社会持续健康发展，"十三五"规划主要指标进度符合预期，全面建成小康社会取得新的重大进展。全年发展主要目标任务能够较好完成，经济增速在主要经济体中位居前列，预计减少贫困人口1000万人以上，340个左右贫困县脱贫摘帽。

12月27日　长征五号遥三运载火箭成功发射实践二十号卫星。

2020年

1月份以来，面对突如其来的新冠肺炎疫情，以习近平同志为核心的党中央坚持人民至上、生命至上，以坚定果敢的勇气和坚忍不拔的决心，带领全党全军全国各族人民，迅速打响疫情防控的人民战争、总体战、阻击战，用1个多月的时间初步遏制疫情蔓延势头，用2个月左右的时间将本土每日新增病例控制在个位数以内，用3个月左右的时间取得武汉保卫战、湖北保卫战的决定性成果，进而又接连打了几场局部地区聚集性疫情歼灭战，夺取了全国抗疫斗争重大战略成果，充分展现了中国精神、中国力量、中国担当。

1月15日 中共中央政治局委员、国务院副总理、中美全面经济对话中方牵头人刘鹤与美国总统特朗普在白宫正式签署中美第一阶段经贸协议。

3月5日 中共中央、国务院发布《关于深化医疗保障制度改革的意见》。意见围绕坚持和完善中国特色社会制度，从增进民生福祉出发，着眼于加快建成覆盖全民、城乡统筹、权责清晰、保障适度、可持续的多层次医疗保障体系。

3月6日 习近平在京出席决战决胜脱贫攻坚座谈会并发表重要讲话。他强调要坚决克服新冠肺炎疫情影响、坚决夺取脱贫攻坚战全面胜利；到2020年现行标准下的农村贫困人口全部脱贫，是党中央向全国人民作出的郑重承诺，必须如期实现；要严把退出关，坚决杜绝数字脱贫、虚假脱贫，要为党中央适时宣布打赢脱贫攻坚战、全面建成小康社会提供数据支撑，确保经得起历史和人民检验。

4月7日 世界知识产权组织发布最新报告称，2019年中国通过世界知识产权组织提交58990件申请，超越美国，成为提交国际专利申请最多的国家。

4月9日 国家发展改革委印发《2020年新型城镇化建设和城乡融合发展重点任务》的通知，指出，为打破阻碍劳动力自由流动的不合理壁垒，促进人力资源优化配置，要督促城区常住人口300万以下城市全面取消落户限制。

5月18日 中共中央、国务院出台《关于新时代推进西部大开发形成新格局的指导意见》。确保到2020年西部地区生态环境、营商环境、开放环境、创新环境明显改善，与全国一道全面建成小康社会；到2035年，西部地区基本实现社会主义现代化，基本公共服务、基础设施通达程度、人民生活水平与东部地区大体相当，努力实现不同类型地区互补发展、东西双向开放协同并进、民族边疆地区繁荣安全稳固、人与自然和谐共生。

5月28日 十三届全国人大三次会议表决通过《中华人民共和国民法典》，自2021年1月1日起施行。民法典系统整合新中国成立70多年来长期实践形成的民事法律规范，借鉴人类法治文明建设有益成果，是新中国历史上首个以"法典"命名的法律，具有中国特色，体现时代特点，反映人民意愿，回应经济社会生活新情况、新问题，有利于全面加强对人民群众各项民事权利的保护，助推中国特色社会主义法律体系更加成熟完善。

6月1日 中共中央、国务院印发《海南自由贸易港建设总体方案》，中国特色自由贸易港启航。

6月8日 由中国科学院沈阳自动化研究所主持研制的"海斗一号"全海深自主遥控潜水器，在马里亚纳海沟实现4次万米下潜，最大下潜深度10907米，刷新了我国潜水器最大下潜深度纪录。

7月23日 "天问一号"火星探测器成功升空，开启我国首次自主火星探测任务。

7月31日 北斗三号全球卫星导航系统建成暨开通仪式在北京举行，习近平总书记出席仪式，宣布北斗三号全球卫星导航系统正式开通。

8月14日 商务部官网发布《关于印发全面深化服务贸易创新发展试点总体方案的通知》，其中公布了数字人民币试点地区。在全面深化服务贸易创新发展试点任务、具体举措及责任分工中，明确在京津冀、长三角、粤港澳大湾区及中西部具备条件的试点地区开展数字人民币试点。

8月19日 继夏粮喜获丰收后，我国早稻实现增产。国家统计局公布的全国早稻生产数据显示：2020年全国早稻总产量2729万吨（546亿斤），比2019年增加102.8万吨（20.6亿斤），增长39%，扭转了连续7年下滑的态势。

9月28日 国家电力投资集团有限公司在上海发布中国三代核电自主化成果"国和一号"，"国和一号"是国际公认的、代表世界三代核电先进水平的技术型号。"国和一号"是完全自主设计的中国核电技术品牌，标志着中国完全具备先进核电自主化能力。

10月14日 习近平总书记出席深圳经济特区建立40周年庆祝大会并发表重要讲话。他强调，要高举中国特色社会主义伟大旗帜，统筹推进"五位一体"

总体布局，协调推进"四个全面"战略布局，从我国进入新发展阶段大局出发，落实新发展理念，紧扣推动高质量发展、构建新发展格局，以一往无前的奋斗姿态、风雨无阻的精神状态，改革不停顿，开放不止步，在更高起点上推进改革开放，推动经济特区工作开创新局面，为全面建设社会主义现代化国家、实现第二个百年奋斗目标作出新的更大的贡献。

10月26日至29日 党的十九届五中全会召开。全会审议通过的《中共中央关于制定国民经济和社会发展第十四个五年规划和二〇三五年远景目标的建议》，深入分析我国发展面临的国际国内形势，提出了到2035年基本实现社会主义现代化远景目标，明确了"十四五"时期我国发展的指导方针、主要目标、重点任务、重大举措，是开启全面建设社会主义现代化国家新征程、向第二个百年奋斗目标进军的纲领性文件。

11月12日 习近平总书记出席浦东开发开放30周年庆祝大会并发表重要讲话。他强调，要抓住机遇、乘势而上，全面贯彻党的十九大和十九届二中、三中、四中、五中全会精神，科学把握新发展阶段，坚决贯彻新发展理念，服务构建新发展格局，坚持稳中求进工作总基调，勇于挑最重的担子、啃最硬的骨头，努力成为更高水平改革开放的开路先锋、全面建设社会主义现代化国家的排头兵、彰显"四个自信"的实践范例，更好向世界展示中国理念、中国精神、中国道路。

参考文献

［1］《马克思恩格斯选集》第一卷—第四卷，人民出版社 2012 年版。

［2］《列宁全集》第十五卷，人民出版社 1959 年版。

［3］毛泽东：《论查田运动》，晋察冀新华书店 1947 年版。

［4］《毛泽东选集》第一卷—第四卷，人民出版社 1991 年版。

［5］《毛泽东文集》第八卷，人民出版社 1999 年版。

［6］《毛泽东著作选读》下册，人民出版社 1986 年版。

［7］《建国以来毛泽东文稿》，中央文献出版社 1987 年版。

［8］《毛泽东年谱：1893—1949》上卷，人民出版社、中央文献出版社 1993 年版。

［9］《刘少奇论新中国经济建设》，中央文献出版社 1993 年版。

［10］《周恩来早期文集（一九一二年十月——一九二四年六月）》，中央文献出版社、南开大学出版社 1998 年版。

［11］《朱德选集》，人民出版社 1983 年版。

［12］《邓小平文选》第三卷，人民出版社 1993 年版。

［13］《邓小平文选》第二卷，人民出版社 1994 年版。

［14］《陈云选集》第二卷，人民出版社 1984 年版。

［15］《陈云文选》第一卷，人民出版社 1995 年版。

［16］《陈云年谱（修订本）》上卷，中央文献出版社 2015 年版。

［17］《江泽民文选》第一卷—第三卷，人民出版社 2006 年版。

［18］《胡锦涛文选》第一卷—第三卷，人民出版社 2016 年版。

［19］《习近平谈治国理政》，外文出版社 2014 年版。

［20］《习近平谈治国理政》第二卷，外文出版社 2017 年版。

［21］《习近平谈治国理政》第三卷，外文出版社 2020 年版。

［22］习近平：《国家中长期经济社会发展战略若干重大问题》,《求是》2020 年
　　第 21 期。

［23］《习近平新时代中国特色社会主义思想三十讲》，学习出版社 2018 年版。

［24］《陈独秀文章选编》(上)，三联书店 1984 年版。

［25］《陈独秀文集》第二卷，人民出版社 2013 年版。

［26］《李大钊文集》(下)，人民出版社 1984 年版。

［27］《李大钊全集（修订本）》第三卷，人民出版社 2013 年版。

［28］李大钊：《再论问题与主义》,《每周评论》1919 年 8 月 17 日。

［29］《蔡和森文集》，人民出版社 1980 年版。

［30］《邓中夏文集》，人民出版社 1983 年版。

［31］《何孟雄文集》，人民出版社 1986 年版。

［32］《彭湃文集》，人民出版社 1981 年版。

［33］《恽代英全集》第五卷，人民出版社 2014 年版。

［34］《张闻天选集》，人民出版社 1985 年版。

［35］《三中全会以来重要文献选编》上、下，人民出版社 1982 年版。

［36］《中共中央文件选集》第八册，中共中央党校出版社 1985 年版。

［37］《建国以来重要文献选编》第一册，中央文献出版社 1992 年版。

［38］《建国以来重要文献选编》第八册，中央文献出版社 1994 年版。

［39］《建党以来重要文献选编（1921—1949）》，中央文献出版社 2011 年版。

［40］《中国共产党的九十年》，中共党史出版社 2016 年版。

［41］《中华人民共和国法规汇编》(1956 年 1 月—6 月)，法律出版社 1956 年版。

［42］《私营工商业的社会主义改造政策法令选编·上辑（1949—1952 年）》，

财政经济出版社 1957 年版。

［43］《华北区私营银钱业管理暂行办法》，《江西政报》1949 年第 1 期。

［44］《华东区管理私营银钱业暂行办法》，《山东政报》1949 年第 4 期。

［45］蔡昉：《新中国 70 年经济发展成就、经验与展望》，《中国党政干部论坛》
2019 年第 8 期。

［46］曾璧钧、林木西：《新中国经济史 1949—1989》，经济日报出版社 1990
年版。

［47］陈东林等：《中华人民共和国实录》第三卷，吉林人民出版社 1994 年版。

［48］当代中国研究所：《中华人民共和国简史（1949—2019）》，当代中国出版
社 2019 年版。

［49］段云：《论我国社会主义银行工作的几个问题》，《中国金融》1964 年第
3 期。

［50］顾龙生：《毛泽东经济年谱》，中共中央党校出版社 1993 年版。

［51］顾龙生：《中国共产党经济思想史：1921—2011》，山西经济出版社 2014
年版。

［52］胡绳：《中国共产党的七十年》，中共党史出版社 1991 年版。

［53］黄鉴晖：《中国银行业史》，山西经济出版社 1994 年版。

［54］刘鸿儒：《社会主义货币与银行问题》，中国财政经济出版社 1980 年版。

［55］柳随年、吴群敢：《中国社会主义经济简史》（1949—1983），黑龙江人民
出版社 1985 年版。

［56］莫乃群：《货币和银行》，海燕书店 1949 年版。

［57］沙健孙：《中国共产党史稿（1921—1949）》第一卷，中央文献出版社
2006 年版。

［58］石仲泉：《毛泽东的艰辛开拓》，中共党史资料出版社 1990 年版。

［59］苏星：《新中国经济史》（修订本），中共中央党校出版社 2007 年版。

［60］谈敏：《回溯历史——马克思主义经济学在中国的传播前史（上）》，上海

财经大学出版社 2008 年版。

［61］田国强、陈旭东：《中国改革：历史、逻辑与未来》，中信出版集团 2014
年版。

［62］王毅武：《中国社会主义经济思想史简编》，青海人民出版社 1988 年版。

［63］魏礼群：《邓小平社会主义市场经济理论的丰富内涵及重大贡献》，《国家
行政学院学报》2014 年第 5 期。

［64］吴敬琏：《当代中国经济改革》，上海远东出版社 2003 年版。

［65］许毅：《中央革命根据地财政经济史长编》上册，人民出版社 1982 年版。

［66］叶左能：《彭湃研究史料》第三卷，中共中央党校出版社 2007 年版。

［67］余伯流：《中央苏区经济史》，江西人民出版社 1995 年版。

［68］张晋藩：《中华法学大辞典·法律史学卷》，中国检察出版社 1999 年版。

［69］张雷声、董正平：《中国共产党经济思想史》，河南人民出版社 2006 年版。

［70］张奕曾、王玉玲：《新中国经济建设史（1949—1995）》，黑龙江人民出版
社 1996 年版。

［71］周振华：《体制变革与经济增长：中国经验与范式分析》，格致出版社
2020 年版。

［72］赵卯生：《中国特色社会主义理论体系的发展轨迹与重大意义》，《人民论
坛》2019 年第 27 期。

［73］中国社会科学院经济研究所中国现代经济史组：《第一、二次国内革命战
争时期土地斗争史料选编》，人民出版社 1981 年版。

图书在版编目(CIP)数据

缔造中国经济奇迹:探索与实践/周振华,李鲁编
著.—上海:上海人民出版社,2021
(人民至上·中国共产党百年奋进研究丛书)
ISBN 978-7-208-17028-5

Ⅰ.①缔⋯　Ⅱ.①周⋯②李⋯　Ⅲ.①中国经济-经
济增长-研究　Ⅳ.①F124.1

中国版本图书馆 CIP 数据核字(2021)第 060115 号

责任编辑　钱　　敏
封面设计　汪　　昊

人民至上·中国共产党百年奋进研究丛书
上 海 市 哲 学 社 会 科 学 规 划 办 公 室
上海市中国特色社会主义理论体系研究中心　组编
缔造中国经济奇迹:探索与实践
周振华　李　鲁　编著

出　　版　上海人民出版社
　　　　　(200001　上海福建中路 193 号)
发　　行　上海人民出版社发行中心
印　　刷　商务印书馆上海印刷有限公司
开　　本　787×1092　1/16
印　　张　21.5
插　　页　3
字　　数　298,000
版　　次　2021 年 5 月第 1 版
印　　次　2021 年 5 月第 1 次印刷
ISBN 978-7-208-17028-5/D·3736
定　　价　88.00 元